Direito de Família contemporâneo

— TEMAS CONTROVERSOS —

Dados Internacionais de Catalogação na Publicação (CIP)

F546d Fiterman, Mauro.

Direito de família contemporâneo : temas controversos / Mauro Fiterman. – 2. ed. rev. ampl. Porto Alegre : Livraria do Advogado Editora, 2021.

187 p. ; 23 cm.

Inclui bibliografia.

ISBN 978-85-9590-098-1

1. Direito de família. 2. Direito civil. 3. Família - Proteção. 4. Direitos fundamentais. 5. Tutela. 6. Sustentabilidade. 7. Obrigação alimentar. 8. Curatela. I. Título.

CDU 347.6
CDD 346.015

Índice para catálogo sistemático:

1. Direito de família 347.6

(Bibliotecária responsável: Sabrina Leal Araujo – CRB 10/1507)

Mauro Fiterman

Direito de Família contemporâneo

— TEMAS CONTROVERSOS —

2ª EDIÇÃO
revista e ampliada

livraria
DO ADVOGADO
editora

Porto Alegre, 2021

Projeto gráfico e diagramação
Livraria do Advogado Editora

Capa
Tatiana Sperhacke
www.tat.com.br

Revisão
Rosane Marques Borba
Sandro Andretta

Direitos desta edição reservados por
Livraria do Advogado Editora
Rua Riachuelo, 1334 s/104
90010-273 Porto Alegre RS
Fone: (51) 3225-3311
livraria@doadvogado.com.br
www.doadvogado.com.br

Impresso no Brasil / Printed in Brazil

À Tine, por ser a pessoa que é. Pelo amor. Por estar sempre ao meu lado.

Ao Salomão (*in memoriam*) e à Anete, pelos valores, pela educação, pelo afeto, pelo exemplo, pelo sentimento, seja qual for, por me tornarem alguém que tem o que sentir.

À Carolina, a pureza em forma de amor, por me fazer entender o que é o mais importante na vida.

Aos meus alunos da Pontifícia Universidade Católica do Rio Grande do Sul, verdadeiros interlocutores do dia a dia, pela reciprocidade.

É bom agradecer. E merecem esses agradecimentos os professores *Juarez Freitas, Ingo Wolfgang Sarlet, Luiz Edson Fachin, Alexandre Pasqualini* e *Ricardo Aronne* (*in memoriam*), cujos ensinamentos e obras são, à evidência, viabilizadores do presente trabalho.

Nos ensinamentos, ficam as lições pessoais; nas obras, as lições profissionais. Na vida, ficam ambos, pois tanto a boa obra como os bons ensinamentos, além dessas lições, têm como característica a bondade de poder oferecer a todos uma parte disso tudo.

O Direito nasceu para a sociedade, e Vossas Excelências me possibilitaram enxergar que, mais do que existir a possibilidade de continuar a servir para a sociedade, é possível sonhar com isso. E, se dessa possibilidade posso adiante me frustrar, podem ter certeza de que jamais deixarei de sonhar. É bom sonhar.

"Todos vivemos sob o mesmo céu,
mas nem todos veem o mesmo horizonte."

Konrad Adenauer

Prefácio

Família é uma palavra que se revelou berçário de muitas palavras. É na família que as pessoas aprendem significados que serão, ao longo da existência, os mais importantes para o seu destino. É que palavras não são somente palavras. Palavras não são apenas um meio para dar nome ao que circunda a vida. Não. Palavras são, acima de tudo, jeitos de ver e de viver as relações com o próprio mundo da vida.

Com a família, a natureza se transformou em empatia, a empatia em solidariedade, a solidariedade em comunidade e a comunidade em ética e em civilização. Sem exagero, *"a família nuclear é a marca da evolução social humana"*.[1] Se *"a comunidade é o verdadeiro berço da cooperação"*,[2] é preciso não deixar de reconhecer que a família foi a primeira célula comunitária, a primeira célula que cultivou a confiança entre os homens. A família ocupa, talvez, a condição de elo originário entre biologia e antropologia, entre antropologia e ética e, a cada passo evolutivo, entre ética e civilização sustentável.[3]

Burke, corrigindo o racionalismo dogmático e petulante dos iluministas franceses, ponderou que as relações humanas constituintes do Estado não resultam tão só da parceria entre os vivos, mas, sim, da união multigeracional *"entre os vivos, os mortos e os que ainda estão por nascer"* (*"... those who are living, those are dead, and those who are to be born"*).[4] Bem, em nenhum outro lugar essa evidência ficou tão clara e palpável como na família. Em nenhuma outra modalidade de interação humana tornou-se tão perceptível que vidas são feitas de muitas

---

[1] De Waal, Frans in *Our Inner Ape – A Leading Primatologist Explains Why We Are Who We Are*, New York: Riverhead Books (*iBooks – epub*), 2005, p. 458: *"The nuclear Family is the hallmark of human social evolution"*.

[2] De Waal, Frans in *A Era da Empatia*. São Paulo: Companhia da Letras, 2010, p. 258.

[3] De Waal, Frans in *Primates and Philosophers – How Morality Evolved*. Princeton/Oxford: Princeton University Press, 2006, p. 164.

[4] Burke, Edmund. *Reflections on the Revolution in France* (In *The Works of the Right Honourable Edmund Burke*), London: John C. Nimmo, 1899, vol. III, p. 359.

vidas. Afinal, *"para cada e em cada vida, muitas vidas vivem ou são vivificadas"*.[5] Por isso, é sobretudo na família que as criaturas têm a chance insubstituível, quase sempre desperdiçada pelo atual apetite por apetites, de perceber que a nossa responsabilidade é propiciar novas e melhores vidas que, por sua vez, também saibam que essa é a maior responsabilidade de todas as gerações nas vindimas da vida.

O livro que você tem nas mãos sabe disso. O livro que você vai ler foi escrito a partir dessa postura diante da vida e, portanto, diante dos vivos, dos mortos e dos vindouros. O maior problema dos livros de *Direito de Família* é que, em função da precariedade existencial e da ambição profissional dos autores, há neles mais Direito do que Família. Neste livro, não. Mauro Fiterman é professor e advogado. Mas antes de ser professor e advogado é um homem que sabe que toda e qualquer interpretação jurídica se beneficia ou se ressente do caráter e das virtudes do intérprete, caráter e virtudes cujas primeiras e mais duradouras lições foram ensinadas pela *Família* – não pelo Direito.

Alexandre Pasqualini

[5] Vide Pasqualini, Alexandre in *A Família no Mundo Contemporâneo*. Belo Horizonte: Editora Fórum, 2011, p. 33.

Sumário

1. As transformações do Direito Civil com ênfase no Direito de Família: por um Direito Constitucional de Família

1.1. Introdução

O exame do Direito Civil, no plano de sua teoria geral, passa pela análise da codificação civil de 1916, no exame dos dispositivos legais que integram essa lei, mas principalmente pela necessária investigação acerca dos pressupostos históricos, culturais, políticos e sociais que subjazem ao seu advento. Além disso, passa pela análise das transformações sociais havidas nas últimas décadas e decorrentes do advento da Constituição Federal de 1988.

Não obstante tais transformações, os manuais de Direito Civil, por muito tempo, prescindiram da análise desses pressupostos e detiveram-se em um exame formal da legislação, trazendo, a partir desse exame, repercussões ao mundo jurídico operacional, com evidentes reflexos no plano social.

Nesse sentido, o presente estudo tem como objetivo proceder ao exame da codificação de 1916, tanto em seus aspectos mais amplos quanto em seus temas específicos, denotando uma real compreensão acerca do tema. Pretende-se, com isso, abrir as portas para a análise do período pós-Constituição Federal de 1988 e de seus reflexos jurídicos, com ênfase no Direito de Família.

1.2. Do caminho trilhado desde a concepção do Direito Civil clássico (Código Civil de 1916) até o Direito Civil contemporâneo (pós-Constituição Federal de 1988) pelo viés metodológico

Quando da análise do Direito Civil, a partir do exame do Código Civil de 1916, em especial na década de 1990, a doutrina apontou a existência de inúmeras transformações, as quais constituíram o que para muitos autores foi denominado de uma crise da civilística.[1] Tal fato retratava a falta de sintonia entre as questões fáticas da sociedade – interpretadas à luz dos valores que dela emanam e que se configuram abarcadas pela Constituição Federal de 1988 – e o Código Civil da época.[2]

Se, de alguma forma, vislumbravam-se diferenças no que aparentava ser um conflito de paradigmas, e entendia-se como inviável que elas existissem, ao menos no plano formal, haveria de proceder-se a um exame dessas ideias, de modo que fosse possível concretizar o real enfrentamento dos pontos obscuros e carentes de conhecimento e possibilitar uma apreciação das questões postas, ou seja, da prestação da tutela jurisdicional.

O Código Civil de 1916 nasceu sob a ótica de um ideário liberal, espelhando a concepção do *Code*, mediante as características de tal postura ideológica. Trata-se de uma postura ideológica porque, mais do que um ideal, sustenta um modo de ser, revestido de fundamentos e justificativas, em determinados momentos históricos.

Por ocasião do nascimento da filosofia liberal, existia nitidamente uma reação ao denominado regime absolutista, caracterizado pelo poder absoluto do rei, por parte de um importante segmento da sociedade que estava em crescimento e que procurava espaço para desenvolver-se nos moldes da época: a burguesia.

> Encontrando seus antecedentes no trabalho dos glosadores e pós-glosadores do Direito Romano, a Escola de Exegese surgiu e se consagrou na França do século XIX, tendo por suporte o Código Napoleônico.
>
> Constituiu-se como um modelo de ideologia burguesa, que objetivava, através de um sistema jurídico hermético, a obtenção de segurança contra o retorno das arbitrariedades impostas pelo absolutismo antecedente, colocando-se assim como garantidora das formas de desenvolvimento capitalista.[3]

---

[1] AMARAL, Francisco. Racionalidade e sistema no direito civil brasileiro. Separata de: *O Direito*, Rio de Janeiro, v. 1-2, p. 64, 1994. "Essa reflexão leva em conta o sentimento de angústia gerado pela percepção da crise que perpassa pelo direito contemporâneo, conscientizando-se os juristas da necessidade histórica de rever as estruturas normativas vigentes, à luz das novas funções que a vida social impõe ao direito".

[2] FACHIN, Luiz Edson. Limites e possibilidades da nova teoria geral do direito civil. *Revista de Estudos Jurídicos*, Curitiba, v. II, n. 1, p. 99, ago. 1995. "A revolta dos fatos contra o código captou, há algum tempo, a distância entre o clássico direito privado e as relações fáticas da vida. Já se reconheceu a fratura do direito exposta na esterilização dos conceitos e no desmoronamento de construções que pareciam inabaláveis".

[3] BUECHELE, Paulo Arminio Tavares. *O princípio da proporcionalidade e a interpretação da Constituição*. Rio de Janeiro: Renovar, 1999, p. 45.

A partir da reação burguesa, tornou-se inevitável a busca de proteção[4] [5] em relação às atitudes do Estado, uma defesa que possibilitasse, por meio da falta de excessiva presença do Estado, o real desenvolvimento econômico. Assim, a mola propulsora do liberalismo é a de um Estado omisso, garantidor da liberdade dos indivíduos, intervindo somente para garantir essa liberdade formal. Presume-se, então, a igualdade entre os indivíduos e, com isso, não há motivação para a intervenção do Estado.

> Em verdade, houve duas etapas na evolução do movimento liberal e do estado liberal: a primeira, a da conquista da liberdade; a segunda, a da exploração da liberdade.
>
> Como legado do Estado Liberal, a liberdade e a igualdade jurídicas, apesar de formais, incorporaram-se ao catálogo de direitos das pessoas humanas, e não apenas dos sujeitos de relações jurídicas, e nenhuma ordem jurídica democrática pode delas abrir mão. Os códigos cristalizavam a igualdade formal de direitos subjetivos, rompendo a estrutura estamental fundada no *jus privilegium*, nos locais reservados às pessoas em razão de suas origens.[6]

Daí a consequente promulgação de uma Constituição Federal que abraçava somente os direitos fundamentais de defesa, também denominados de direitos fundamentais de primeira geração,[7-8] característica do modelo liberal. Ocorre que os reflexos evidentes desse modelo, inclusive no plano hermenêutico, são relevantes.

A partir da promulgação de uma ordem constitucional liberal, com as características antes deduzidas, surge uma verdadeira

---

[4] PASQUALINI, Alexandre. O público e o privado. In: SARLET, Ingo Wolfgang (org.). *O direito público em tempos de crise*. Porto Alegre: Livraria do Advogado, 1999. p. 20. "Em todas as partes, após dolorosa fase absolutista, tratou-se de valorizar o espírito e o esforço particulares, comunicando-lhes forte autonomia. Um novo mundo foi edificado sobre os alicerces da personalidade individual. A vida política concentrou-se numa única tarefa: proteger o indivíduo da opressão estatal, fortalecendo-lhes o direito".

[5] RIBEIRO, Joaquim de Sousa. Constitucionalização do direito civil. Separata de: *Boletim da Faculdade de Direito*, Coimbra, v. LXXIV, p. 730, 1998. "Os direitos fundamentais nascem com as constituições liberais. Em resultado do triunfo da luta da burguesia contra o Estado absolutista, eles afirmam-se como direitos de liberdade, de salvaguarda para os sujeitos privados de um espaço de autonomia protegido de ingerências arbitrárias do poder político".

[6] LÔBO, Paulo Luiz Netto. Constitucionalização do direito civil. *Revista de Informação Legislativa*, Brasília/DF, v. 36, n. 141, p. 101-102, jan./mar. 1999.

[7] SARLET, Ingo Wolfgang. *A eficácia dos direitos fundamentais*. Porto Alegre: Livraria do Advogado, 1998, p. 48-49.

[8] SANTOS, Fernando Ferreira dos. *Princípio constitucional da dignidade da pessoa humana*. Fortaleza: Celso Bastos Editor, 1999, p. 28. "Situar o conceito de dignidade da pessoa humana de Kant dentro de sua filosofia liberal importa em ressaltar os seus limites, na sua defesa do individualismo, que, antinomicamente, há de prevalecer em relação à sociedade, em caso de conflito. Além, é claro, de uma compreensão assaz acanhada nas funções do Estado. Individualismo que irá marcar, sobremaneira, a definição dos direitos inatos de cada pessoa e, por isso, de resistência ou de oposição frente ao Estado".

ruptura[9] entre o Estado e a sociedade pautada na cisão entre o público e o privado. Era necessária tal separação como forma de conter os desmandos estatais e supostamente proteger a liberdade dos indivíduos.

Nesse momento histórico, surgiu o Código de Napoleão, fazendo valer um sistema fechado, baseado em conceitos, como os valores liberais, que veio a servir, se não de espelho, ao menos de inspiração para o Código Civil brasileiro de 1916.[10-11] Contudo, a realidade é que o Estado Liberal não é – e nunca foi – um verdadeiro Estado de Direito no plano material, sendo relevante a distinção entre o Estado de Direito no plano formal (o Estado Liberal) e o Estado de Direito no plano material (o Estado Social).

No plano formal, o Estado de Direito é aquele que, embora apresente a lei como expressão da vontade geral, incluindo a divisão de Poderes (Legislativo, Executivo e Judiciário), o próprio princípio da legalidade e a garantia dos direitos e liberdades fundamentais, prescinde de uma efetiva realização material dos direitos fundamentais, ou seja, trata-se de mera garantia jurídico-formal.

O retrato de tal espécie de Estado reside nas características do liberalismo. Este, em sua ânsia protetiva contra o Estado, concedeu aos indivíduos autonomia praticamente absoluta no exercício dos direitos de liberdade, segurança e propriedade, tendo por base a insuficiente ótica individualista.[12]

O propósito era de desenvolvimento, visto que a burguesia da época enxergava nos moldes liberais a possibilidade de uma franca evolução: os indivíduos estavam livres da inferência estatal abusiva, inviabilizadora do crescimento almejado, em razão, entre outros aspectos, da política de rigor e abusividade fiscal. De acordo com tal

[9] PASQUALINI, Alexandre. Op. cit., p. 31. "Como num esquema geométrico, o indivíduo e o Estado foram isolados um do outro, fazendo-se traçar em torno do primeiro um círculo protetor que deveria permanecer livre de toda a interferência estatal". E complementa: "Todavia, nenhum outro estabeleceu tão profunda segregação entre o público e o privado [...]".

[10] TEPEDINO, Gustavo. *Temas de direito civil.* Rio de Janeiro: Renovar, 1999, p. 2. "O Código Civil, bem se sabe, é fruto das doutrinas individualista e voluntarista que, consagradas pelo código de Napoleão e incorporadas pelas codificações do século XIX, inspiraram o legislador brasileiro quando, na virada do século, redigiu o nosso Código Civil de 1916".

[11] É fácil de identificar o exposto, entre outros, nos arts. 377, 460 e 461 do Código Civil brasileiro de 1916.

[12] PASQUALINI, Alexandre. Op. cit., p. 31. "O liberalismo ultrapassou as fronteiras do razoável, quando fez do indivíduo – e não da pessoa humana – um fim em si mesmo, orgulhoso de seu valor refratário ao universo da mediação societária".

concepção, havia a crença de que o individualismo[13] protegeria e realizaria os interesses coletivos de forma indireta.[14]

> A nota central deste Estado Liberal de Direito apresenta-se como uma limitação jurídico-legal negativa, ou seja, como garantia dos indivíduos-cidadãos frente à eventual atuação do Estado, impeditiva ou constrangedora de sua ação cotidiana. Ou seja: a este cabia o estabelecimento de instrumentos jurídicos que assegurassem o livre desenvolvimento das pretensões individuais, ao lado das restrições impostas à sua atuação positiva.[15]

No plano material, o Estado de Direito não abdica da realização material dos direitos fundamentais, nem prescinde da existência de direitos fundamentais de primeira e de segunda gerações. Os direitos fundamentais de segunda geração são, em sua maior parte,[16] de cunho positivo e, como tais, acabam por atender a uma finalidade de realização da igualdade material entre os indivíduos, a partir da intervenção estatal, a fim de viabilizar o solidarismo entre os membros da sociedade.

> Enquanto o modelo liberal primitivo incorporava uma idéia de soberania como poder incontrastável, próprio a uma sociedade de indivíduos "livres e iguais" para os quais importava apenas o papel de garantidor da paz social atribuído ao Estado, o modelo de *welfare state* adjudica a idéia de uma comunidade solidária, onde ao poder público cabe a tarefa de produzir a incorporação dos grupos sociais aos benefícios da sociedade contemporânea como uma força de coesão e não de imposição. Nesta função de patrocínio da igualdade, transfere-se ao Estado um novo atributo que contrasta com este poder ordenador, qual seja, a solidariedade. O caráter solidário do poder estatal, para muitos, substitui a sua característica soberana para incorporá-lo na batalha cotidiana da superação das desigualdades e de promoção do bem-estar social, percebido como um benefício compartilhado pela humanidade toda, sendo que isto repercute na tomada de posição no contexto das relações entre Estados na órbita internacional.[17]

A realização material dos direitos fundamentais de primeira e de segunda gerações, incluindo-se nesse contexto os direitos fundamentais de terceira geração, que se dá por força da intervenção estatal, possibilita a existência o Estado de Direito no plano material. No dizer de Joaquim de Sousa Ribeiro:

---

[13] PASQUALINI, Alexandre. Op. cit., p. 30. "O modelo liberal trabalhou, desse modo, por uma esfera econômica privada, dona de estruturas alheias ao estado, potencialmente capazes de garantir, sem constrangimentos, plena autonomia do indivíduo frente à comunidade social".

[14] SANTOS, Fernando Ferreira dos. Op. cit., p. 29.

[15] MORAIS, Jose Luis Bolzan de. *Do direito social aos interesses transindividuais.* Porto Alegre: Livraria do Advogado, 1996, p. 72.

[16] SARLET, Ingo Wolfgang. *A eficácia dos direitos fundamentais.* Op. cit., p. 50. O autor procede à identificação de direitos fundamentais de segunda geração negativos, citando os direitos de liberdade social, entre eles a limitação à jornada de trabalho.

[17] MORAIS, Jose Luis Bolzan de. Op. cit., p. 44.

> É aqui activada, com especial vigor, a função de proteção dos direitos fundamentais. Vistos agora como "imperativos de tutelo", continuam a ter como destinatário o Estado, a quem se dirigem os seus comandos. Mas não importam-lhe proibições de ingerência na esfera privada protegida. Antes para exigir-lhe a efectiva garantia, em todo o universo relacional, dos direitos reconhecidos. Ao Estado cabe não só respeitá-los, mas também, como entidade tutelar, fazê-los respeitar.[18]

Observadas tais características no que tange à materialidade do Estado de Direito, pode-se concluir que o Estado Social é Estado de Direito no plano material, aquele que justamente intervém para realizar materialmente todos os direitos fundamentais.[19-20]

Trata-se do Estado promocional, ou Estado-Providência, conforme denomina parte da doutrina, aquele que busca regular a sociedade mediante a intervenção estatal:

> O termo "Estado Providência" evoca a transformação da relação Estado/sociedade que ocorreu nos países liberais durante a primeira metade do século XX: passar-se-á de um Estado que ocupa um espaço social apenas limitado e que é obrigado a respeitar a economia de mercado, a um Estado intervencionista, investido na função de regulador global e que se imiscui nas relações sociais de qualquer natureza. O desenvolvimento do Estado-providência far-se-á através da transferência progressiva para o Estado, sob o império da necessidade, mas também sob a pressão de uma demanda social cada vez mais insistente, do conjunto de problemas que o jogo normal dos mecanismos sociais não mais permite resolver. [...] A expressão "Estado-Providência" não fez sucesso no Brasil. Preferiu-se "Estado de Bem-Estar Social" ou simplesmente "Estado Social".[21]

Cabe explicitar que a Constituição Federal de 1988 acabou por consagrar um Estado Social.[22] O que anteriormente restou suscitado

---

[18] RIBEIRO, Joaquim de Sousa. Op. cit., p. 747-748.

[19] LUÑO, Antonio-Enrique Perez. *Los derechos fundamentales*. 3.ed. Madri: Tecnos, 1988, p. 19-20. A afirmação ratifica o entendimento do autor no sentido de que: "Las normas que sancionan el estatuto de los derechos fundamentales, junto a aquéllas que consagran la forma de Estado y las que establecen el sistema económico, son las decisivas para definir el modelo constitucional de sociedad. [...] De otro lado, el tipo de Estado de Derecho (liberal o social) proclamado en los textos constitucionales depende del alcance y significado que en ellos se asigne a los derechos fundamentales, que, a su vez, ven condicionado su contenido por el tipo de Estado de Derecho en que se formulan".

[20] RIBEIRO, Joaquim de Sousa. Op. cit., p. 747. "[...] Ao Estado de direito democrático não incumbe apenas respeitar os direitos e liberdades fundamentais, mas também, nos termos do art. 9º, alínea b), da Constituição, garantir a sua efectivação".

[21] ARNAUD, André-Jean. *Dicionário enciclopédico de teoria e de sociologia do direito.* Tradução de Vicente de Paulo Barretto. Rio de Janeiro: Renovar, 1999, p. 320-323.

[22] SARLET, Ingo Wolfgang. *A eficácia dos direitos fundamentais.* Op. cit., p. 63. "Apesar da ausência de norma expressa no direito constitucional pátrio qualificando a nossa República como um Estado social e democrático de Direito (o art. 1º, *caput*, refere apenas os termos democrático e Direito), não restam dúvidas – e nisto parece existir um amplo consenso na doutrina – de que nem por isso o princípio fundamental do Estado social deixou de encontrar guarida em nossa Constituição".

como sendo um contraste, um aparente conflito de paradigmas, é justamente a incompatibilidade desse Estado e da postura codificada do Direito clássico, trazendo à tona a necessidade de uma operacionalização hermenêutica como forma de bem interpretar essa inevitável convivência e de possibilitar o que se denomina de Direito Civil contemporâneo.

O Direito Civil clássico tem raízes fixadas na Escola da Exegese, o que se torna bastante evidente pela própria postura com a qual se identifica, tendo em vista que, no contexto de separação do público e do privado, existia a intenção clara de transformar o Direito Civil somente no que estivesse legislado em um código. O que estivesse fora da codificação seria o não direito, sistematizando o Direito Civil a partir de pilares, quais sejam:[23] o trânsito jurídico, calcado na noção de contrato, de obrigações e de suas modalidades, as titularidades e o projeto parental, em razão de um sistema fechado (e os conceitos estão incluídos nesse contexto também), que Gustavo Tepedino,[24] citando Michele Giorgianni, aduziu ser, em conjunto com os demais códigos, *a Constituição do direito privado.*

Entretanto, a posição expressa pela legislação codificada pertencia a um passado já remoto, anterior inclusive ao nascimento de nosso Código Civil. A codificação civil brasileira jamais atendeu às questões sociais, terreno no qual sempre foi insuficiente.

> Não há como voltar ao mundo da sociedade liberal burguesa. Os próprios apelos conclamados a reviver o espírito do capitalismo do século XIX no final do século XX testemunham a sua impossibilidade. Bem ou mal, desde 1914 o século da burguesia pertence à história.[25]

A realidade é que uma proposição conceitualista jamais atenderá ao dinamismo das complexas questões sociais. A sociedade evolui, passa por transformações, e ao Direito cabe a tutela dessas novas questões, uma vez que estão em consonância com a normatividade constitucional.

> Os fatos explodem os conceitos, e situações podem ser levantadas e que apontam precisamente a incapacidade da teoria clássica em aceitar a existência de categorias jurídicas que fogem à estruturação sistemática da lógica analítica dos conceitos.[26]

---

[23] FACHIN, Luiz Edson. Limites e possibilidades da nova teoria geral do direito civil. Op. cit., p. 22. Segundo o autor, estes eram os estatutos fundamentais do Direito Privado na ótica do sistema jurídico de Direito Civil clássico.

[24] TEPEDINO, Gustavo. Op. cit., p. 2.

[25] HOBSBAWN, Eric J. *A era dos impérios.* 5. ed. Rio de Janeiro: Paz e Terra, 1998, p. 27.

[26] FACHIN, Luiz Edson. *Estatuto jurídico do patrimônio mínimo.* Rio de Janeiro: Renovar, 2001, p. 40.

E a posição conceitualista persistia no Código Civil de 1916, em contraposição ao que é apregoado a partir do Direito Civil contemporâneo, de índole constitucionalizada. Havia, assim, um choque entre a tábua axiológica codificada e a tábua axiológica constitucional, traduzindo-se em uma incoerência mediante uma abordagem material que deveria ser superada cientificamente.

Nesse contexto, ou seja, a partir de um exame científico, que é possível graças à hermenêutica contemporânea, passa-se a enfrentar as incompatibilidades no âmbito formal, possíveis antinomias,[27] ainda que aparentes,[28] que eram fruto do choque mencionado. Para tanto, cumpre, desde já, explicitar que se adota o conceito de sistema jurídico de Juarez Freitas,[29] que o explicita como:

> [...] uma rede axiológica hierarquizada de princípios gerais e tópicos, de normas e valores jurídicos cuja função é a de, evitando ou superando antinomias, dar cumprimento aos princípios e objetivos fundamentais do Estado Democrático de Direito, assim como se encontram consubstanciados, expressa ou implicitamente, na Lei Maior.

É desse conceito que se partirá para a análise do método hermenêutico que possibilita a compatibilização entre a codificação civil e a normatividade constitucional. Observa-se, no conceito de sistema jurídico empregado, que sua base é aquela denominada por Alexandre Pasqualini[30] como *linguagem dos valores*. Tal conclusão fulcra-se em razão de que o próprio autor destaca que é a partir disso que se possibilita o necessário diálogo axiológico que viabiliza o sistema jurídico *na sua condição de totalidade axiológica*.[31] Apenas mediante uma visão de sistema jurídico como unidade axiológica é que se poderá alcançar a almejada coerência material, ainda que mínima, conforme refere Larenz:[32]

---

27 FREITAS, Juarez. *A interpretação sistemática do direito*. São Paulo: Malheiros, 1998, p. 70: "[...] definem-se as antinomias jurídicas como sendo incompatibilidades possíveis ou instauradas entre normas, valores ou princípios jurídicos, pertencentes, validamente, ao mesmo sistema jurídico, tendo de ser vencidas para a preservação da unidade interna e coerência do sistema e para que se alcance a efetividade de sua teleologia constitucional".

28 Idem, ibidem, p. 70-71: "Oferecida esta classificação estritamente instrumental, é de se sublinhar que todas estas antinomias devem ser desfeitas, almejando-se a *hierarquização segundo critérios múltiplos e imbricados*, de tal sorte que uma norma ceda diante de outra ou de um princípio ou de um valor, conforme o caso. Em tal medida, somente e enquanto não se proceder a hierarquização é que as normas, os princípios e os valores poderão situar-se em posição de aberto conflito, o qual carecerá de solução, admitida a possibilidade de convertê-lo em 'aparente', especialmente quando se tratar de conflito entre os critérios mesmo para solvê-lo".

29 Idem, ibidem, p. 50.

30 PASQUALINI, Alexandre. *Hermenêutica e sistema jurídico: uma introdução à interpretação sistemática do direito*. Porto Alegre: Livraria do Advogado, 1999, p. 75.

31 Idem, ibidem, p. 75.

32 LARENZ, Karl. Op. cit., p. 593-594.

A missão do sistema científico é tornar visível e mostrar a conexão de sentido inerente ao ordenamento jurídico como um todo coerente. Para isso serve a descoberta dos princípios directivos e sua concretização nos conteúdos regulativos, a formação dos conceitos determinados pela função e de tipos jurídicos-estruturais. Para esse efeito, pressupõe sempre que as regras do Direito e os diferentes complexos de regulação estão de facto entre si numa tal conexão de sentido, quer dizer, que são algo mais do que uma aglomeração de normas particulares baseada na "arbitrariedade" do legislador ou noutros factores mais ou menos causais.

No mesmo sentido, no tocante à coerência como reflexo da unidade, Pasqualini acrescenta que a coerência, uma vez obtida no plano formal, é insuficiente para a compreensão do sistema jurídico como totalidade axiológica.

> [...] apenas a primeira, a mais inferior e menos sólida expressão de unidade e que a Unidade das unidades será sempre a que emergir da coerência materialmente valorativa, no permanente e aberto jogo concertado dos fins intrínsecos a cada uma e a todas as normas jurídicas.[33]

Ocorre que, para garantir a coerência material, há de se romper com a perspectiva clássica, a qual é precursora do sistema fechado codificado, derivado do método lógico-formal da jurisprudência dos conceitos.[34-35] Essa unidade sistemática, patrocinadora de coerência material, com base na noção de abertura[36] e indeterminabilidade, em

---

[33] PASQUALINI, Alexandre. Op. cit., p. 78.

[34] CANARIS, Claus-Wilhelm. *Pensamento sistemático e conceito de sistema na ciência do direito.* Tradução de Menezes Cordeiro. Lisboa: Fundação Calouste Gulbenkian, 1989, p. 27. "O conceito de sistema é útil na medida em que possa desempenhar função significativa na ciência e na prática do direito, facilitando-lhe a aplicação de seus princípios, conceitos e regras gerais, assegurando certa previsibilidade dos efeitos jurídicos e garantindo ainda a unidade interior do direito, com a interpretação sistemática e a aplicação analógica das normas jurídicas. Existem, porém, diversos conceitos de sistema e nem todos são aceitáveis. Devem excluir-se, por impróprios, os conceitos que não exprimam a *ordem* e a *unidade* que lhes são características, ordem, no sentido de compatibilidade lógica de seus elementos, e unidade, no sentido de referência a um ponto central. São impróprios o chamado 'sistema externo', que se refere apenas à exposição do material jurídico, apresentando o direito como conjunto de normas; o sistema axiomático-dedutivo, que defende a possibilidade de uma dedução puramente lógico-formal das regras jurídicas a partir de axiomas, proposições tão evidentes que dispensam demonstração, e aqueles conceitos que exprimam apenas categorias puramente formais, como os de STAMMLER, KELSEN e NAWIASKY, assim como o sistema lógico-formal da jurisprudência dos conceitos".

[35] FREITAS, Juarez. Op. cit., p. 41. "Como bem acentua Claus-Wilhelm Canaris, discípulo e continuador de Karl Larenz, a totalidade de conceitos que não se mostram, de algum modo, capazes de exprimir adequação valorativa e dar unidade interna à ordem jurídica, tem-se revelado, virtualmente, sem utilidade".

[36] PASQUALINI, Alexandre. Sobre a interpretação sistemática do direito. *Revista do Tribunal Regional Federal da 1ª Região*, Brasília, v. 7, n. 4, p. 96-97, 1995. "Ademais, é preciso notar que o Direito, ao contrário do que faz supor o pensamento dedutivo-normativista, não se apresenta – nem poderia se apresentar – como um sistema fechado e completo. Não é fechado porque aberto à mobilidade (*Wilburg*) e à indeterminação dos conceitos jurídicos (*Engisch*); não é completo porquanto '*as contradições e as lacunas acompanham as normas à feição de sombras* [...]'. Trata-se, por conseguinte, de uma unidade axiológica bastante peculiar: subsiste através da indeterminação.

realidade somente se efetiva mediante a análise tópica, mediante a hierarquização de cunho principiológico e axiológico.

> Esta hierarquização é metacritério essencialmente presente a arbitrar, por assim dizer, a disputa entre princípios, normas e valores no seio do Direito positivo. É mister erigi-la como núcleo de nosso conceito jurídico, até para manifestar, com nitidez, uma englobante presença axiológica em todos os processos de racionalização ou sistematização do fenômeno jurídico.[37]

Através de uma interpretação sistemática,[38] viabilizou-se a compatibilização entre a codificação civil e a ordem constitucional no enfrentamento dos casos concretos: ratifica o fenômeno da travessia do clássico ao contemporâneo e impõe a constitucionalização do Direito Civil.

A constitucionalização do Direito Civil é a migração da normatividade constitucional – princípios e valores – para o Direito Civil codificado, alterando a exegese de seus pilares fundamentais graças a uma nova tábua axiológica.

> Acolher a construção da unidade (hierarquicamente sistematizada) do ordenamento jurídico significa sustentar que seus princípios superiores, isto é, os valores propugnados pela Constituição, estão presentes em todo o tecido normativo, resultando, em conseqüência, inaceitável a rígida contraposição direito público-direito privado. Os princípios e valores constitucionais devem se estender a todas as normas do ordenamento, sob pena de admitir a concepção de um *mondo in frammenti*, logicamente incompatível com a idéia de sistema unitário.[39-40]

É importante, desse modo, trazer à colação a posição de Ingo Wolfgang Sarlet, no que atine à questão da eficácia das normas constitucionais, ao assegurar-lhes eficácia – ainda que mínima – independentemente de concretização, mesmo que não sejam direitos fundamentais:

> A exemplo das demais normas constitucionais e independentemente de sua forma de positivação, os direitos fundamentais prestacionais, por menor que seja sua densidade normativa ao nível da Constituição, sempre estarão aptos a gerar um mínimo de efeitos jurídicos, sendo, na medida desta aptidão, diretamente aplicáveis, aplicando-se-lhes

---

Se, de um lado, é limite, de outro, é abertura. [...] Em linguagem mais frontal, não há sistema sem correlata abertura".

[37] FREITAS, Juarez. Op. cit., p. 45.

[38] Idem, ibidem, p. 60. "[...] a interpretação sistemática deve ser definida como uma operação que consiste em atribuir a melhor significação, dentre várias possíveis, aos princípios, às normas e aos valores jurídicos, hierarquizando-os num todo aberto, fixando-lhes o alcance e superando antinomias, a partir da conformação teleológica, tendo em vista solucionar casos concretos".

[39] TEPEDINO, Maria Celina B. M. A caminho de um direito civil constitucional. *Revista de Direito Civil*, São Paulo, n. 65, p. 22, 1993.

[40] AMARAL, Francisco. Op. cit., p. 76. No mesmo sentido, sobre a constitucionalização.

(com muito mais razão) a regra geral, já referida, no sentido de que inexiste norma constitucional destituída de eficácia.[41]

No mesmo sentido, Jorge Miranda, quando analisa a interpretação constitucional, repele a posição meramente programática defendida por parte da doutrina:

> Deve assentar-se no postulado de que todas as normas constitucionais são verdadeiras normas jurídicas e desempenham uma função útil no ordenamento. A nenhuma pode dar-se uma interpretação que lhe retire ou diminua a razão de ser. Mais: *a uma norma fundamental tem de ser atribuído o sentido que mais eficácia lhe dê*; a cada norma constitucional é preciso conferir, ligada a todas as outras normas, o máximo de capacidade de regulamentação. *Interpretar* a Constituição é ainda *realizar* a Constituição. [...] Todas as normas constitucionais têm de ser tomadas como normas da Constituição actual da Constituição que temos (conquanto com carácter prospectivo), e não como normas de uma Constituição futura, cuja execução não vincule, desta ou daquela maneira, os órgãos de poder e o legislador ordinário. E tampouco podem reconduzir-se ao absurdo ou impor aos seus destinatários não o possível, mas o impossível.[42]

O reconhecimento da eficácia normativa da Constituição impõe o enfrentamento dos possíveis conflitos de paradigmas que, ao que parece, assim como as antinomias, também são aparentes. Não há um paradigma do Direito Civil e outro da Constituição Federal, pois o Direito Civil definitivamente não é o Código Civil, no que se pode identificar como um processo de descodificação do Direito Civil.

Deve-se apreender o Direito Civil como parte da emolduração teórica de raso alcance prático e, para isso, volver a crítica aos critérios distintivos no domínio intelectual construído.

> Remar para as origens, no estudo que não censura as fontes do Direito Civil brasileiro, antes enaltece o oculto; um Direito Civil que, a rigor, jamais se resumiu à norma civil. Sobreponderar que as pessoas não são apenas os indivíduos e seus códigos. As pessoas olvidadas pelo Código Civil brasileiro estão na origem das histórias narradas sem as características e cicatrizes do seu tempo.[43]

A constitucionalização do Direito Civil consolida a transição do liberal ao social, conforme Paulo Luiz Netto Lôbo explica; afinal, reconhece, a partir da intervenção positiva do Estado nas relações privadas, a necessidade da releitura do Direito Civil à luz da normatividade constitucional.

> A constitucionalização do direito civil, entendida como inserção constitucional dos fundamentos de validade jurídica das relações civis, é mais do que um critério hermenêu-

---

[41] SARLET, Ingo Wolfgang. *A eficácia dos direitos fundamentais.* Op. cit., p. 255.

[42] MIRANDA, Jorge. Direitos fundamentais e interpretação constitucional. *Revista do Tribunal Regional Federal da 4ª Região.* Porto Alegre: Livraria do Advogado, v. 9, n. 30, p. 29.

[43] FACHIN, Luiz Edson. *Teoria crítica do direito civil.* Rio de Janeiro: Renovar, 2000, p. 16.

tico formal. Constitui a etapa mais importante do processo de transformação, ou de mudanças de paradigmas, por que passou o direito civil, no trânsito do Estado Liberal para o Estado Social.

O conteúdo conceptual, a natureza, as finalidades dos institutos básicos do direito civil, nomeadamente a família, a propriedade e o contrato, não são mais os mesmos que vieram do individualismo jurídico e da ideologia liberal oitocentistas, cujos traços marcantes persistem na legislação civil.[44]

Denota-se a necessidade de uma revisitação da ordem civil codificada, não só em razão do regramento codificado em específico, mas essencialmente em face do papel que assume o Direito, como instrumento viabilizador da estabilidade social, e não de mera estabilidade jurídica.[45]

Os sistemas, em sua evolutividade e superação histórica, fulminam a perspectiva oitocentista, por via de seus dispositivos de instrumentalidade e abertura, inerente ao axiologismo de sua essência, de modo que o Direito, como revela a própria jurisprudência, deve acompanhar a sociedade para a qual se dirige, como instrumental não só de segurança, como também de justiça, conteúdo material do Estado, positivado na Constituição, de modo vinculante ao operador do Direito.[46]

Explicitada a metodologia empregada (a interpretação sistemática do Direito) e pontificadas as concepções clássica e contemporânea (identificadas, respectivamente, pelos Estados Liberal e Social), passa-se a operacionalizar a posição do concretizador[47] em face desta.

Reconhecido o Estado Social constitucionalmente, vige o princípio do Estado Social Democrático de Direito. Estado social pelas características já relacionadas que levam à sua identificação como tal, ainda que não expresso, como verdadeiro Estado de Direito no plano material e democrático. Esse princípio assume a posição de norte a ser perseguida: como princípio estruturante, vincula toda e qualquer concretização a ser levada a termo no sistema jurídico pátrio. Trata-se, no dizer de Canotilho e Vital Moreira, não apenas de "uma tarefa admi-

---

[44] LÔBO, Paulo Luiz Netto. Op. cit., p. 108.

[45] AZEVEDO, Antônio Junqueira de. O direito civil tende a desaparecer? *Revista dos Tribunais,* São Paulo, n. 472, p. 15-21, 1975. No referido artigo, o autor conclui pelo desaparecimento do Direito Civil, uma vez que "[...] vier mesmo o fim das concepções liberais e igualitárias, a cuja decadência estamos assistindo [...]", evidentemente demonstrando sua inconformidade com o processo interventivo por parte do Estado, repudiando o Estado Social e ratificando sua crença na estabilidade jurídica pela garantia lógico-formal.

[46] ARONNE, Ricardo. *Por uma nova hermenêutica dos direitos reais limitados.* Rio de Janeiro: Renovar, 2001, p. 224.

[47] A expressão *concretizador* é utilizada em sentido amplo, com o fito de identificar todo aquele que exerce atividade de densificação da normatividade do sistema jurídico, seja o intérprete, seja o legislador infraconstitucional, seja o Poder Executivo por meio de seus agentes.

nistrativa do Estado, antes e perfila como um princípio estruturante do próprio Estado".[48]

Essa premissa traz consigo consequências diversas, em face da postura institucional do Poder Legislativo, enquanto legislador infraconstitucional, do Poder Executivo, do Poder Judiciário, através do intérprete, quando da prestação da jurisdição, ou pelo administrador, nas questões administrativas próprias do poder independente, e, finalmente, pela sociedade.

O princípio do Estado Social passa a ser a base teleológica[49] do sistema jurídico. Com isso, a realização material dos direitos fundamentais, o cumprimento dos princípios e objetivos fundamentais constitucionais, toma a força da obrigatoriedade pela vinculação existente.[50] Trata-se de finalidade do sistema como totalidade axiológica a ser atendida por todos aqueles que têm o dever de concretizá-lo em seus mais variados momentos, tendo em vista os atos do Estado e da própria sociedade.

Com um Estado de Direito, concebido materialmente a partir da concepção de Estado Social, com as vinculações da referida concepção e as obrigações inerentes à finalidade instituída, pode-se afirmar que o caráter estruturante do Estado Social é a referência, ou até mesmo a imposição, para a realização material dos direitos fundamentais, de modo a fazer do sistema jurídico como um todo, por meio da análise tópica, um sistema coerente – no âmbito material –, possibilitando a liberdade e a igualdade, ambas no âmbito material, e a democracia, mediante a concretização desses princípios e objetivos que dão suporte à estrutura do sistema que a Constituição Federal impôs a partir dos valores sociais.

Concretizar o Estado Social torna-se inevitável, e a constitucionalização do Direito Civil é uma consequência direta que decorre da normatividade constitucional – valores e princípios – mediante uma leitura tópica e sistemática. Com a constitucionalização do Direito Civil, opera-se o fenômeno de *repersonalização*.[51] Uma vez que ocorre a transição do liberal para o social, com a alteração axiológica subs-

---

[48] CANOTILHO, J. J. Gomes e MOREIRA, Vital. *Fundamentos da constituição*. Coimbra: Coimbra Editora, 1991, p. 86.

[49] LARENZ, Karl. Op. cit., p. 401. A noção da interpretação teleológica adotada no presente trabalho é a de Larenz.

[50] FREITAS, Juarez. Op. cit., p. 47, 50, 61. O autor, ao elaborar a sua concepção de sistema jurídico, com base na unidade do mesmo, especifica a necessidade de as normas infraconstitucionais guardarem "[...] função instrumental, tendo em vista a realização finalística da Constituição". Tal posição é integralmente acolhida como premissa do presente trabalho.

[51] SANTOS, Fernando Ferreira dos. Op. cit., p. 30-31.

tanciada na inoperância do patrimonialismo codificado com base no respeito à pessoa humana, constante da Constituição Federal como princípio fundamental, a proteção que era concedida ao patrimônio passa a existir para a dignidade da pessoa humana.

> Se impõe, por força do próprio conjunto normativo, uma releitura "repersonalizante" do Código, deslocando o enfoque protetivo do mesmo do patrimônio para a dignidade da pessoa humana, em face do esclarecimento recíproco das normas, nos moldes que adiante se busca elucidar. Isso independe de mudanças legislativas no corpo do Código, pois ele sofre mutações, em tese, por qualquer alteração no sistema jurídico que integra.[52]

A repersonalização impera justamente em face da necessidade que se observa da realização material do princípio da dignidade da pessoa humana como princípio fundamental.[53] Tal realização ocorre em virtude da vinculação de todos os concretizadores devido à própria materialização dos direitos fundamentais.

> Consoante já restou destacado, o princípio da dignidade da pessoa humana impõe limites à atuação estatal, objetivando impedir que o poder público venha a violar a dignidade pessoal, mas também implica (numa perspectiva que se poderia designar de programática ou impositiva, mas nem por isso destituída de plena eficácia) que o Estado deverá ter como meta permanente, proteção, promoção e realização concreta de uma vida com dignidade para todos, podendo sustentar-se, na esteira da luminosa proposta de Clèmerson Clève, a necessidade de uma política de dignidade da pessoa humana dos direitos fundamentais. Com efeito, de acordo com a lição de Pérez Luño, "a dignidade da pessoa humana constitui não apenas a garantia negativa de que a pessoa não será objeto de ofensas ou humilhações, mas implica também, num sentido positivo, o pleno desenvolvimento da personalidade de cada indivíduo".[54]

Convém ressaltar que não se abandona a proteção ao patrimônio, mas que se altera a forma de proteção, de modo que esta seja impulsionadora do desenvolvimento da própria pessoa. Trata-se da *despatrimonialização*.

> Com o termo, certamente não elegante, "despatrimonialização", individua-se uma tendência normativa-cultural; se evidencia que no ordenamento se operou uma opção, que, lentamente, se vai concretizando, entre personalismo (superação do individualismo) e patrimonialismo (superação da patrimonialidade fim a si mesma, do produtivismo, antes, e do consumismo, depois, como valores). Com isso não se projeta a expulsão e a "redução" quantitativa do conteúdo patrimonial no sistema jurídico e naquele civilístico em especial; o momento econômico, como aspecto da realidade social

---

[52] ARONNE, Ricardo. Op. cit., p. 10.

[53] SARLET, Ingo Wolfgang. *Dignidade da pessoa humana e direitos fundamentais.* Op. cit., p. 68: "Inspirando-se – neste particular – especialmente no constitucionalismo lusitano e hispânico, o Constituinte de 1988 preferiu não incluir a dignidade da pessoa humana no rol dos direitos e garantias fundamentais, guindando-a, pela primeira vez – consoante já reiteradamente frisado – à condição de princípio (e valor) fundamental (art. 1º, inciso III)".

[54] Idem, ibidem, p. 107-108.

organizada, não é eliminável. [...] Não é suficiente, portanto, insistir na afirmação da importância dos "interesses da personalidade no direito privado"; é preciso predispor-se a reconstruir o Direito Civil não com uma redução ou um aumento de tutela das situações patrimoniais, mas como uma tutela qualitativamente diversa.[55]

O indivíduo ingressa no centro dos interesses como ser coletivo.[56] Observa-se claramente, com isso, um caminho diverso do caminho do individualismo, fruto da noção de Estado Social vigente e de sua necessária concretização. O patrimonialismo perde espaço a partir da repersonalização[57] e permanece ocupando um espaço menor, diverso, segundo finalidades diversas, em especial a realização da dignidade da pessoa humana.

> Sem embargo do patrimônio mínimo garantido, como se dá, em parte, com o bem de família e na impenhorabilidade do módulo rural, a disciplina dos defeitos nas relações jurídicas, assim redirecionada, poderá captar menos a patologia do *status* jurídico adstrito ao contrato e ao patrimônio e mais a tutela do "trem da vida", dos reais receptores da norma civil.[58]

A despatrimonialização reprime o conteúdo patrimonial como um fim em si mesmo e passa a considerá-lo como modo de realização da pessoa humana, estabelecendo uma nova abordagem acerca do patrimônio: uma relação de meio e fim.

> Esta despatrimonialização do direito civil não significa a exclusão do conteúdo patrimonial no direito, mas a funcionalização do próprio sistema econômico, diversificando sua valoração qualitativa, no sentido de direcioná-lo para produzir respeitando a dignidade da pessoa humana (e o meio ambiente) e distribuir as riquezas com maior justiça.[59]

Nota-se que o patrimônio passa a exercer uma função diversa da tradicionalmente exercida como simples aferidor de garantia a terceiros, assumindo função de viabilizador da dignidade da pessoa

---

[55] PERLINGIERI, Pietro. *Perfis do direito civil*. Tradução de Maria Cristina de Cicco. Rio de Janeiro: Renovar, 1997, p. 33-34.

[56] FACHIN, Luiz Edson. Op. cit., p. 216. "A 'repersonalização', desse modo, pode alterar essa primazia, recolocando o indivíduo como ser coletivo no centro dos interesses". No mesmo sentido, CARVALHO, Orlando de. *A teoria geral da relação jurídica*. 2.ed. actualizada. Coimbra: Centelha, 1981, p. 7-15.

[57] CAMBI, Eduardo. Premissas teóricas das uniões extramatrimoniais no contexto da tendência da personificação do direito de família. In: CAMBI, Eduardo. *Repertório de doutrina sobre direito de família*. São Paulo: Revista dos Tribunais, 1999, p. 132. "O que marca o fenômeno da repersonalização, ou simplesmente personificação, é a valorização dos interesses da pessoa humana (o ser), não aquilo que ela possui (o ter), que, embora seja um componente importante a ser considerado, não deve ser colocado como elemento central, mesmo porque, em sociedades como a brasileira, a maioria das pessoas que se unem não possuem patrimônio".

[58] FACHIN, Luiz Edson. Op. cit., p. 217.

[59] RAMOS, Carmem Lucia Silveira. A constitucionalização do direito privado e a sociedade sem fronteiras. In: *Repensando fundamentos do direito civil brasileiro contemporâneo*. Rio de Janeiro. Renovar, 1998, p. 16.

humana. Consoante denota-se, o Direito Civil, como um todo, sofre transformações a partir da concepção contemporânea, e a família, o projeto parental, segue esse rumo.

1.3. O Direito de Família no contexto das transformações decorrentes da Constituição Federal de 1988

Não há dúvida de que a abordagem do trânsito do Direito Civil clássico ao contemporâneo não exclui as questões de família e, por consequência, do Direito de Família. Ao contrário, pode-se afirmar que, no campo familiar, essas transformações tornam-se inclusive mais evidentes.

Essas transformações, por sua vez, não ocorrem de forma abrupta, nem mesmo por força de ordens ou determinações, mas por força de transformações de ordem social, ou seja, de que o Direito Civil, também no campo familiar, em vez de moldar a conduta da sociedade, deve atender aos anseios sociais, tutelando os valores constantes do sistema jurídico na busca da estabilidade social, e não da mera estabilidade jurídica.

> Considérese, todavia en esta fase de introducción, que la colocación de nuevas premisas también encuentra, en la cultura jurídica, un pilar relevante, como lo hizo el Seminario que la UnB dedicó en mayo de 1981 a la personalidad extraordinaria de Francisco Clementino de San Tiago Dantas. Nuestro punto de partida es congruente con sus ideas, especialmente cuando afirmó que "nada falsea tanto que la convicción concedida por los extensos periodos de estabilidad, y que la vida social debe ajustarse a los conocimientos jurídicos, en vez de adecuarse éstos a ella".[60]

O liberalismo fez valer do privado a lei dos particulares, e a consequência disso foi a privatização das próprias relações familiares. O espaço da família passou a ser verdadeiramente o espaço do privado, devido às características do individualismo, do patrimonialismo, da igualdade e da liberdade formais.

A família, no contexto mais próximo das relações humanas, a municiar a educação e a formação dos indivíduos, refletindo valores que em um processo de cadeia acabam por expressar os valores da sociedade, pode-se afirmar com segurança que foi – e ainda é – o berço do pensar.

> Nosso objetivo aqui não é apresentar a história dos métodos escolares. Interessa-nos ver como uma exigência familiar influi sobre um sistema educacional, ao menos refre-

[60] FACHIN, Luiz Edson. El jurista de mañana y el derecho privado. In: RUBIO, David Sánchez; FLORES Joaquín Herrera e CARVALHO, Salo de (coords.). *Anuário Ibero-Americano de Direitos Humanos (2001/2002)*. Rio de Janeiro: Lumen Juris, p. 426.

ando o bonapartismo pedagógico. No caso, o privado rege o público, e os costumes impõem sua lei ao estado: primeira intervenção de pais de alunos no recinto sagrado da escola.[61]

Saltam aos olhos as motivações que poderiam existir para uma minimização das janelas que possibilitavam o ingresso dos ventos das diferenças, dos ventos dos diferentes, nos lares das famílias pautadas por ideários liberais. Na verdade, suprimia-se o berço do pensar, a educação efetiva que prepararia as crianças e os adolescentes para que, uma vez úteis para si mesmos, também o fossem para a sociedade, conforme explicita Waldyr Grisard Filho, a proceder reflexão sobre a guarda:

> Genericamente corresponde não só à instrução, como o desenvolvimento da inteligência ou aquisição de conhecimentos básicos para a vida de relação, mas também à educação, que tem um sentido mais amplo, voltada ao desenvolvimento de todas as faculdades físicas e psíquicas e espirituais dos sujeitos passivos, previsto nos arts. 4º e 53 do ECA, e torná-los úteis a si mesmos e à sociedade.[62]

Se o liberalismo apregoava a não intervenção estatal nas relações ditas privadas, com certeza a própria intervenção das ideias que pudessem desconfigurar um norte certo e pseudosseguro, preconcebido, o qual atentasse ou abalasse aqueles que lucravam com o *status quo* vigente à época, era motivo de preocupação.

> Na junção do público e do privado, esferas grosseiramente equivalentes aos papéis dos sexos, ela deveria assegurar a gestação da sociedade civil e dos "interesses particulares", cujo bom andamento era essencial à estabilidade do Estado e ao progresso da humanidade.[63]

Diante disso, a família liberal codificada nasce com a perspectiva de conquista justamente do que lhe era suprimido pelo absolutismo, ou seja, a conquista do patrimônio, diga-se propriedade e liberdade.[64] Essa família consignava na pessoa do filho uma finalidade básica do casal, um verdadeiro descendente com a pecha de herdeiro, mas

---

[61] PERROT, Michelle. Figuras e papéis. In: *História da vida privada.* Vol. 4, Da Revolução Francesa à Primeira Guerra. São Paulo: Companhia das Letras, 1997, p. 158-159.

[62] GRISARD FILHO, Waldyr. *Guarda compartilhada: um novo modelo de responsabilidade parental.* São Paulo: Editora Revista dos Tribunais, 2000, p. 38-39.

[63] PERROT, Michelle. O nó e o ninho. *Veja* 25 anos. São Paulo, 1993, edição especial, p. 77.

[64] FACHIN, Luiz Edson. O impacto das mudanças sociais no direito de família singrando entre dois *Brasis*: do casamento codificado às famílias não "matrimonializadas" na experiência brasileira. *Boletim da Faculdade de Direito. StvdiaIvridica 48, Colloquia – 6,* Coimbra Editora, 1999/2000, p. 4. "Este trabalho retoma a família brasileira do passado, uma unidade rural de produção, integrada por numerosa descendência, 'matrimonializada', consangüínea e patriarcal, nela encontrando os aspectos que marcam as relações sociais e econômicas no Brasil do começo do século. Ali expõe um país cujo desenho jurídico da família vai, mais tarde, inspirar o Código Civil brasileiro".

que ao mesmo tempo era formador de mão de obra em busca de produção.

> Com a transmissão via sucessão hereditária, o casamento gera a procriação e esta promove, a seu turno, o seguimento patrimonializado dos bens. Nesta perspectiva encontra-se uma ligação muito estreita entre casamento, família e formas de apropriação, em que se visibiliza a espinha dorsal que emoldura parcela relevante do Direito Privado.[65]

Tratava-se do indivíduo, ou dos indivíduos, em prol da família apenas como instituição,[66] uma família patriarcal[67] e hierarquizada, centralizada na pessoa do pai, com função de transitar e dirigir sempre em vista da instituição familiar.[68]

> A família do Código Civil do começo do século era hierarquizada, patriarcal, matrimonializada e transpessoal, de forte conteúdo patrimonialista, uma vez que colocava a instituição em primeiro plano: o indivíduo vivia para a manutenção e o fortalecimento da instituição que se caracterizava como núcleo de apropriação de bens nas classes mais abastadas.[69]

A hierarquização, que rompia com qualquer possibilidade de democratização das relações familiares, não deixava de ser um aval ao

---

[65] FACHIN, Luiz Edson. *Elementos críticos do direito de família.* Rio de Janeiro: Renovar, 1999, p. 152.

[66] Idem, ibidem, p. 32-33. "Instala-se uma visão transpessoal da família, segundo a qual os interesses de uma unidade da instituição prevalecem sobre os seus membros".

[67] HOLANDA, Sérgio Buarque de. *Raízes do Brasil.* São Paulo: Companhia das Letras, 1999, p. 81-82. Família patriarcal que seguia os passos da família colonial: "Nos domínios rurais, é o tipo de família organizada segundo as normas clássicas do velho direito romano-canônico, mantidas na península Ibérica através de inúmeras gerações, que prevalece como base e centro de toda a organização. Os escravos das plantações e das casas, e não somente os escravos, como os agregados, dilatam o círculo familiar e, com ele, a autoridade imensa do pater-famílias. Esse núcleo bem característico em tudo se comporta como seu modelo da Antiguidade, em que a própria palavra 'família', derivada de *famulus,* se acha estreitamente vinculada à ideia de escravidão, e em que mesmo os filhos são apenas os membros livres do vasto corpo, inteiramente subordinado ao patriarca, os *liberi.* Dos vários setores de nossa sociedade colonial, foi sem dúvida a esfera da vida doméstica aquela onde o princípio de autoridade menos acessível se mostrou às forças corrosivas que de todos os lados o atacavam. Sempre imerso em si mesmo, não tolerando nenhuma pressão de fora, o grupo familiar mantém-se imune de qualquer restrição ou abalo. Em seu recatado isolamento pode desprezar qualquer princípio superior que procure perturbá-lo ou oprimi-lo. Nesse ambiente, o pátrio poder é virtualmente ilimitado e poucos freios existem para sua tirania. [...] O quadro familiar torna-se, assim, tão poderoso e exigente, que sua sombra persegue os indivíduos mesmo fora do recinto doméstico. A entidade privada precede, sempre, neles, a entidade pública".

[68] PEREIRA, Tânia Maria da Silva. *Direito da criança e do adolescente: uma proposta interdisciplinar.* Rio de Janeiro: Renovar, 1996, p. 155. "No sistema original do Código Civil, a base da família é o casamento e a filiação dele decorrente, sempre vinculado à autoridade do marido como chefe da sociedade conjugal, detentor exclusivo do Pátrio Poder sobre os filhos, tendo a mulher a função de auxiliar o marido dirigindo o lar e educando os filhos".

[69] FACHIN, Rosana Amaro G. *Em busca da família do novo milênio.* Rio de Janeiro: Renovar, 2001, p. 8.

arbítrio e à repressão, tanto no campo da educação dos filhos quanto em relação à intimidade e à sexualidade.

Em síntese, uma família matrimonializada e um Direito de Família reconhecedor apenas da filiação biológica para efeito de proteção, mediante uma análise formal, baseada em pudores jurídicos, fulcrada em uma estabilidade que, de tanto jurídico-formal, nada ou pouco tinham de material.

Consequências diretas dessas características da família liberal são a impossibilidade de reconhecimento de outra entidade familiar que não o casamento, o afastamento da possibilidade de reconhecimento de filhos que não sejam fruto da relação matrimonial e, pelo aspecto da função do indivíduo, o desprezo aos idosos como pessoas humanas, ao menos se analisados a necessidade de proteção e o princípio da igualdade formal característico do Estado Liberal.

Na travessia do liberal ao social, tornam-se inevitáveis o enfrentamento dos respectivos paradigmas e a conformação entre a ordem codificada e a ordem constitucional no campo familiar. Observando-se que vigora em nosso sistema jurídico o princípio do Estado Social Democrático de Direito como estruturante e que, como tal, deve haver uma real concretização do mesmo, observa-se, ainda, que é graças à normatividade constitucional que acaba por ser possível identificar tal proceder. Nesse sentido, é através de princípios que atendem à finalidade do Estado Social, seus reais densificadores, que a matéria familiar sofre uma verdadeira transformação jurídica[70] a proporcionar uma recepção às transformações sociais havidas.

A Constituição Federal de 1988, em seu art. 227, consagrou o princípio da primazia – ou da prioridade – nas questões da criança e do adolescente. Trata-se de um princípio que abarca em seu bojo a realização material de direitos fundamentais atinentes à preservação dos interesses das crianças e dos adolescentes a fim de atender ao princípio fundamental da dignidade da pessoa humana. O mesmo art. 227, ao consignar o referido princípio, acena com a responsabilidade

[70] CARBONERA, Silvana Maria. O papel jurídico do afeto nas relações de família. In: *Repensando fundamentos do direito civil brasileiro contemporâneo*. Rio de Janeiro: Renovar, 1998, p. 274. "Tais preocupações não são novidade. Francisco José Ferreira Muniz, em conferência sobre O direito de família na solução de litígios, proferida em 1991 no XII Congresso Brasileiro de Magistrados, já alertava sobre a necessidade de adequação da legislação ordinária aos novos princípios constitucionais de igualdade na família, afirmando que estavam revogadas todas as disposições legais contrárias e exortando os julgadores sobre a necessidade de se promover um 'direito judicial dos princípios constitucionais do direito de família'".

da família,[71-72] da sociedade[73] e do Estado para a sua efetiva concretização.[74-75]

Na verdade, a família, através de seus membros, passou a ter o dever fundamental de assegurar a proteção à criança e ao adolescente, sendo-lhes garantida a proteção nos exatos limites de sua necessidade para a efetiva realização de seu mister. Essa contrapartida foi assegurada à família com o art. 226 da Constituição Federal. O princípio da proporcionalidade será balizador dessa relação meio-fim, ou seja, a proteção da família e a proteção da criança e do adolescente.

> L'interesse del minore a ricevere quelle cure e quell'affetto indispensabili alla sua crescita non solo prevale sull'interesse dei genitori di origine a mantenere intatti i rapporto com il figlio, ma giustifica la creazione di un rapporto di filiazone nuovo. In questo modo prevale su principio di "verità" il principio di "responsabilità". Questo principio di responsabilità há una duplice portata. Da un lado infatti il mancato adempimento dei propi doveri nei confronti del figlio da parte dei genitori di sangue giustifica l'interruzione dei loro rapporti com lui; dall'altro l'assunzione di responsabilità della coppia adottiva nei confronti del minore abbandonato constituisce il fondamento del nuovo rapporto di filiazone.[76-77]

---

[71] LEITE, Eduardo de Oliveira. *Famílias monoparentais*. São Paulo: Revista dos Tribunais, 1997, p. 212.

[72] Lei nº 8.069/90 (ECA), art. 22.

[73] Lei nº 8.069/90 (ECA), art. 18.

[74] NABAIS, José Casalta. *O dever fundamental de pagar impostos*. Coimbra: Almedina, p. 62. O autor alerta: "Mas, a nosso ver, o fundamento de cada dever fundamental não se baseia numa cláusula de deverocidade social, devendo, pois, ter na constituição um suporte expresso ou implícito. O que significa, de um lado, que só a constituição é fundamento dos deveres fundamentais, não podendo, por conseguinte, falar-se, a tal propósito, de deveres pré-estaduais ou de deveres morais, o que pode ilustrar-se, de modo muito claro, com o dever dos pais em sustentar e educar os filhos constantes de diversas constituições". E na p. 60: "Em suma, por detrás (do conjunto) dos deveres fundamentos está um estado entendido como uma organização e um valor função humana, um estado, no fim de contas, instrumento da eminente dignidade humana".

[75] O art. 229 da Constituição Federal de 1988 fundamenta o dever fundamental dos pais de criar, educar e assistir os filhos menores.

[76] FERRANDO, Gilda. Prove genetiche, verità biologica e principio di responsabilità nell'accertamento della filiazone. *Rivista Trimestrale di Diritto e Procedura Civile*. Milano: Dott. A. Giuffrè Editore, 1996, p. 742.

[77] "O interesse do menor em receber aqueles cuidados e aquele afeto indispensáveis ao seu crescimento não só prevalece sobre o interesse dos pais de origem em manter intactas as relações com o filho, mas justifica a criação de uma nova relação de filiação. Desse modo, prevalece sobre o princípio de 'verdade' o princípio de 'responsabilidade'. Esse princípio de responsabilidade tem um duplo alcance. De fato, por um lado o não-cumprimento dos próprios deveres para com o filho por parte dos pais de sangue justifica a interrupção das suas relações com ele; por outro lado, a responsabilidade assumida por parte do casal adotivo para com o menor abandonado constitui o fundamento da nova relação de filiação." FERRANDO, Gilda. Provas genéticas, verdade biológica e princípio de responsabilidade na averiguação da filiação. *Revista Trimestral de Direito e Processo Civil*. Milão: Dott. A. Giuffrè Editore, 1996, p. 742.

Tratando-se de um Estado Social, o Estado, interventor e ativo, tem o dever de convergir para os interesses das crianças e dos adolescentes a lhes propiciar dignidade por meio de programas específicos.[78] Já a sociedade, ainda que com a necessária liberdade, não pode desnudar-se da responsabilidade, ao contrário do que possa parecer mediante uma análise formal; afinal, ela[79] também é responsável pela concretização do Estado Social. O Estatuto da Criança e do Adolescente (ECA), em seu art. 18, aduz sobre tal responsabilidade, vindo a referendar o direito fundamental em virtude de sua máxima e imediata eficácia.

A concepção do Estado Social, fundamentada na concretização obrada por princípios referentes às questões familiares, acaba por transformar o tratamento lamentável dado aos menores pela família liberal no interesse exclusivo da instituição patrimonializada. Na reclusão do privado absoluto, que mais refletia o privativo, surge uma janela a possibilitar o pleno desenvolvimento das crianças e dos adolescentes, a verdadeira repersonalização.[80] Além disso, consolida-se a inversão em prol dos interesses desses indivíduos com base na nova relação entre pais e filhos, ou seja, o pátrio dever ou dever parental.

> Há também, para aqueles, o dever de fiscalizar o exercício do Pátrio Poder, uma vez que este não tem mais o caráter absoluto e arbitrário que possuía quando da sua criação. Já se entende que, ao contrário, ele consiste muito mais num dever em relação à criança, a ser exercido para beneficiá-la tão-somente.[81]

A família patriarcal e hierarquizada acaba dando lugar a uma família democrática e concebida sob o norte da igualdade material. O valor da igualdade, aquinhoado de menor abstração[82] pelo princípio da igualdade material constante do art. 5º da Constituição Federal de 1988, é densificado em seu art. 226, § 5º, no tocante à matéria familiar, com a igualdade material entre os cônjuges.

---

[78] Lei nº 8.064/93, regulamentada pelo Decreto nº 1.056/94, dispõe sobre o PRONAICA.

[79] FACHIN, Rosana Amaro G. Op. cit., p. 86: "Numa outra avaliação, defender novas bases para o Direito de Família significa proteger a família, dever do Estado, da sociedade e de todos".

[80] PEREIRA, Tânia Maria da Silva. Op. cit., p. 161. "Por ser o primeiro lugar onde a criança estabelece vínculos com outros indivíduos e participa de uma vida coletiva, a família tem substancial importância na medida em que representa um ambiente de carinho, apoio e um 'treino' para a realidade".

[81] Idem, ibidem, p. 160.

[82] FREITAS, Juarez. Op. cit., p. 48: "Devem as normas, entendidas como preceitos menos amplos e axiologicamente inferiores, harmonizar-se com tais princípios conformadores. Quanto aos valores *stricto sensu*, em que pese o preâmbulo constitucional pátrio mencionar expressamente "valores supremos", considerar-se-ão quase com o mesmo sentido de princípios, com a única diferença de que os últimos, conquanto sejam encarnações de valores, têm a forma mais elevada de diretrizes, que falta àqueles, ao menos em grau de intensidade".

> Pautado na tutela da dignidade da pessoa humana, cujos efeitos espraiam-se em todo o texto constitucional, foi consagrada a igualdade perante a lei, sem distinção de qualquer natureza, nos termos do artigo 5º, *caput* e inciso I, da Constituição Federal de 1988.
>
> Quando a análise da igualdade diz respeito especificamente àquela inscrita no inciso I do referido artigo, a garantia de tratamento igualitário pela lei abrange a todas as relações e onde estejam presentes um homem e uma mulher.
>
> Ademais, a extensão da garantia da igualdade ultrapassa a esfera formal. "Não é a igualdade perante a lei, mas a igualdade em direitos e obrigações". Desta forma, "qualquer tratamento desigual entre eles, a propósito de situações pertinentes a ambos os sexos, constituirá uma infringência constitucional".
>
> A igualdade constitucional entre homem e mulher, que se faz sentir nas relações de família, matrimonializada ou não, como se pode observar, não é "mera isonomia formal".[83]

Trata-se do reconhecimento, com base nos valores constitucionais, de que a família brasileira havia deixado de ser patriarcal e formalmente hierarquizada. A postura codificada não atingia a realidade social e impunha algo que, além de insuficiente para tutelar juridicamente as questões sociais postas, construíra verdadeira ficção baseada no preconceito e na igualdade formal.

> A liberdade e igualdade jurídicas estavam longe de ser incompatíveis com a desigualdade real. O ideal da sociedade liberal burguesa foi sintetizado nesta frase irônica de Anatole France: "A lei, em sua majestática igualdade, dá a todos os homens o mesmo direito de jantar no Ritz e de dormir debaixo da ponte".[84]

Mais do que simplesmente reconhecer uma nova condição à mulher,[85] era necessário possibilitar-lhe um caminho diverso daquele que era imposto pelo patriarcalismo e, com isso, assegurar-lhe os direitos que se faziam devidos pelo próprio espaço conquistado. É na família, justamente na nascente do pensar e do educar, que deveria surgir esse novo caminho, ao contrário do que ocorria no Brasil desde o Império.

---

[83] CARBONERA, Silvana Maria. *Guarda de filhos na família constitucionalizada.* Porto Alegre: Fabris, 2000, p. 185.

[84] HOBSBAWN, Eric J. Op. cit., p. 43.

[85] CASTRO, Hebe M. Mattos de. Laços de Família e Direitos no Final da Escravidão. In: *História da vida privada no Brasil.* Vol. 2. Império: a corte e a modernidade nacional. São Paulo: Companhia das Letras, 1999, p. 338. A autora, transcrevendo parte de um recurso apresentado em 1974 em nome da liberdade de um escravo, demonstra o que significa a supressão da condição de sujeito de direito em relação a uma pessoa. Guardadas as devidas proporções, esta acaba por ser também a posição da própria mulher em face da posição codificada. Assim referia o recurso: "O escravo é um ente privado dos direitos civis; não tem o de propriedade, o de liberdade individual, o de honra e reputação; todo o seu direito como criatura humana reduz-se ao da conservação da vida e da integridade do seu corpo; e só quando o senhor atenta contra este direito é que incorre em crime punível. Não há crime sem violação de um direito".

A educação e, em geral, os planos feitos para a vida dos filhos são o oposto dos que se destinam às filhas. Em matéria de instrução dos meninos, Rego Barros não media sacrifícios, a ponto de, quando ainda não se encontrava numa situação financeira sólida, tomar dinheiro emprestado para enviá-los à Europa. Sua dedicação para com as filhas não era menor, apenas tinha um caráter diferente. Não poupou meios para conseguir-lhes os melhores casamentos, mesmo se tivesse de adquirir um engenho para acomodar um genro.[86]

Se o Brasil, com a importação da característica do Código francês, trazia em 1916 a postura oitocentista que já não vingava mais desde a era da Revolução Industrial – a mulher há muito já havia assumido posição de destaque nas funções familiares,[87] apesar da histórica diferença no plano educacional antes referida, e embora fosse tratada como ser inferior, como desprovida de funções –, o Estado Social veio a impor uma retomada no tema; afinal, na concepção codificada, a mulher distanciava-se da condição de sujeito de direito.

Nem todas as pessoas são sujeitos de direito, uma vez que muitas delas estão à margem desse sistema, por não se lhes atribuir a possibilidade de uma titularidade. De acordo com Alícia RUIZ: "Los hombres no son sujetos de derecho, sino que éstan sujestados por él [...]. Sin ser aprehendidos por el orden de lo jurídico no existimos, y luego, sólo existimos según sus mandatos [...]. Quien no há sido interpelado y reconocido por el derecho como sujeto, quien no tiene atribuida la palabra en el mundo jurídico carece de los atributos para ser identificado como ciudadano" [...]. Sob essa ótica, um rápido percurso na noção de patriarcalismo, o qual originariamente afasta a mulher dos atributos necessários para ser considerada sujeito de direito, faz-se mister a fim de tentar compreender as raízes da discriminação jurídica da qual padece a companheira, se focalizadas as famílias extramatrimoniais.[88]

O princípio da igualdade entre os cônjuges concretiza a dignidade da pessoa humana e assume importância significativa no alcance do Estado Social. Ocorre, a partir daí, uma verdadeira revitalização no tocante aos direitos e deveres das mulheres no que diz respeito às relações familiares. A concretização do Estado Social passa pelo reconhecimento da nova postura feminina e da consagração de mecanismos que ultimem no trato jurídico essa nova realidade social, tendo

---

[86] MELLO, Evaldo Cabral de. O fim das casagrandes. In: *História da vida privada no Brasil.* Vol. 2. Império: a corte e a modernidade nacional. São Paulo: Companhia das Letras, 1999, p. 398.

[87] HOBSBAWN, Eric J. Op. cit., p. 238, reconhecendo a emancipação da mulher. "O terceiro fator foi o afrouxamento das estruturas da família burguesa, refletido em uma definida emancipação feminina (que examinaremos no próximo capítulo) e o surgimento de grupos de idade situados entre a adolescência e o casamento como categoria separada e mais independente de 'juventude' que, por sua vez, teve poderoso impacto nas artes e na literatura (cf. cap. 9)". E acrescenta nas p. 280-281: "Desde que muitos homens adultos claramente não conseguiam providenciar sozinhos uma subsistência adequada à família, o trabalho pago das mulheres e crianças era, de fato, e com muita freqüência, essencial para o orçamento familiar".

[88] MATOS, Ana Carla Harmatiuk. *As famílias não fundadas no casamento e a condição feminina.* Rio de Janeiro: Renovar, 2000, p. 20-21.

como consequência a releitura de inúmeros dispositivos da codificação que a isso se opõe.[89]

No campo da democratização da família, como consectária de tal postura, insere-se no contexto familiar uma condição de bem-estar antes inexistente, derivada não apenas do respeito recíproco, mas também de uma espécie de igualdade no plano dos deveres ínsitos à condição de quem ama, com um espectro visível de abertura da relação. Tal fato propicia a real comunicação entre os componentes da família, de modo a ter como reflexo direto a possibilidade do conhecimento e, ainda, do saber se é esse o projeto de vida de cada um.

> "O envolvimento dos indivíduos na determinação das condições de sua associação" – esta declaração exemplifica os ideais do relacionamento puro. Expressa uma diferença fundamental entre o casamento tradicional e o atual, chegando ao cerne das possibilidades democratizantes da transformação da intimidade. Aplica-se, é claro, não apenas à iniciação de um relacionamento, mas à reflexividade inerente a sua continuação – ou a sua dissolução. Para que este padrão seja satisfeito, é necessário não somente o respeito pelo outro, mas uma abertura em relação a essa pessoa. Um indivíduo cujas verdadeiras intenções são ocultas de um parceiro não pode oferecer as qualidades necessárias à determinação cooperativa das condições do relacionamento. Todo e qualquer texto terapêutico sobre a questão dos relacionamentos vai demonstrar por que a revelação para o outro – mais como um meio de comunicação do que como um esvaziamento emocional – é uma aspiração obrigatória da interação democraticamente ordenada.[90]

No tocante à filiação, a ordem constitucional rompe com o preconceito à filiação não biológica, denominada de ilegítima, migrando para o norte da paternidade socioafetiva. Mais do que isso, soma-se ao princípio da primazia dos interesses das crianças e dos adolescentes o princípio da igualdade da filiação, biológica ou não.

A primeira noção aponta para a coincidência de direitos, ou seja, de efeitos positivos, tais como direito a herança – com base na nova concepção de herança por força da despatrimonialização – e nominação aos filhos havidos ou não – caso inclusive das adoções – em razão do matrimônio; afinal, essas eram as limitações impostas pela codificação.[91]

Trata-se, além disso, de verdadeira e direta consequência da jurisdicidade da posse de estado de filho. Quando se aponta para uma noção eudemonista de família, acreditando-se que a família não mais

---

[89] Sem a intenção da exaustão: arts. 233, 240, 266, parágrafo único, todos do Código Civil Brasileiro.

[90] GIDDENS, Anthony. *A transformação da intimidade.* São Paulo: Editora Unesp, 1993, p. 207-208.

[91] FACHIN, Luiz Edson. *Elementos críticos do direito de família.* Op. cit., p. 216. "1º) O Código Civil discriminava os filhos adotivos, com sérias limitações no direito de sucessão".

é apenas uma instituição a ser preservada e elevada por seus membros, mas realizadora dos mesmos no plano da felicidade, torna-se evidente a fuga de aspectos meramente patrimoniais e formais.

> Para começar, é necessário apontar que a evolução do princípio da igualdade entre as diferentes espécies de filiação atinge sua conquista legislativa no momento em que as reformas recuperam a noção da posse de estado de filho, não se trata de mera coincidência. Ocorre que essa noção provoca conseqüências consideráveis quando, ligadas às qualidades que fazem parte do estado da pessoa, permitem inferir que à mesma qualidade tocam os mesmos direitos.[92]

Não é apenas nesse âmbito que a posse de estado revela o modo contemporâneo de aprender as relações de filiação. Ela também se projeta para conferir sensibilidade jurídica a determinados fatos sociais, captando elementos e valorizando situações que se colocam na busca da verdadeira família. Por exemplo, o reconhecimento da igualdade de filiação agrega o reconhecimento da família contemporânea, qual seja, a de Estado Social. Reconhecer a igualdade entre os filhos havidos ou não de matrimônio, de união estável ou mesmo de uma relação eventual, passa pela imperiosa reflexão acerca das verdades biológicas, jurídicas e afetivas.

A codificação antiga repelia as verdades socioafetivas. Na realidade, conceituava a filiação como biológica e, quando assim não o fosse, mantinha-se como correta a verdade jurídica. Tudo isso em nome de uma estabilidade "jurídica" que nada tinha de real ou social.

> Ademais, as *verdades* jurídica, biológica e sócio-afetiva, longe de serem absolutas, devem ser questionadas quanto ao modelo de família a que servem. Não se pode ignorar que as verdades jurídicas e biológicas ou genéticas tendem a ligar-se ao modelo codificado, posto que estão aptas a dar condições de manutenção ao modelo de legitimidade existente.[93]

Mediante a presunção *pater is est*, trazia-se a confiabilidade no reconhecimento da filiação. Quando assim não fosse, nos exíguos prazos conferidos pela codificação, a orientação era pela busca biológica. Ocorre que tal perspectiva era notadamente identificada com a concepção familiar patrimonializada e patrimonializante não mais vigente.

Esquecida pela codificação, a filiação socioafetiva começa a ganhar reconhecimento a partir da Constituição Federal de 1988,[94] aliada

---

[92] FACHIN, Luiz Edson. *Estabelecimento da filiação e paternidade presumida.* Porto Alegre: Fabris, 1992, p. 149.

[93] CARBONERA, Silvana Maria. Op. cit., p. 305.

[94] Arts. 1º e 3º da Constituição Federal de 1988.

à densificação levada a termo pelos arts. 27 e 41, §§ 1º e 2º, do Estatuto da Criança e do Adolescente.

> O modelo tradicional e o modelo científico partem de um equívoco de base: a família atual não é mais, exclusivamente, a biológica. A origem biológica era indispensável à família patriarcal para cumprir suas funções tradicionais. Contudo, o modelo patriarcal desapareceu nas relações sociais brasileiras, após a urbanização crescente e a emancipação feminina, na segunda metade deste século. No âmbito jurídico, encerrou devidamente seu ciclo após o advento da Constituição de 1988.[95]

O princípio da afetividade, que redimensiona a questão da filiação no sistema jurídico, referenda o reconhecimento igualitário de filiações derivadas dos laços afetivos ou genéticos, além de possibilitar que o reconhecimento da verdade afetiva exclua a verdade jurídica.[96]

> La rilevanza dei fattori psico-sociali nella determinazione dello *status* di figlio è stata ulteriormente valorizzata della Corte constituzionale in due recenti sentenze. In seguito alla sentenza n. 341 del 1990 della Corte constituzionale, questi princìpi hanno trovato applicazione anche nell'accertamento giudiziale della paternità naturale, in quanto anche l'accertamento giudiziale non è ammissibile quando contrasti com l'interesse del figlio minore. Dopo la sentenza della Corte la disciplina del riconoscimento e della dichiarazione giudiziale di paternità risultano così simmetriche anche sotto questo profilo: così come il riconoscimento può non essere ammesso quando contrasti com l'interesse del figlio, così anche l'azione giudiziale non può proporsi quando ne risulti compromesso il preminente interesse del minore: il concetto giuridico di paternità viene così legato non esclusivamente al dato ciologico, ma anche all'aspetto sociale ed affettivo.[97-98]

Uma vez reconhecidas as diferenças entre a família codificada em 1916 e a família constitucional, observa-se que a verdade socioafetiva guarda plena coerência material com a nova perspectiva repersonalizada dessas relações.

> A verdade sócio-afetiva, a seu turno, aproxima-se do modelo de família eudemonista, pautada que está no afeto, construído quotidianamente e não determinado desde o

---

[95] LÔBO, Paulo Luiz Netto. Princípio jurídico da afetividade na filiação. *Jus Navegandi*. Disponível em: <http://www.jus.com.br/doutrina/afetfili.html>. Acesso em: 23/05/2002.

[96] CARBONERA, Silvana Maria. Op. cit., p. 304. "Ademais, a verdadeira paternidade decorre mais de amar e servir do que de fornecer material genético".

[97] FERRANDO, Gilda. Op. cit., p. 743-744.

[98] "A relevância dos fatores psicossociais na determinação do *status* de filho foi ulteriormente valorizada pela Corte constitucional em duas recentes sentenças. Segundo a sentença nº 341 de 1990 da Corte constitucional, esses princípios encontraram aplicação também na averiguação judicial da paternidade natural, porque a averiguação judicial não é admissível quando contrasta com o interesse do filho menor. Depois da sentença da Corte, a disciplina do reconhecimento e da declaração judicial de paternidade resultam assim simétricas sob este aspecto: assim como o reconhecimento não pode ser admitido quando contrasta com o interesse do filho, assim também a ação judicial não pode propor-se quando resultar comprometido o preeminente interesse do menor: o conceito jurídico de paternidade, portanto, vem associado não exclusivamente ao dado biológico, mas também ao aspecto social e afetivo".

início da relação, revelando a valorização dos sujeitos. Desta forma, "[...] a construção de um novo sistema de filiação emerge como imperativamente, posto que a alteração da concepção jurídica de família conduz necessariamente à mudança da ordenação jurídica da filiação, e o afeto, neste sentido, deve ocupar lugar de destaque".[99]

Os filhos havidos por força de relações matrimoniais ou não, com base em laços biológicos e por força de relações de afeto, são considerados como iguais segundo a noção contemporânea de família, e assim devem ser tratados por todos os concretizadores em razão da vinculação ao Estado Social.

Ainda no campo da primazia dos interesses da criança e do adolescente, o novo comunicar, que nasce da democratização das relações familiares, vem a valorizar a posição da criança como membro da comunidade familiar, o que acaba por revolucionar o próprio processo educativo.

> Nos relacionamentos puros entre adultos, a autoridade existe como uma "especialização" – quando uma pessoa desenvolveu habilidades específicas que o outro não possui. Aqui não se pode falar de autoridade sobre o outro, no mesmo sentido que nas relações entre pais e filhos, particularmente se estão envolvidas crianças pequenas. Pode ser democrático um relacionamento entre pai/mãe e uma criança pequena? Pode, e deve, exatamente no mesmo sentido que uma ordem política democrática. Em outras palavras, é direito da criança ser tratada como um suposto igual ao adulto. As ações que não podem ser negociadas diretamente com a criança, porque ela é pequena demais para apreender o que está envolvido, devem ser capazes de uma justificativa contrafactual. A suposição é de que o acordo seja cumprido, e a confiança mantida, se a criança for suficientemente independente para ser capaz de expor seus argumentos em uma base de igualdade em relação ao adulto.[100]

Como princípio concretizador do Estado Social, identifica-se ainda o princípio de proteção e respeito aos idosos, conforme o art. 229 da Constituição Federal. No mesmo dispositivo, em sua segunda parte, criam-se os deveres fundamentais, por parte dos filhos maiores, de ajudar e amparar os pais na velhice e em casos de carência ou enfermidade. A carta constitucional, em seu art. 230, ainda impõe – tal como fez com relação às crianças e aos adolescentes no art. 227, mas sem a prioridade – à família, à sociedade e ao Estado a responsabilidade de amparo ao idoso, com vistas à defesa de sua dignidade.

Com isso, é possibilitada ao idoso a realização pessoal e a assistência devida, evitando-se as tristes situações por vezes vivenciadas na prática pelos operadores do Direito; quando na terceira idade, diante da vulnerabilidade em que se encontram, alguns idosos sofrem

---

[99] CARBONERA, Silvana Maria. Op. cit., p. 305.

[100] GIDDENS, Anthony. Op. cit., p. 209.

perdas pessoais e patrimoniais irreversíveis para a garantia do bem-estar merecido.[101]

Mais uma vez, identificam-se deveres fundamentais como propiciadores da dignidade da pessoa humana. Pratica-se, dessa forma, uma ordem de proteção do idoso, destinada e vinculada a todos, a qual deve ser respeitada e preservada em toda e qualquer decisão administrativa ou judicial, ou mesmo em qualquer ato de cidadania, observada a proporcionalidade no proceder.

A própria primazia imposta constitucionalmente em relação aos interesses da criança e do adolescente poderá, em casos concretos, sucumbir diante do interesse de um idoso; afinal, a abordagem desses princípios é material, e não formal, inadmitida uma pré-hierarquização em face da metodologia empregada.[102]

Entretanto, como densificador efetivo do Estado Social, no tocante ao projeto parental, surge o princípio da proteção à família como direito fundamental, cujo norte é a proteção integral da família, segundo a finalidade do sistema jurídico, como totalidade axiológica, ou seja, identifica-se um Direito Constitucional de Família.

1.4. Conclusões

1. O ponto de partida para a melhor compreensão do Direito Civil no Brasil é o exame do Código Civil de 1916, mediante um olhar mais amplo que apenas o do exame formal de suas regras.

2. Esse olhar mais amplo passa pela análise dos componentes de ordem histórica, política e cultural que influenciaram a referida legislação. Dessa análise resulta a conclusão da influência da filosofia liberal sobre o Código Civil de 1916.

3. A partir do reconhecimento dessa influência dos valores do liberalismo na codificação civil anterior, torna-se mais fácil compreender suas características e o caminho que o Direito Civil compreendido como clássico tomou, inclusive no plano jurisprudencial, durante longo período no Brasil.

4. Porém, com o advento da Constituição Federal de 1988, fulcrada em uma filosofia diversa e na concepção de um Estado Social

[101] SARAMAGO, José. *Ensaio sobre a cegueira*. São Paulo: Companhia das Letras, 1995, p. 25. "No fim das contas, estas ou as outras, não é assim tão grande a diferença entre ajudar um cego para depois o roubar e cuidar de uma velhice caduca e tatebitate com o olho posto na herança".

[102] FREITAS, Juarez. Op. cit., p. 114.

Democrático de Direito, acaba por se revelar um choque de valores entre a legislação infraconstitucional e a Carta Magna.

5. A Constituição Federal, a partir disso, autorizadora da intervenção do Estado nas relações ditas privadas, com base em sua feição promocional, é aplicada com o objetivo de fazer valer materialmente os direitos fundamentais na busca da realização do Estado Social.

6. Essa nova metodologia hermenêutica, unificadora do sistema jurídico e viabilizadora da coerência material normativa, que é a interpretação sistemática do direito, abre as portas para a constitucionalização do Direito Civil, em uma era que pode ser compreendida como a da repersonalização e da despatrimonialização do Direito Civil.

7. No plano do Direito de Família, a implicação é evidente, podendo-se afirmar, inclusive, que tem maior expressão.

8. Há uma verdadeira revisitação dos institutos de Direito de Família, a começar pela própria família, passando por aqueles que são os protagonistas das relações familiares.

9. Efetivamente, nasce um novo conceito de Direito de Família, com novas feições, novas características e novas finalidades, baseado naquilo que se pode chamar de Direito Constitucional de Família.

2. A proteção da família como direito fundamental e a necessidade de observação acerca dos deveres fundamentais e das concepções de responsabilidade: a concretização da humanoafetividade como fundamento de proteção à família

2.1. Introdução

A partir da concepção constitucional erigida em 1988, com absorção por parte da doutrina brasileira da teoria dos direitos fundamentais, tornou-se obrigatória aos examinadores do Direito de Família a análise da relação que se estabelece entre a família e os direitos fundamentais. Por isso, sem sombra de dúvida, as implicações referentes à aplicação da teoria dos direitos fundamentais, tendo-se em conta a postura normativa constitucional brasileira, são de grande relevância.

Desse modo, torna-se imperativo que seja procedida uma análise da relação entre os temas "família" e "direitos fundamentais" a fim de que seja possível, com base nessa análise, identificar os efeitos concretos nas questões familiaristas.

2.2. O exame de um direito fundamental: uma tarefa hermenêutica

A família constitucional foge ao modelo assentado do *Code* francês em direção dos valores constantes de nosso sistema jurídico vigente. A fim de garantir coerência material, considerando-se a noção de unidade axiológica do sistema jurídico, cumpre, na matéria familiar, o exercício de compreensão do que significa a família constitucional em face dos princípios e objetivos fundamentais desse sistema jurídico.

Em face da compreensão do sistema em sua unidade, onde há uma ligação intrínseca do mais abstrato princípio constitucional à mais densa regra da legislação infraconstitucional, a alteração da Constituição Federal traz consequências exegéticas no Código Civil, de modo que não se faça possível interpretá-lo da mesma forma em face de Constituições diferentes, como procede a manualística a partir de conceitos que toma como supra-sistêmicos. A unidade apregoada não é de ordem formal, como já exposto, e sim material, pela compreensão da normatividade jurídica.

Nessa medida, o simples fato de ter a Constituição positivado a igualdade, justiça, bem-estar, como valores supremos a consubstanciar uma sociedade pluralista fundada na harmonia social, desloca o contexto do Código de 1916, exigindo do intérprete uma leitura sob tais moldes, pois ele resta vinculado por tal norma (suprema) em sua operação exegética.[103-104]

Esse labor hermenêutico – qual seja, o de realizar materialmente a família constitucional, a família axiologicamente comprometida com o Estado Social Democrático de Direito, teleologicamente examinada – tem em sua essência o estudo da proteção da família como direito fundamental mediante o sistema jurídico pátrio. Isso ocorre em razão de que o verdadeiro Estado Democrático Social de Direito, diga-se Estado de Direito material, verifica-se a partir da realização material dos direitos fundamentais.

Torna-se necessário, então, o mínimo de compromisso ético no campo jurídico para que os direitos humanos possam ser garantidos constitucionalmente no plano formal e realmente cumpridos materialmente pelo Estado. A Constituição da República, como lei maior, recebe, além de sua função formal de hierarquia legal, uma função de positivação material dos direitos fundamentais, sendo o principal marco de positivação desses direitos. Como afirmam Canotilho e Vital Moreira, hoje está *definitivamente superada a idéia da Constituição como um simples concentrado de princípios políticos, cuja eficácia era a de simples directivas que o legislador ia concretizando de forma mais ou menos discricionária.* É inquestionável, segundo os autores, a jurisdicidade, vinculatividade e atualidade das normas constitucionais. *A constituição é, pois, um complexo normativo ao qual deve ser assinalada a função da verdadeira lei superior do Estado, que todos os seus órgãos vinculam.*[105]

---

103 ARONNE, Ricardo. *Propriedade e domínio: reexame sistemático das noções nucleares de direitos reais.* Rio de Janeiro: Renovar, 1999, p. 9.

104 No mesmo sentido, ver TEPEDINO, Gustavo. *Temas de direito civil.* Rio de Janeiro: Renovar, 1999, p. 13: "De modo que, reconhecendo embora a existência dos mencionados universos legislativos setoriais, é de se buscar a unidade do sistema, deslocando para a tábua axiológica da Constituição da república o ponto de referência antes localizado no Código Civil".

105 WUNDERLICH, Alexandre. Sociedade de consumo e globalização: abordando a teoria garantista na barbárie. (Re)Afirmação dos direitos humanos. In: RUBIO, David Sánchez; FLORES, Joaquín Herrera; CARVALHO, Salo de (coord.). *Anuário Ibero-Americano de Direitos Humanos (2001/2002).* Rio de Janeiro: Lumen Juris, 2002, p. 59.

O reconhecimento ou não da proteção à família como direito fundamental e, ainda, as próprias definições da família que merece proteção, de quem e como, são premissas para a compreensão do projeto parental como um todo. Essa identificação poderá dar conta da existência do princípio da proteção integral da família constitucional, que nasce como o princípio balizador de outros princípios atinentes à matéria familiar por ser correlato em sua essência com o princípio da dignidade da pessoa humana. Por isso, impera o estudo do reconhecimento dos direitos fundamentais como premissa do presente texto.

O Título II da Constituição Federal de 1988, no trato da exposição "Dos Direitos e Garantias Fundamentais", apresenta um rol de direitos que veio a ser chamado pelos doutrinadores de catálogo dos direitos fundamentais. Conforme a própria Lei Maior determina no § 1º do art. 5º, os direitos fundamentais[106] são de aplicação imediata, sem que dependam de concretização pelo legislador infraconstitucional, o que lhes atribui eficácia máxima e direta. Desta feita, observa-se com clareza que os direitos fundamentais foram recebidos no sistema jurídico com *status* superior às demais normas.

> De qualquer modo, ficou consagrado o *status* jurídico diferenciado e reforçado aos direitos fundamentais na Constituição vigente. Esta maior proteção outorgada aos direitos fundamentais manifesta-se, ainda, mediante a inclusão destes no rol das "cláusulas pétreas" (ou "garantias de eternidade") do art. 60, § 4º, da CF [...].[107]

Contudo, a realidade é a seguinte: em que pesem os inúmeros direitos fundamentais consagrados no rol do Título II, a Lei Maior, no § 2º do art. 5º, definiu um conceito materialmente aberto de direitos fundamentais, dando azo à existência de outros direitos fundamentais com *status* formal e material, que não os do catálogo, em outras partes da Constituição Federal.

É justamente nesse sentido que se busca demonstrar que, na Constituição Federal de 1988, fora do catálogo não exaustivo do Título II, está o direito fundamental de proteção à família. Para análise desse tema, precipuamente há de se procurar a definição do que significa *status* formal e material, isto é, a fundamentalidade formal e material. Assim, por *status* constitucional formal entende-se o direito fundamental que resta positivado na Constituição Federal, seja no

---

106 Adota-se o conceito de MIRANDA Jorge. *Manual de direito constitucional*. 2.ed. Coimbra: Coimbra Editora, 1998, p. 9, Tomo IV, no qual se salienta a necessidade de desvincular a definição dos direitos fundamentais daqueles "direitos que a sua Constituição, expressão de certo e determinado regime político", os definisse.

107 SARLET, Ingo Wolfgang. *A eficácia dos direitos fundamentais*. Porto Alegre: Livraria do Advogado, 1998, p. 69.

catálogo do Título II, seja em outra parte da lei, desde que de forma não implícita, ou seja, de forma expressa.

Para o reconhecimento de um direito fundamental fora do catálogo constitucional, há de se observar o conteúdo do dispositivo e a sua importância,[108] incluindo-se a análise no aspecto material. Somente dessa forma – nos casos de direitos fora do catálogo – é possível concluir que se trata de um direito formalmente fundamental. Os demais direitos, denominados de não escritos, constituídos tanto pelos direitos implícitos quanto pelos direitos decorrentes do regime e dos princípios, jamais terão *status* formal.

O reconhecimento do *status* formal e material é relacional, dado que tais conceitos estão diretamente vinculados entre si. Somente a partir do reconhecimento do *status* material é que se poderá reconhecer o formal. Isso ocorre de maneira antagônica aos direitos fundamentais constantes do catálogo, os quais são formais *de per se* e, inclusive, segundo parte da doutrina, podem não ser materiais.[109] É nessa esteira, com relação à forma conjunta de reconhecimento do *status* formal e material dos direitos fundamentais que se encontram fora do catálogo, que se busca, por meio da hermenêutica, que seja possível o efetivo reconhecimento e a identificação desses direitos.

No que concerne ao reconhecimento da fundamentalidade material dos direitos fundamentais, a orientação passa obrigatoriamente pela apreciação dos aspectos relativos à importância e ao conteúdo, com base no labor hermenêutico.[110] Denota-se que o reconhecimento da fundamentalidade material de um direito fundamental é uma operação hermenêutica, acompanhada de toda a técnica a ela inerente. Esse enfrentamento entre importância e conteúdo é que possibilita a necessária vinculação ao intérprete, bem como ao legislador infraconstitucional, retirando a discricionariedade que poderia incidir perigosamente no referido reconhecimento.

> [...] como sendo aquelas posições jurídicas que, do ponto de vista do direito constitucional, são de tal sorte relevantes para a comunidade, que não podem ser deixadas na esfera da disponibilidade absoluta do legislador ordinário.[111]

[108] SARLET, Ingo Wolfgang. *A eficácia dos direitos fundamentais*. Op. cit., p. 140.

[109] Idem, ibidem, p. 133. O autor refere alguns doutrinadores que admitem a possibilidade de direitos apenas formalmente fundamentais. Entendendo que todos os direitos fundamentais em sentido formal são também direitos fundamentais em sentido material, ver MIRANDA, Jorge. Op. cit., p. 9.

[110] Adota-se a concepção hermenêutica tópico-sistemática, no exato teor dado por FREITAS, Juarez. *A interpretação sistemática do direito*. São Paulo: Malheiros, 1998, p. 60.

[111] SARLET, Ingo Wolfgang. Op. cit., p. 94-95, ao citar Robert Alexy.

A importância, como caracterizadora de direito fundamental, é considerada com base na relevância do referido dispositivo para a comunidade em determinado momento histórico. A compreensão da fundamentalidade material de um direito passa pela compreensão de várias definições, como as de comunidade e momento histórico. Essa abordagem torna imprescindível uma segura operação hermenêutica para que se possa chegar à conclusão de que um direito constitucional é de importância suficiente para ser tido como fundamental.

O conteúdo não difere em muito no que concerne à necessidade latente de operação hermenêutica para a sua caracterização no caminho de um direito fundamental. Afinal, é na avaliação dos elementos comuns entre o conteúdo do dispositivo constitucional analisado e dos direitos fundamentais constantes do Título II da Lei Maior que se poderá chegar à conclusão de que o conteúdo do primeiro é ou não caracterizador de um direito fundamental. Com base em tais aspectos é que deverá ser analisada a caracterização do direito fundamental.

A relevância do dispositivo para a comunidade é o primeiro aspecto suscitado no âmbito de importância. Nesse sentido, o termo *comunidade*, no teor da metodologia empregada neste texto, é conceito indeterminado na acepção dada por Engisch,[112] cabendo ao intérprete perante o caso concreto retirar a incerteza do respectivo conceito quando obrada a concretização. Assim, a relevância, que deve existir como um dos aspectos necessários à caracterização de um direito fundamental, é a relevância para a comunidade do caso concreto, ou seja, para aqueles que têm interesse direto e indireto nele, respectivamente, membros e sociedade.

O segundo aspecto suscitado, qual seja, o de que é em determinado momento histórico que a relevância deverá fazer-se presente e de que é nesse momento que ocorre a caracterização, traz alguns diferenciais de relevo. Ao aceitar-se a ideia de que, em momentos históricos diferentes, pode-se ter diferente interpretação no que concerne à relevância do direito para a comunidade, ao mesmo tempo reconhece-se que cabe ao intérprete, ao realizar sua tarefa de identificação do direito como fundamental ou não, levar em consideração o fator tempo.

Além disso, um dispositivo constitucional poderá – o que não significa que *deverá* –, em casos semelhantes, em épocas diferentes –

[112] ENGISCH, Karl. *Introdução ao pensamento jurídico*. Tradução de João Baptista Machado. Lisboa: Fundação Calouste Gulbenkian, 1964, p. 208. "Por *conceito indeterminado* entendemos um conceito cujo conteúdo e extensão são em larga medida incertos".

inclusive porque momentos históricos não têm fronteiras definidas com exatidão –, ser considerado fundamental em uma ocasião e não fundamental em outra, e vice-versa. Quanto ao conteúdo, poucas definições fazem-se necessárias, visto que o ato de identificação de elementos comuns aos direitos fundamentais do catálogo[113] é pura tarefa hermenêutica.

Pode-se, então, concluir que a análise tanto da importância quanto do conteúdo para o reconhecimento de um direito fundamental fora do catálogo passa obrigatoriamente por uma operação hermenêutica; logo, são vinculados a princípios superiores, objetivos fundamentais e valores supremos da Constituição Federal. Nesse tocante, para a caracterização do direito fundamental, deve o dispositivo representar a densificação desses princípios e valores, guardando identidade teleológica para com eles.

Uma vez reconhecida a tarefa hermenêutica no âmbito de um direito fundamental, não há como se admitir tal tarefa sem a vinculação aos princípios, objetivos e valores de nosso sistema jurídico, principalmente em se adotando a interpretação sistemática como método hermenêutico.

2.3. A proteção da família e sua materialização: um direito fundamental no art. 226 da Constituição Federal de 1988

Os direitos fundamentais guardam identidade material com o princípio fundamental da dignidade da pessoa humana. Assim sendo, não há como desvincular o reconhecimento de sua existência, no plano material, com o conteúdo axiológico do referido princípio fundamental.

> Em suma, o que se pretende sustentar de modo mais enfático é que a dignidade da pessoa humana, na condição de valor (e princípio normativo) fundamental que "atrai o conteúdo de todos os direitos fundamentais", exige e pressupõe o reconhecimento e a proteção dos direitos fundamentais de todas as dimensões (ou gerações, se assim

[113] O que não ocorre na Constituição espanhola, segundo SANCHIS, Luis Pietro. *Estudios sobre derechos fundamentales*. Madri: Debate, 1990, p. 76, que refere: "Ahora bien, el problema no reside sólo en una utilización algo caprichosa de los vocablos, sino en la heterogeneidad de los proprios derechos acogidos en el mencionado titulo primeiro, que hace muy dificil, por no decir imposible, delimitar algún elemento común a todos ellos y que, a su vez, no se halle presente en otros derechos considerados no fundamentales".

preferirmos). Assim, sem que se reconheçam à pessoa humana os direitos fundamentais que lhe são inerentes, em verdade estar-se-á lhe negando a própria dignidade.[114]

É por meio dessa vinculação que se fará a identificação do direito fundamental fora do catálogo, ou seja, é a partir dessas premissas que será possível, no campo familiar, proceder-se à identificação da existência do direito fundamental de proteção da família. A hermenêutica oferece parâmetros para a análise do dispositivo do art. 226 da Constituição Federal de 1988 para a constatação de que se trata de um direito fundamental, seguindo a orientação metodológica empregada, bem como as características adotadas como referência.

Com base nessa orientação, observa-se primeiramente o teor do art. 226 da Lei Maior em face de sua relevância para a comunidade. A proteção da família, partindo-se de definições contemporâneas, implica mais do que a proteção da instituição; ela abrange também a proteção de sua constituição,[115] com vistas à implementação de condições que possibilitem a realização pessoal de seus membros,[116] a própria felicidade. A proteção da família como instituição, na ótica social, limita-se à necessidade de proteção institucional suficiente, de modo a proporcionar aos seus membros e à sociedade um proveito efetivo dessa finalidade.[117] Lafayette, referindo-se ao casamento, única forma de família admitida à época, afirmava:

> [...] mas o fim capital, a razão de ser desta instituição, está nessa admirável identificação de duas existências, que, confundindo-se uma na outra, correm os mesmos destinos, sofrem das mesmas dores e compartem, com igualdade, do quinhão de felicidade que a cada um cabe nas vicissitudes da vida.[118]

Constata-se que, quando se aborda a questão da relevância para com a comunidade, a ótica de análise é intersubjetiva, recaindo na relação dos indivíduos que formam essa comunidade, seja entre si, seja com a própria sociedade. Assim, a realização pessoal dos membros da família passa a ser o ideal da instituição família, visto que um indiví-

---

[114] SARLET, Ingo Wolfgang. *Dignidade da pessoa humana e direitos fundamentais.* Porto Alegre: Livraria do Advogado, 2001, p. 87.

[115] COELHO, F.M. Pereira. Casamento e família no direito português. *Temas de direito de família.* Coimbra: Livraria Almedina, 1986, p. 5-6. O autor alerta para o sentido amplo de proteção da família, o que resulta em sua maior relevância.

[116] TEPEDINO, Gustavo. Op. cit., p. 326-327. "[...] merecerá tutela jurídica e especial proteção do Estado a entidade familiar que efetivamente promova a dignidade e a realização da personalidade de seus componentes".

[117] Um exemplo claro desse tipo de proteção reside na garantia do salário-família, medida de evidente cunho social. Assim, observa-se nitidamente a densificação do princípio da dignidade da pessoa humana através da política social.

[118] PEREIRA, Rodrigues Lafayette. *Direito de família.* Anotações e adaptações ao Código Civil por José Bonifácio de Andrada e Silva. Rio de Janeiro: Virgilio Maia & Comp., 1918, p. 20-21.

duo realizado e feliz remete a uma vida digna. Saliente-se que jamais os indivíduos terão como ideal a família; ela é que deverá proporcionar o ideal do indivíduo.[119-120]

> Nesse sentido, a família e o direito (quando surgiu) deveriam ter andado sempre em linhas paralelas, controlando e protegendo os interesses e aspirações do grupo social. Como examinaremos no decurso deste trabalho, sempre que o paralelismo citado não ocorreu, o Direito deixou de cumprir sua principal missão junto à sociedade.[121]

Tal objetivo é a demonstração de que a proteção da família assume relevo para a comunidade por densificar o princípio fundamental da dignidade da pessoa humana,[122] princípio densificador do Estado Democrático Social de Direito. Por esse viés, trata-se a constituição de família como um dos pontos essenciais da realização de um indivíduo.[123] Em síntese, a relevância da proteção da família para a comunidade é clara; afinal, ela tem função instrumental de preservação do indivíduo *na* e *perante a* sociedade.

No que concerne ao momento histórico, trata-se de uma questão que apresenta certas peculiaridades que, se mal conhecidas, poderão gerar algum tipo de instabilidade no campo social, o que seria inadmitido pelo sistema jurídico. A possibilidade de concluir-se que um direito pode ser fundamental, deixar de ser e vice-versa, devido a alterações de vulto nos momentos históricos de uma sociedade, pode,

---

119 MICHEL, André e *apud* SILVA, Américo Luis Martins da. *A evolução do direito e a realidade das uniões sexuais*. Rio de Janeiro: Lumen Juris, 1996, p. 143. "[...] o indivíduo não pensa que ele existe para a família e o casamento é mais importante que a família, bem como que o casamento existente é para seu desenvolvimento pessoal. Ele pensa que tem um *direito moral à felicidade* [...]".

120 Cumpre ressaltar que se parte, no presente capítulo, de um conceito aberto de família. Por isso, quando se explicita que a família deve proporcionar o ideal do indivíduo, não resta nenhuma vinculação com o conceito tradicional de família, com identidade com o Código Civil conceitualista, e sim com a concepção material de família mediante suas funções e finalidades, o que se torna possível partindo-se de um sistema jurídico aberto e coerente.

121 LEITE, Eduardo de Oliveira. *Tratado de direito e família: origem e evolução do casamento*. Curitiba: Juruá Editora, 1991.

122 TEPEDINO, Gustavo. Op. cit., p. 326-327. "Pode-se afirmar, em propósito, que a dignidade da pessoa humana, alçada pelo art. 1º, III, da Constituição Federal, a fundamento da República, dá conteúdo à proteção da família atribuída ao Estado pelo art. 226 do mesmo texto maior: é a pessoa humana, o desenvolvimento de sua personalidade, o elemento finalístico da proteção estatal, para cuja realização devem convergir todas as normas do direito positivo, em particular aquelas que disciplinam o direito de família, regulando as relações mais íntimas e intensas do indivíduo no social. [...] À família, no direito positivo brasileiro, é atribuída proteção especial na medida em que a Constituição entrevê o seu importantíssimo papel na promoção da dignidade humana".

123 Nesse sentido, cita-se o Ministro Carlos Alberto Menezes *apud* FACHIN, Luiz Edson. *Elementos críticos de direito de família*. Op. cit., p. 61. "Tenho para mim que o que se deve buscar é o abrigo da proteção jurídica da vida em comum, não se pretende robustecer a união ilegítima, mas, sim, criar condições jurídicas para proteger a constituição da família, independentemente de sua origem no ato civil do casamento".

em um primeiro momento, passar a impressão de instabilidade, principalmente diante da importância de tais normas.

Ocorrendo tal situação, com a alteração substancial de uma sociedade, a ponto de poder-se registrar um novo momento histórico, ao contrário do temido, seria justamente uma manifestação de estabilidade, a possibilidade de uma nova compreensão acerca do reconhecimento de um direito fundamental; afinal, nada mais instável do que manter como direito fundamental, com todas as prerrogativas inerentes aos dispositivos com tal *status*, dispositivos que, por força de mudanças, já não têm mais relevância para a comunidade. Os dispositivos constitucionais tidos como fundamentais, sem que guardem relação de relevância para com a comunidade, tornam o sistema jurídico um falso retrato da sociedade, representando, assim, manifesta agressão ao Estado Democrático de Direito.

Alterações em momentos históricos determinados são imprescindíveis. A acomodação, com o apelo de uma opção de segurança[124] que em realidade é falsa, acaba por configurar o que realmente deve ser temido: uma instabilidade invisível. A proteção da família assume hoje notável relevância para a comunidade em vários aspectos, em sua maior parte derivados da dignidade da pessoa humana.[125] A proteção na relação entre os seus membros e a facilitação da constituição da própria família são exemplos do que ora se expõe.

No que toca ao fator conteúdo, como determinante da caracterização do direito fundamental fora do catálogo, considerando-se os elementos comuns dos direitos fundamentais catalogados, também parece evidente que a proteção à família guarda vasta intimidade. Os direitos fundamentais catalogados – e com fundamentalidade material – são a densificação dos princípios e objetivos fundamentais, bem como dos valores da Constituição Federal de 1988. Os elementos comuns entre os direitos fundamentais do catálogo referem-se exatamente à característica de serem ao menos concretizadores dos fundamentos constitucionais.

A visão contemporânea de família nada mais é do que o vislumbre dessa instituição como instrumento da realização do indivíduo como ser coletivo, ou seja, proteger a família e proteger a dignidade

---

[124] Sobre o tema, ver FACHIN, Luiz Edson. Limites e possibilidades da nova teoria geral do direito civil. *Revista de Estudos Jurídicos*, Curitiba, v. II, n. 1, p. 99-107, ago. 1995.

[125] SANTOS, Fernando Ferreira dos. *Princípio constitucional da dignidade da pessoa humana*. Fortaleza: Celso Bastos Editor, 1999, p. 97. Afirma o autor: "A dignidade da pessoa humana é, por conseguinte, o núcleo essencial dos direitos fundamentais". E citando Francisco Fernandez Segado (p. 98): "Los derechos fundamentales son la expresión más inmediata de la dignidad humana".

da pessoa humana; afinal, felicidade é ter condições morais plenas e condições materiais mínimas à boa sobrevivência.

O art. 226 da Constituição Federal de 1988, ao dispor que "A família, base da sociedade, tem especial proteção do Estado", criou um direito fundamental fora do catálogo constitucional. Fachin já dispunha sobre o tema, salientando a questão concernente aos filhos:

> Escapando do privado clássico, a "publicização" do Direito de Família traduz questões sem respostas satisfatórias sobre esse enquadramento classificatório. Cabe esse exame agora, especialmente considerando que a reestruturação dos direitos individuais clássicos passou pela influência da teoria dos direitos fundamentais, garantidos constitucionalmente. Não se trata mais tão-só da liberdade de encetar um projeto parental. Sob a ótica dos filhos, consiste, isso sim, num direito básico de ter família e crescer num ambiente digno e sadio, ao menos o atendimento de suas necessidades fundamentais: habitação, saúde e educação.[126]

F. M. Pereira Coelho, dispondo sobre o mesmo tema, em face do art. 67, nº 1, leciona:

> A família, como elemento fundamental da sociedade, tem o direito à proteção da sociedade e do Estado e à efectivação de todas as condições que permitam a realização pessoal dos membros.[127]

A lição do jurista português demonstra o motivo da necessidade do *status* diferenciado à proteção da família por parte do Estado, qual seja, a preservação de elemento fundamental da sociedade, sob a ótica intersubjetiva de realização dos membros da família e da sociedade em si, de forma não individualista.[128-129]

O art. 226 da Constituição Federal de 1988 constitui direito fundamental, com *status* formal e material, ainda que esteja fora do catálogo, pois implementa todas as condições para tal, fruto de operação hermenêutica. Entretanto, a análise dos próprios direitos fundamentais tem relação com a análise da eficácia dos deveres fundamen-

---

[126] FACHIN, Luiz Edson. *Elementos críticos de direito de família*. Rio de Janeiro: Renovar, 1999, p. 42-43.

[127] COELHO, Pereira, F.M. Op. cit., p. 4.

[128] KALOUSTIAN, Manoug Silvio (org.). *Família brasileira: a base de tudo*. Brasília: UNICEF, 1994, p. 10. Na apresentação dessa obra, os dirigentes do UNICEF no Brasil, na América Latina e no Caribe explicitam a aptidão da família "para a prática de valores comunitários e o aprofundamento de relações de solidariedade". Isso vem a demonstrar que, ao proceder-se à proteção da família por meio do Estado e da própria sociedade, estar-se-ão densificando valores supremos constitucionais, atendendo-se ao bem-estar de toda a sociedade indiretamente.

[129] PASQUALINI, Alexandre. O público e o privado. In: SARLET, Ingo Wolfgang. (org.). *O direito público em tempos de crise*. Porto Alegre: Livraria do Advogado, 1999, p. 36-37. "O agir humano há de representar, nos limites do factível, a transição da subjetividade individual para o platô mais elevado da intersubjetividade plenária e universável. Eis o motivo por que o individualismo – na sua implícita e recalcada aversão ao outro – se constitui no pecado original da liberdade".

tais quando se vislumbra a sua efetivação, que é de responsabilidade social.

2.4. A família merecedora de proteção como direito fundamental e o princípio da proporcionalidade

Não resta dúvida de que a família merecedora de proteção como direito fundamental é a família constitucional, abrangendo a noção de família que se vincula aos valores da sociedade, que são integrantes da Constituição Federal.[130] Trata-se daquela que atinge a finalidade do sistema jurídico e que realiza o Estado Social Democrático de Direito.

Esta não é uma família singular, visto que o próprio art. 226 da Constituição Federal deu conta da existência de uma noção pluralística de família a fim de garantir a própria liberdade[131] de escolha no tocante ao seu modo de constituição,[132] consoante resta exposto pela doutrina.

> Os movimentos sociais e a revolução dos costumes nas décadas de 60 e 70 foram absorvidos pelo texto constitucional de 1988. Foi somente a partir daí, como já se disse anteriormente, que o Estado, constitucionalmente, passou a dar proteção às famílias que não fossem constituídas pelo casamento. Então, podemos ver a família como um

---

[130] PASQUALINI, Alexandre. *Hermenêutica e sistema jurídico: uma introdução à interpretação sistemática do direito.* Porto Alegre: Livraria do Advogado, 1999, p. 74-76: "Isso posto, é preciso conceder aos princípios e aos valores um lugar todo especial e todo central no sistema. Semelhantes à linguagem, os princípios e os valores, embora sempre convencionais, são, ao mesmo tempo, os meios e os fins do Direito. Eis por que, do ponto de vista cognitivo, sem eles quase não se poderia pensar, comunicar ou retomar os pensamentos jurídicos e morais. A dialógica racionalidade dos princípios e valores jurídicos é, portanto, a verdadeira garantia do sistema. Uns e outros atuam, em conjunto, como uma espécie de linguagem natural, um tecido conjuntivo que circula por todos os interstícios dos sistemas jurídicos e sociais, preservando a possibilidade de comunicação e, por conseguinte, de harmonização das suas distintas lógicas recursivas. A linguagem natural dos valores serve de guia precursor tanto para a vida jurídica estrita, quanto para a vida de relação interior e exterior. É essa linguagem, desde sempre axiologizada, que ensina as primeiras letras às demais linguagens, inclusive e, talvez sobretudo, à linguagem normativa [...] Mais do que *'acoplamentos estruturais'*, as diretrizes principiológicas são, no âmago das Constituições, os vetores nucleares, algumas vezes invisíveis e indeterminados, que magnetizam todos os demais elementos constitutivos da realidade jurídica e social".

[131] FACHIN, Luiz Edson. Op. cit., p. 169. "Uma história construída a quatro mãos tende ao sentido da permanência. Todavia, a liberdade de casar convive com o espelho invertido da mesma liberdade, a de não permanecer casado".

[132] CARBONERA, Silvana Maria. *Guarda de filhos na família constitucionalizada.* Porto Alegre: Fabris, 2000, p. 36-37: "De imediato destaca-se a pluralidade de modos de formação de famílias e a multiplicidade de tipos familiares. Em contraposição à única modalidade reconhecida pelo Código Civil, inexiste na Constituição uma construção geométrica: ao contrário, reconhece-se a diversidade, isto é, a preservação da pluralidade, dos diferentes grupos e indivíduos".

gênero que comporta várias espécies. É o reconhecimento de que a família não é mais singular. É plural.[133]

Mais do que uma noção plural, tratou a Constituição Federal de consagrar um conceito aberto de família, procedendo-se, a partir daí, a uma verdadeira revolução no campo familiar. Sendo o sistema jurídico aberto, desenhou-se a possibilidade do reconhecimento de várias formas de família a fim de realizar-se materialmente o direito fundamental protetivo do ente familiar e, por consequência, a dignidade da pessoa humana.

> Nesse sentido, é necessário, mais do que nunca, servir-se da abertura do sistema e dos conceitos jurídicos na senda de uma exegese dignificadora dos direitos e garantias fundamentais, em lugar de uma interpretação desfiguradora, comprometida, quase sempre, com a tese inconstitucional do esvaziamento das cláusulas pétreas. Pretender a máxima eficácia axiológica e semântica dos princípios constitucionais prevalentes (CF, art. 60, § 4º) significa, em respeito à Lei Maior, dar concretude à aberta dignidade do sistema jurídico e, acima de tudo, à própria dignidade humana, fonte originária e não-abstrata de todas as dignidades.[134]

O que era, em um primeiro momento, devido a uma concepção codificada, uma família singular, fulcrada apenas no casamento, passou a abranger, em um segundo momento, essa e todas as outras formas. A partir da abertura do conceito de família, surge a necessidade do exame dos tipos familiares constitucionais já tipificados expressamente e daqueles que, apesar de não se enquadrarem nessa tipificação, também merecem reconhecimento. Tudo isso se concretiza a partir da exata compreensão de que não existe a possibilidade de inibir as transformações sociais e de que o prescritivo jamais poderá superar a realidade social, um ambiente de profundas modificações.

Como consequência do reconhecimento, surge ainda, em um segundo momento, a necessidade de proceder-se à avaliação do caráter protetivo, ou seja, dos efeitos positivos que nascem a partir do conteúdo material de cada ente familiar. A constatação de que existe um direito fundamental de proteção da família não significa, entretanto, que toda a família mereça essa proteção em sua plenitude e de forma igualitária às demais.

No campo do reconhecimento da família, em vez de aspectos objetivos e externos, migra a apreciação para o conteúdo interno das relações quando surge o afeto como elemento essencial a tal análise. Esta necessariamente deve ter como característica a interdisciplina-

---

133 PEREIRA, Rodrigo da Cunha. *Direito de família: uma abordagem psicanalítica*. Belo Horizonte: Del Rey, 1997, p. 20.

134 PASQUALINI, Alexandre. Op. cit., p. 81.

ridade, já que somente a união de esforços das especialidades poderá oferecer uma maior probabilidade de acerto, desde que, evidentemente, estas se complementem, conforme a doutrina explicita.

> Um olhar interdisciplinarmente atento recupera a magia das práticas, a essência de seus movimentos, mas, sobretudo, induz-nos a outras superações ou mesmo reformulações. Exercitar uma forma interdisciplinar de teorizar e praticar educação demanda, antes de mais nada, o exercício de uma atitude ambígua. Tão habituados nos encontramos à ordem formal convencionalmente estabelecida, que nos incomodamos ao sermos desafiados a pensar com base na desordem ou em novas ordens que direcionem ordenações provisórias e novas.[135]

A primeira real investigação que impera como necessária, quando se admite que o novo elo da relação familiar é o afeto, é justamente o que este significa, a partir da finalidade da família constitucional, a família instrumento, ou seja, como é possível nesse contexto identificar o afeto e se existe a possibilidade de exigi-lo. Nesse sentido, cumpre desde já demonstrar que o afeto nas relações familiares surge como um elemento interior do ser humano, algo que não guarda vinculação apenas com a vontade, mas principalmente com o próprio sentimento.

> Aquilo que denominamos com a palavra afeto pode referir-se ao que nos é dado vivenciar conscientemente em certas circunstâncias, isto é, um estado subjetivo que "sentimos", mas pode também se referir àquilo que não se sente de modo direto, mas se entrevê ou se infere no comportamento alheio e, menos facilmente, no nosso. Com a finalidade de evitar a ambigüidade contida na dupla referência, seria preferível usar no primeiro caso o termo sentimento, mesmo que prevaleça no senso comum certo uso do termo "sentimento inconsciente", e dar ao termo "afeto" um significado mais geral. Isso poderia indicar, extraído da própria etimologia da palavra: afeto, particípio passado do verbo *afficere*, parece indicar claramente o caráter passivo da experiência subjetiva em questão, ou bem o fato de que esta foge ao controle das nossas intenções e dos nossos desejos. Outros termos aparentados também possuem esse significado etimológico: emoção (*emotum*), paixão (*patior*), indicando como experiências semelhantes "atuam em nós", indo além da vontade e da consciência.[136]

Tal referência concernente ao afeto abrange a isenção volitiva que existe por parte daqueles que formam ou visam a formar uma relação familiar, tendo em vista que ter ou não ter afeto está fora do alcance do querer. A questão da exteriorização desse sentimento, que passará a ter relevância para a análise do intérprete, é prova a ser produzida, seja para a constituição da entidade familiar (o reconhecimento), seja para a sua extinção (a liberdade de dissolução da família).

---

135 ALMEIDA, Maria Christina de; FERRAZ, Eliane Marise. A união estável entre o direito e a psicologia. *Revista Brasileira de Direito de Família*. Porto Alegre: Editora Síntese, n. 4, 2000, p. 47.

136 IMBASCIATI, Antonio. *Afeto e representação*. São Paulo: Editora 34, 1998, p. 14-15.

A condição essencial conferida ao afeto, superando a vinculação eminentemente biológica e a própria formalização da família, acaba por alterar o paradigma que era inerente ao projeto parental como um todo na família tradicionalmente codificada. Lança mão de uma abertura nos limites da tutela das questões sociais da realidade, que a cada momento se tornam mais complexas, com base nos valores constitucionais, com o intuito de realizar a dignidade da pessoa humana, o real limite negativo e positivo da posição do intérprete. Assim, tem-se como critério de reconhecimento e proteção da família a humanoafetividade.

Com isso, observa-se que o reconhecimento da família, que é respaldado pelo direito fundamental constante do art. 226 da Constituição Federal, em realidade protege o reconhecimento da família que atende a um pressuposto finalístico: a dignidade humana de seus membros. Isso implica promover a realização intersubjetiva dos sujeitos da relação familiar em busca da felicidade possível.

A partir disso, o exame da disciplina jurídica das entidades familiares dependerá da concreta verificação do entendimento desse pressuposto finalístico. Com isso, poder-se-á afirmar que gozará da proteção como direito fundamental a família que instrumentalmente atender à necessidade de seus membros, visando à dignidade deles e, por consequência, da sociedade.

Com base na noção de conceito aberto e no pressuposto finalístico familiar, denota-se que exsurge a base hermenêutica para o reconhecimento da família constitucional, os verdadeiros contornos axiológicos da família contemporânea, de concepção eudemonista.

> Começam a sobrepujar as relações de afeto, de solidariedade e de cooperação. Proclama-se, com mais assento, a concepção "eudemonista" da família: Não é mais o indivíduo que existe para a família e para o casamento, no entanto a família e o casamento existem para o seu desenvolvimento pessoal, em busca de sua aspiração à felicidade.[137]

Verificados esses contornos, pode-se concluir que toda família, uma vez reconhecida como tal, merecerá proteção; contudo, as "famílias" merecerão proteção diferenciada, em razão do caso concreto.

Nesse contexto, observa-se que, como conteúdo interno, para efeito de proteção da família no tocante ao seu reconhecimento, surge o afeto. Para a contemplação da proteção efetiva no plano do seu desenvolvimento, que se refere aos efeitos positivos e negativos do

[137] FACHIN, Luiz Edson. O impacto das mudanças sociais no direito de família: singrando entre dois *Brasis* – do casamento codificado às famílias não "matrimonializadas" na experiência brasileira. Op. cit., p. 14-15.

reconhecimento, surgem como elementos[138] externos o solidarismo, a cooperação e a exteriorização do afeto – este último funcionando como identificador da boa-fé nas relações familiares.[139]

Se o afeto nasce como algo interno ao ser humano, a verdade é que, para efeito de proteção da família, no Estado Social Democrático de Direito, há de se auferir também elementos que são externos. O primeiro deles é o solidarismo, que rompe com o individualismo da postura codificada. Se, para a ótica liberal, o indivíduo pelo indivíduo nascia como algo mais que natural, para a Constituição Federal vigente, o valor solidariedade destaca-se como elemento realizador da sua finalidade, com base nas necessárias relações intersubjetivas na entidade familiar.

> A concepção que aqui se apresenta não corresponde à exaltação de perspectivas anarquistas ou de mesquinho individualismo. O reconhecimento normativo, contido no art. 2º Const., do primado da pessoa e o reconhecimento das formações sociais como sendo colocadas ao seu exclusivo serviço acompanham-se à contextual afirmação dos deveres de solidariedade. Nesse sentido, subsiste uma dignidade originária entre liberdade e responsabilidade. A liberdade na família encontra na unidade e nos relativos deveres não tanto o limite, mas, sim, a função, o fundamento da sua própria titularidade.[140]

Sendo elemento evidentemente externo, o solidarismo pode ser facilmente verificável, em especial no que toca à própria repercussão social das condutas frente à sociedade. Mais do que a própria realização dos membros que compõem a família, há de se observar, para efeito de proteção do ente familiar, o proveito social.

> A solidariedade adquire valor jurídico. A preocupação do jurista não se dirige apenas ao indivíduo, mas à pessoa tomada em relação, inserida no contexto social. A pessoa humana, como bem supremo do Direito, não é um elemento abstrato, isolado, dotado de plenos poderes, com direitos absolutos e ilimitados. A coexistencialidade implica que se assegure não só o pleno desenvolvimento da pessoa individual, mas, simultaneamente, que as demais pessoas com as quais o indivíduo está em relação também possam ter esse desenvolvimento de forma solidária. A pessoa tem o dever social de

---

[138] FACHIN, Rosana Amaro Girardi. *Em busca da família do novo milênio.* Rio de Janeiro: Renovar, 2001, p. 81. "Essa realização significa a plena dignidade da pessoa humana e, como princípio central, o Direito de Família encontra-o como pedra basilar: amor, afeto e solidariedade conformam e amoldam a família constitucional".

[139] Cabe ressaltar que a normatividade do princípio da boa-fé objetiva nas relações familiares nada tem de relação com a natureza contratual do casamento ou de qualquer outra forma de família; ao contrário, ratifica-se, nesse sentido, o referido por FACHIN, Luiz Edson. *Elementos críticos de direito de família.* Rio de Janeiro: Renovar, 1999, p. 113, ao explicitar sobre a teoria eclética ou mista: "Note-se, contudo, a objeção ao pendor contratualista. Como o casamento possui espaço da intimidade irredutível a um pacto jurídico, não poderia ali ser reputado presente um objeto suscetível de figurar num contrato".

[140] PERLINGIERI, Pietro. *Perfis do direito civil.* Tradução de Maria Cristina De Cicco. Rio de Janeiro: Renovar, 1997, p. 244.

colaborar com o bem do qual também participa, ou seja, deve colaborar com a realização dos demais integrantes da comunidade.[141]

Há necessariamente de vincular-se o solidarismo aos deveres fundamentais, que nascem por força da existência da família, como uma espécie de elemento que serve para viabilizar a efetiva proteção.

O afeto, com base na ótica externa, também será fator de imensa relevância no plano da proteção à família. Nas relações familiares, assim como nas demais relações de Direito Civil, há de se exigir dos sujeitos lealdade e mínima previsibilidade. Esses deveres, embora tenham imperioso caráter subjetivo, são necessários e devem surgir como anexos às relações concebidas, independentemente de que haja regras nesse sentido.

É no plano da exteriorização do afeto, a verdadeira boa-fé objetiva como princípio nas relações familiares, que se vislumbrarão o patamar de proteção da família e os efeitos decorrentes do reconhecimento dela. O princípio da confiança e da lealdade, como consectário da boa-fé objetiva, redefine os deveres entre os componentes da relação familiar.

> E quanto à responsabilidade e sua relação com a autoridade? Nos relacionamentos puros, tanto a responsabilidade quanto a autoridade – onde ela existe – estão profundamente vinculadas à confiança. A confiança sem responsabilidade pode tornar-se unilateral, ou seja, cair na dependência; a responsabilidade sem confiança é impossível, porque significaria o escrutínio contínuo dos motivos e das ações do outro. A confiança implica a confiabilidade do outro – conferindo um "crédito" que não requer uma verificação contínua, mas que, se necessário, pode ser aberto periodicamente para uma inspeção. Ser considerado confiável por um parceiro é um reconhecimento da integridade pessoal, mas em um ambiente igualitário tal integridade significa também revelar, quando solicitado, os motivos para as ações – e, na verdade, ter boas razões para quaisquer ações que afetem a vida do outro.[142]

O princípio da boa-fé objetiva apresenta efetivamente a necessidade de materialização do princípio da igualdade, percorrendo os deveres fundamentais no plano das responsabilidades e colocando esse conjunto a serviço da democratização da família a fim de garantir a dignidade de seus membros. Ele nasce, acima de tudo, para preservar novas famílias, com base em um conceito aberto, devidamente vinculado ao sistema jurídico pátrio.

O princípio da proporcionalidade será o instrumento de balizamento da proteção a ser reservada à entidade familiar, observando-se

[141] FACHIN, Luiz Edson. *Estatuto jurídico do patrimônio mínimo*. Rio de Janeiro: Renovar, 2001, p. 50.

[142] GIDDENS, Anthony. *A transformação da intimidade*. São Paulo: Editora Unesp, 1993, p. 208-209.

sempre a finalidade da família como instrumento de realização de seus membros, bem como o benefício social. Esses princípios são respeitados em atenção à dignidade da pessoa humana.

> A família como formação social, como "sociedade natural", é garantida pela Constituição (art. 29, § 1º) não como portadora de um interesse superior e superindividual, mas, sim, em função da realização das exigências humanas, como lugar onde se desenvolve a pessoa (art. 2º Const.). A família é valor constitucionalmente garantido nos limites de sua conformação e de não contraditoriedade aos valores que caracterizam as relações civis, especialmente a dignidade humana: ainda que diversas possam ser as suas modalidades de organização, ela é finalizada à educação e à promoção daqueles que a ela pertencem.[143]

Note-se que é através do princípio da proporcionalidade que melhor se poderá realizar a proteção da família sem o sacrifício de outros princípios. Ela será protegida de acordo com a aptidão a atender a seus membros nos limites da necessidade da atenção e na proporção exata do caso concreto. Trata-se da compatibilização levada a termo por meio da interpretação sistemática do direito, que se associa a diversos princípios.

> Além do referido princípio da unidade, encontram-se outros princípios ou subprincípios inegavelmente associados ao que denominamos de princípio maior da hierarquização axiológica, entre os quais o princípio da concordância prática, que também se deve considerar, neste passo, como ínsito ao sistema jurídico e, por conseguinte, com força vinculativa. Explica-o bem Hesse, dizendo que os bens jurídicos constitucionalmente protegidos devem ser coordenados de tal sorte que, na solução ao problema (da antinomia, por exemplo), todos conservem sua entidade.[144]

Depreende-se daí grande guinada no conteúdo material identificador, reconhecedor e viabilizador de proteção da família constitucional, incluindo-se todos os seus efeitos. Graças à proposta de identificação tópico-sistemática desses aspectos, passa a ocorrer uma verdadeira revisitação não só do reconhecimento da família, mas também dos institutos que de alguma forma se vinculam ao projeto parental.

A questão posta é justamente até que ponto proteger de modo desigual as famílias constitucionais, no sentido da pluralidade de entidades familiares, não atenta contra o princípio da igualdade. Uma análise precipitada poderia conduzir à conclusão de que tal proceder estaria rompendo com o princípio da igualdade e funcionando como consectário lógico da coerência material do sistema jurídico. Porém, com base na análise da relação entre o princípio da igualdade

[143] PERLINGIERI, Pietro. Op. cit., p. 243-244.

[144] FREITAS, Juarez. Op. cit., p. 115.

e o princípio da proporcionalidade, observa-se que a incoerência não ocorre.

É visível que há uma identidade muito forte entre o princípio da igualdade e o princípio da proporcionalidade, uma questão de alta relevância, suscitada por Wilson Antônio Steinmetz.

> Assim, já é possível estabelecer a primeira relação entre os princípios da igualdade e da proporcionalidade: ambos mantêm relação umbilical com o sistema de direitos fundamentais. São princípios que garantem a preservação e o aperfeiçoamento do sistema.[145]

Denota-se, assim, o quanto o tema referido, no plano do possível rompimento com o princípio da igualdade, é delicado, visto que os direitos fundamentais são os instrumentos de realização material do princípio da dignidade da pessoa humana. O princípio da igualdade, entretanto, guarda forte conteúdo axiológico, a partir do valor igualdade, presente no próprio preâmbulo constitucional como valor supremo.

> Nós, representantes do povo brasileiro, reunidos em Assembléia Nacional Constituinte para instituir um Estado Democrático, destinado a assegurar o exercício dos direitos sociais e individuais, a liberdade, a segurança, o bem-estar, o desenvolvimento, a igualdade e a justiça como valores supremos de uma sociedade fraterna, pluralista e sem preconceitos [...].[146]

Esse conteúdo axiológico é o norte da verificação da igualdade. Trata-se, conforme Alexy, da igualdade valorativa, que somente será possível de ser alcançada se for verificada a verdadeira razão de tal proceder, sob pena de consagrar-se o arbítrio.

> Como assinalou Alexy, a fórmula "tratar igualmente os iguais e desigualmente os desiguais", quando interpretada como um mandato de igualdade formal, "no dice nada acerca de cómo deben ser tratados indivíduos com cuáles propriedades". Ainda segundo este autor, não menos insuficiente é a interpretação da fórmula como um mandato de igualdade material, porque "[...] nunca dos personas o dos situaciones vitales personales son iguales em todos los respectos. La igualdad, al igual que la desigualdad, de individuos y situaciones personales es siempre igualdad y desigualdad con respecto a determinadas propiedades". Juízos de igualdade são sempre juízos sobre igualdade fática parcial. Esses juízos possuem a seguinte estrutura: "*a* es igual a *b* con respecto a la propiedad *P* (propiedades *P1, P2, ..., Pn*)". O mesmo vale para os juízos de desigualdade. Considerando que não há igualdade/desigualdade fática universal e que a igualdade/desigualdade fática parcial – estabelecida segundo um determinado aspecto ou discrímen, cuja escolha depende de um critério – é insuficiente para a aplicação da fórmula "tratar igualmente os iguais e desigualmente os desiguais", Alexy conclui que essa fórmula se refere à igualdade e desigualdade *valorativas*. Assim, "la

[145] STEINMETZ, Wilson Antônio. *Colisão de direitos fundamentais e o princípio da proporcionalidade*. Porto Alegre: Livraria do Advogado, 2001, p. 175.

[146] Preâmbulo da Constituição da República Federativa do Brasil de 1988.

igualdad material conduce, pues, necessariamente a la cuestión la valoración correcta y, con ello, a la cuestión de qué una legislación correcta, razonable o justa", uma legislação que contempla a máxima geral da igualdade.

Portanto, o princípio da igualdade é, acima de tudo, um princípio material, portador de um conteúdo axiológico.[147]

No âmbito da proteção às relações familiares, é justamente isso que ocorre. Não há como distinguir de maneira prévia se esses tipos de família merecem tratamento igual ou desigual, seja nas espécies, seja entre as espécies. Tal distinção só é possível de estabelecer em casos concretos. Através deles e da finalidade familiar, surgirão os fundamentos para a distinção.

A pergunta, agora, é esta: quando é correto, razoável e justo "tratar igualmente os iguais e desigualmente os desiguais"?

Como informa Alexy, a jurisprudência do TCF sobre a igualdade tem como fio condutor esta formulação: "la máxima de la igualdad es violada cuando para la diferenciación legal o para el tratamiento legal igual no es posible encontrar una razón razonable, que surja de la natureza de la cosa o que, de alguna outra forma, sea concretamente comprensible, es decir, cuando la disposición tiene que ser calificada de arbitrária".

Com a análise casada da fórmula "tratar igualmente os iguais e desigualmente os desiguais" e da jurisprudência permanente do TCF sobre a igualdade, Alexy chega a uma norma de tratamento desigual. A norma de tratamento igual prescreve: "Si no hay ninguna razón suficiente para la permisón de un tratamiento desigual, entonces está ordenado un tratamiento igual". A norma de tratamento desigual prescreve: "Si hay una razón suficiente para ordenar un tratamiento desigual, entonces está ordenado un tratamiento desigual".

[...]

Ainda, segundo Alexy, o que é uma razão suficiente, certamente, depende de pontos de vista valorativos.[148]

É o ponto de vista valorativo que possibilita a igualdade nesse tocante, que no plano familiar identificará os limites de proteção em cada entidade familiar. Esses contornos axiológicos da família contemporânea delineiam o caráter finalístico da Constituição Federal do Brasil em matéria familiar. Assim, as diversas formas de família não terão a mesma proteção, ou seja, a proteção não há de ser implementada de maneira igualitária. Nisso reside o entendimento dessa relação entre o princípio da igualdade e o princípio da proporcionalidade.

Para efeito de concretização do Estado Social nas relações familiares e no projeto parental como um todo, torna-se necessária a realização de vários princípios, entre os quais o da proteção da família

[147] STEINMETZ, Wilson Antônio. Op. cit., p. 178.

[148] Idem, ibidem, p. 179.

como direito fundamental e o da igualdade material. Ocorre que esse segundo princípio, além das questões atinentes à relação entre os cônjuges e entre os filhos, também tem real inferência no que concerne à própria igualdade material entre as famílias.

No campo das antinomias, exsurgem como potencialmente contraditórios os princípios da igualdade material da família e da proteção integral da família. É através de sua otimização que se há de proceder à interpretação de maneira sistemática, consoante Juarez Freitas:

> [...] onde se produzirem as antinomias, devem estas ser superadas mediante uma ponderação de bens ou de valores, realizada a exegese de acordo com o princípio da proporcionalidade, o qual significa uma coordenação proporcional de bens, que faz as vezes de um critério orientador contido no próprio sistema, similarmente ao que sucede com a concepção de justiça, como já se mostrou no capítulo precedente. Com efeito, para Hesse, proporcionalidade significa relação entre magnitudes variáveis – concretamente aquela que melhor responder à tarefa de otimização, não pois uma relação entre um objetivo constante e um ou mais meios variáveis. Na condição de critério orientador previsto na Lei Maior, indica o rumo e determina o procedimento através do qual se deve buscar uma solução dita constitucional.[149]

A ponderação de bens ou de valores tem como razão finalística a Constituição Federal. Para isso é que surge o princípio da proporcionalidade, ou seja, para dar suporte e, ao mesmo tempo, fazer valer a estrutura do sistema jurídico pátrio a fim de que, respeitados os dois princípios antes especificados, ocorra a proteção da família sem romper com a igualdade no plano material. Trata-se da relação efetiva entre o princípio da proporcionalidade e o da igualdade.

> A jurisprudência brasileira, inspirada, de certo modo, no direito alemão, tem coadjuvado o *princípio da proporcionalidade* com o *princípio da igualdade*, buscando a obtenção da isonomia entre as partes, segundo a noção da *igualdade-proporcionalidade*.
>
> Confirma nossa assertiva um aresto do Superior Tribunal de Justiça ao anunciar que "o princípio da igualdade reclama considerar a desigualdade dos fatos". Só assim, materialmente, ter-se-á isonomia. Aliás, não se pode deixar de ter em conta também o princípio da proporcionalidade. [...] A interpretação jurídica, teleologicamente, deve voltar-se para o sentido social da lei.[150]

Razão a justificar a diversidade de proteção familiar é precisamente a necessidade de observar-se a igualdade no plano material, que se faz através do conteúdo axiológico da relação familiar contemporânea como realizadora da dignidade humana: a efetiva repersonalização do Direito Civil nas relações familiares. As famílias, em

[149] FREITAS, Juarez. Op. cit., p. 115.

[150] SZANIAWSKI, Elimar. Apontamentos sobre o princípio da proporcionalidade-igualdade. *Revista Trimestral de Direito Civil*, v. 5, Rio de Janeiro, Editora PADMA, p. 66-67, 2001.

realidade, hão de ser vistas a partir de suas peculiaridades, há a necessidade de reconhecer a individualização da família contemporânea, e com isso surge a necessidade do contraponto que é o protecionismo também singular.

> As famílias atuais – que designo pelo termo de "modernas 2" – não estão em ruptura completa com essa família "moderna 1" na medida em que a lógica do amor se impôs ainda mais: os cônjuges só ficam juntos sob a condição de se amarem; os pais devem ainda dar mais atenção aos seus filhos. A família "moderna 2" se distingue da precedente pelo peso maior dado ao processo de individualização. O elemento central não é mais o grupo reunido, são os membros que a compõem. A família se transforma em um espaço privado a serviço dos indivíduos. Isso é perceptível através de numerosos indicadores do nível da relação conjugal, com a maior independência das mulheres, a possibilidade do divórcio por consentimento mútuo (na França, em 1975), a lei de 1970 que dá fim à autoridade parental, etc.; e, no nível da relação pedagógica, com o desenvolvimento da negociação das necessidades da criança, de novas formas de pedagogia pelas quais a natureza da criança deve ser respeitada mais do que modificada (no período precedente, a educação moral deveria retificar a natureza imperfeita da criança). Cada criança é única.
>
> Essa família "moderna 2" compõe-se com a individualização. Sua permanência se dá a esse preço, sua instabilidade também. Por isso, paradoxalmente, a família pode parecer frágil e forte: frágil, pois aos poucos casais conhecem antecipadamente a duração de sua existência, e forte porque a vida privada com uma ou várias pessoas próximas é desejada pela grande maioria das pessoas (sob certas condições, ou seja, se a família não é percebida como sufocante). A família deve ser designada, para nós, pelo termo de "relacional e individualista". E é nessa tensão entre os dois pólos que se constroem e se desfazem as famílias contemporâneas.[151]

É desigualando-se a proteção das famílias, em face de suas peculiaridades, minimizando-se efeitos protetivos àquelas que não atingirem a finalidade constitucional, que será alcançada a igualdade material. E sem romper com o sistema jurídico, respeitando-se a necessidade de não exclusão dos princípios, será possível a busca da melhor interpretação, a ser orientada pela interpretação sistemática, com base no princípio da hierarquização axiológica.

> [...] Em outras palavras, à guisa de conclusão, sempre haverá, mesmo no conflito entre os princípios ou subprincípios hermenêuticos, a dominância de um ou a relativização mútua, ditada por um princípio tido como superior ou mais elevado. Tal princípio, dotado de imperatividade jurídica, sem ser uma mera espécie do gênero normas, outro não é senão o princípio da hierarquização axiológica, que mais se evidencia no tratamento dos conflitos entre os princípios ou subprincípios necessários à sua concretização. Manifesta-se com clareza, também, ao servir de metacritério unificador, a

[151] PEIXOTO, Clarice Ehlers; SINGLY, François de; CICCHELLI, Vicenzo. *Família e individualização.* Rio de Janeiro: FGV Editora, 2000, p. 15. Cumpre referir que o termo *individualismo* utilizado na transcrição da presente obra não guarda relação com a expressão *individualismo* da ótica liberal, e sim com a necessidade de individualização da família, que é fenômeno próprio no que identifica uma necessidade de singularizar as famílias contemporâneas.

necessidade de se repensar a lógica jurídica, para vê-la apta a explicar e a fundamentar a aplicação resultante desta aplicação tópico-sistemática de variegados princípios hermenêuticos.[152]

A partir do metacritério interpretativo, que guarda consonância com o conceito de sistema jurídico adotado neste texto, bem como com o respeito à aplicação tópico-sistemática, afirma-se que cada espécie de família – e conforme as espécies, cada família efetiva – merecerá proteção diferenciada a ser balizada pelo princípio da proporcionalidade.

O exercício de ponderação dos princípios da proteção integral da família – direito fundamental de proteção da família – e da igualdade – igualdade material como direito fundamental –, que de forma inerente implica restrições aos direitos fundamentais, é levado a termo por meio dos subprincípios da proporcionalidade, a saber: princípios da adequação, da necessidade e da proporcionalidade em sentido estrito.

O exame desses subprincípios, ou princípios parciais, possibilita a compreensão do princípio da proporcionalidade. No campo da proteção familiar, adequação significa vislumbrar se o meio utilizado para a efetivação da proteção é útil para alcançar o objetivo pretendido. Isso ocorre sempre a partir das verificações tópicas, no sentido de saber se a família em apreço está ou não atendendo à sua função como família-instrumento – noção eudemonista – e se o meio empregado oferecerá essa condição.

No plano da necessidade, verifica-se se tal proteção é indispensável ao alcance da realização finalística da Lei Maior, com base nas características da família a ser protegida, ou seja, a realização da dignidade da pessoa humana, dos membros componentes do ente familiar. Finalmente, no tocante à proporcionalidade propriamente dita, observa-se a repercussão no plano racional a fim de buscar uma proporcionalidade, uma reciprocidade, na relação meio e fim, para que ocorra o menor sacrifício possível dos direitos fundamentais.

> Tratando-se de colisão de direitos fundamentais, Alexy formula, de forma magistral, a *lei da ponderação*, que nada mais é que o princípio da proporcionalidade em sentido estrito: "cuanto mayor es el grado de la no satisfación o de afectación de un principio, tanto mayor tiene que ser la importancia de la satisfación del otro".[153]

Para possibilidade de real proteção da família constitucional, em alguns casos, restringe-se o princípio da igualdade em sua análise formal. Simultaneamente, na busca da igualdade material, que resta

[152] FREITAS, Juarez. Op. cit., p. 125.

[153] STEINMETZ, Wilson Antônio. Op. cit., p. 153.

vinculada ao conteúdo axiológico que fundamenta a família constitucional, restringe-se o princípio da proteção familiar.

Nesse contexto, salta aos olhos a relevância da constitucionalização do Direito Civil e dos fenômenos da repersonalização e da despatrimonialização, imperando como diretrizes das reflexões necessárias essencialmente na matéria familiar no campo da proteção. Tomando-se por base essa ótica característica do Estado Social é que será possível a visualização da família contemporânea, baseada na humanoafetividade.

2.5. Os deveres fundamentais e a proteção da família: a sociedade e outros corresponsáveis

Os deveres fundamentais, em que pese alguma resistência da doutrina,[154] no intuito de fundamentar seu caráter autônomo, não podem deixar de ser relacionados aos direitos fundamentais. Essa relação é precisamente o fator de equilíbrio que sustenta a efetividade[155] dos próprios direitos fundamentais. Trata-se da forma de garantia do Estado Democrático Social de Direito consagrado na Lei Maior.

A saudável relação entre direitos e deveres possibilita a redução dos excessos unilaterais de direitos fundamentais, como no Estado de Direito[156] Liberal, bem como dos excessos de deveres característicos totalitários. Essa garantia do princípio estruturante do Estado Democrático Social de Direito consolida-se mediante a realização dos princípios fundamentais constantes em nossa Lei Maior, especialmente o da dignidade da pessoa humana, com o qual os deveres fundamentais e a proteção da família mantêm estreita relação.

> Assim, adiantando aqui aspecto que voltará a ser referido, verifica-se que o dispositivo constitucional (texto) no qual se encontra enunciada a dignidade da pessoa humana (no caso, o artigo 1º, inciso III, da Constituição de 1988), contém não apenas mais de uma norma, mas que esta(s), para além de seu enquadramento na condição de princípio (e valor) fundamental, é (são) também fundamento de posições jurídico-sub-

[154] NABAIS, José Casalta. *O dever fundamental de pagar impostos*. Coimbra: Almedina, p. 25-35.

[155] Idem, ibidem, p. 119. "Não há direitos sem deveres, porque não há garantia jurídica ou fáctica dos direitos fundamentais sem o cumprimento dos deveres do homem e do cidadão indispensáveis à existência e ao funcionamento da comunidade estadual, sem a qual os direitos fundamentais não podem ser assegurados nem exercidos".

[156] STERN, K. *apud* NABAIS, José Casalta. Op. cit., p. 31. Demonstra o quão saudável é essa relação ao explicitar como se enquadram as noções de liberdade e responsabilidade, aduzindo que "[...] um sistema em que os direitos fundamentais constituem a essência da liberdade e os deveres fundamentais o seu correctivo".

jetivas, isto é, norma(s) definidora(s) de direitos e garantias, mas também de deveres fundamentais.[157]

Entre os vários aspectos em que se vislumbra a proteção da família como relevante para a comunidade, está a proteção da relação entre seus membros. Os deveres fundamentais estão presentes na preservação do respectivo direito fundamental. Trata-se da obrigação da sociedade de garantir proteção à família em conjunto com o Estado.

Tal situação é vislumbrada com clareza em face dos deveres dos pais para com os filhos menores. Os destinatários desses deveres são os pais, devido ao direito fundamental de manutenção e educação. Os menores, como membros da família, recebem proteção, enquanto os pais devem proceder em conformidade com tais deveres, sob pena de uma minimização dos efeitos positivos da paternidade, consoante a doutrina explica no caso do abandono.

> Non sempre tuttavia le norme sulla filiazone sono ispirate al principio della corrispondenza dello *status* giuridico alla verità naturale. L'adozione legittimante dei minori (instituita nel 1967 e modificata dalla 1. n. 184 del 1983) consente infatti di dar vita ad un rapporto di filiazione legittima in assenza del cincolo biologico do generazione. La legge – per tutelare l'interesse del minore ad essere allevato da una famiglia che si prenda cura di lui provvedendo al suo mantenimento, alla sua istruzione ed educazione – prevede che, in caso do abbandono da parte della famiglia "del sangue", venga meno ogni rapporto tra questa ed il figlio minore e ad un tempo si instauri un nuovo rapporto di filiazone con una coppia di conjugi giudicata idonea dal tribunale dei minorenni ad assumersi i compiti propri dei genitori.[158-159]

No Estado Democrático e Social de Direito, a sociedade responsável tem deveres, ao contrário do Estado Liberal, cuja sociedade, em comparação, é despida de responsabilidade e dotada de liberdade plena formal. Nesse sentido, não há como acolher sem reservas o posicionamento de João Batista Vilella quando refere:

---

[157] SARLET, Ingo Wolfgang. *Dignidade da pessoa humana e direitos fundamentais.* Op. cit., p. 70.

[158] FERRANDO, Gilda. Prove genetiche, verità biologica e principio di responsabilità nell'accertamento della filiazone. *Rivista Trimestrale di Diritto e Procedura Civile.* Milano: Dott. A. Giuffrè Editore, 1996, p. 742.

[159] "Todavia, nem sempre as normas sobre a filiação são inspiradas no princípio da correspondência entre o *status* jurídico e a verdade natural. De fato, a adoção legitimadora de menores (instituída em 1967 e modificada pela Lei nº 184 de 1983) permite criar uma relação de filiação legítima do vínculo biológico de geração. A lei – para tutelar o interesse do menor em ser criado por uma família que cuide dele provendo ao seu sustento, à sua instrução e educação – prevê que, em caso de abandono por parte da família "de sangue", desapareça qualquer relação entre esta e o filho menor e contemporaneamente se instaure uma nova relação de filiação com um casal de cônjuges julgados idôneos pelo juizado de menores para assumir os deveres próprios dos pais".

> [...] O modelo há de ser, por conseguinte, aberto, vale dizer, inspirado na liberdade. Se não for resumir demais, a regra de ouro pode estar em atribuir ao Estado a garantia e ao homem a construção da família.[160]

Tal premissa baseia-se no fato de que se trata de uma postura que se coaduna muito mais com o prisma liberal do que com o do Estado social, minimizando as possibilidades de realização material dos direitos fundamentais.

> Ponto de partida para o reconhecimento de uma eficácia dos direitos fundamentais nas relações entre particulares é a constatação de que, ao contrário do Estado clássico liberal de Direito, no qual os direitos fundamentais, na condição de direitos de defesa, exerciam – ou, pelo menos, eram concebidos deste modo – a função precípua de proteger o indivíduo de ingerências por parte dos poderes públicos no âmbito da sua esfera pessoal (liberdade, privacidade, propriedade, integridade física, etc.), alcançando, portanto, relevância apenas nas relações entre os indivíduos e o Estado, como reflexo da então preconizada separação entre a sociedade e Estado, assim como entre o público e o privado, no assim denominado Estado Social de Direito tal configuração restou superada.[161]
>
> [...]
>
> Na verdade, verifica-se que a discussão em torno da afirmação ou negação da eficácia direta, para além ou mesmo por detrás dos argumentos de cunho jurídico, inevitavelmente revela – ao menos também – um viés político e ideológico, sustentando-se, nesta linha argumentativa, que a opção por uma eficácia direta traduz uma decisão política em prol de um constitucionalismo da igualdade, objetivando a efetividade do sistema de direitos e garantias fundamentais no âmbito de Estado Social de Direito, ao passo que a concepção defensora de uma eficácia apenas indireta encontra-se atrelada ao constitucionalismo de inspiração liberal-burguesa.[162]

Na proteção da família como direito fundamental, tanto o Estado quanto a sociedade devem agir com todas as suas forças. O direito fundamental deve ter sua eficácia máxima, razão pela qual todos os indivíduos devem participar dos mais variados âmbitos possíveis, viabilizando sua efetivação materialmente. Significa dizer que não há como separar funções, tal como pretende Vilella, reduzindo as possibilidades do êxito da realização da dignidade da pessoa humana,[163]

---

[160] VILLELA, João Batista. Liberdade e família. *Revista da Faculdade de Direito da Universidade Federal de Minas Gerais*, Belo Horizonte, v. 3, n. 2, p. 40, 1980.

[161] SARLET, Ingo Wolfgang. Direitos fundamentais e direito privado: algumas considerações em torno da vinculação dos particulares aos direitos fundamentais. In: SARLET, Ingo Wolfgang (org.). *A Constituição concretizada: construindo pontes com o público e o privado.* Porto Alegre: Livraria do Advogado, 2000, p. 117-178.

[162] Idem, ibidem, p. 147.

[163] Idem, ibidem, p. 150: "Em primeiro lugar, há que levar em conta o fato de os direitos fundamentais constitucionalmente assegurados, independentemente de uma hoje ao menos controversa qualidade suprapositiva ou jusnaturalista, constituem concretizações (ou explicações em maior ou menor grau, como propõe Vieira de Andrade) do princípio fundamental (e igualmente positivado na Constituição) da dignidade da pessoa humana, de tal sorte que todas as normas

imprimindo-se uma postura liberal, na qual somente se perseguiria a efetivação de direitos fundamentais de primeira geração. O Estado não só garante, visto que não pode agir de forma passiva; a sociedade não só constrói, mas também garante.

> A solidariedade adquire valor jurídico. A preocupação do jurista não se dirige apenas ao indivíduo, mas à pessoa tomada em relação, inserida no contexto social. A pessoa humana, como bem supremo do Direito, não é um elemento abstrato, isolado, dotado de plenos poderes, com direitos absolutos e ilimitados. A coexistencialidade implica que se assegure não só o pleno desenvolvimento da pessoa individual, mas, simultaneamente, que as demais pessoas com as quais o indivíduo está em relação também possam ter esse desenvolvimento, de forma solidária. A pessoa tem o dever social de colaborar com o bem do qual também participa, ou seja, deve colaborar com a realização dos demais integrantes da comunidade.[164]

O sistema jurídico brasileiro, por meio do Estatuto da Criança e do Adolescente, instituído pela Lei nº 8.069/90, oferece inúmeros exemplos de deveres fundamentais dos pais em relação aos filhos, em nítida preocupação com a proteção da estrutura familiar. Nesse caso, a sociedade também tem o dever de proteção da família, a garantia de sua construção e manutenção, em conformidade com o próprio princípio de resguardo dos interesses dos menores. Esta é precisamente a importância dos deveres:

> II – *Lato sensu* os deveres são, por conseguinte, as situações jurídicas de necessidade ou de adstrição de comportamentos impostas constitucionalmente às pessoas, aos membros da comunidade política. Não são deveres do homem em geral([1]); são apenas aqueles que o homem tem perante o Estado (ou perante outros homens, defronte do Estado) e que derivam do seu estatuto básico, a Constituição, em conformidade com os princípios que a enformam.[165]

A relação entre os deveres e os direitos fundamentais, dando cumprimento aos princípios e objetivos fundamentais da Constituição Federal, é mecanismo de proteção da família, em todos os seus âmbitos, tanto de constituição quanto de manutenção, visando à realização de seus membros. Somente com a efetivação de deveres fundamentais, cujos destinatários são os componentes da sociedade, da comunidade, é que se poderá atender ao princípio da dignidade da pessoa humana. Não bastam as participações omissivas e comissivas

---

de direitos fundamentais, ao menos no que diz respeito com o seu conteúdo em dignidade humana (e na medida deste conteúdo), vinculam diretamente Estado e particulares, posição esta, aliás, admitida por boa parte da doutrina".

[164] FACHIN, Luiz Edson. *Estatuto jurídico do patrimônio mínimo.* Op. cit., p. 50.

[165] MIRANDA, Jorge. Op. cit., p. 168-169. O autor identifica com perfeição que "a) A dignidade da pessoa humana a reportar-se a todas e cada uma das pessoas é a dignidade da pessoa individual e concreta; b) cada pessoa vive em relação comunitária, mas a dignidade que possui é dela mesma, e não da situação em si".

estatais. A sociedade, no sentido mais amplo que essa expressão possa comportar, deve intervir atendendo à questão social, aos valores de solidariedade entre outros, bem como efetivando o Estado Social Democrático de Direito.

2.6. Conclusões

1. A partir do exame de uma tarefa hermenêutica, baseada na teoria dos direitos fundamentais, alcança-se a conclusão de que na carta constitucional, mais precisamente no art. 226, encontra-se um direito fundamental de proteção à família.

2. Esse reconhecimento não se dá apenas no plano formal, mas também – e principalmente – no plano material, de modo que não é demasiado afirmar que a eficácia dessa norma constitucional (art. 226) é máxima e imediata.

3. Com base nessa premissa, impera a compreensão do conteúdo material dessa norma, de modo que se proceda à sua adequada aplicação nos fatos sociais, o que resulta em uma abertura conceitual, que é norte para um olhar plural acerca da relação familiar.

4. Tal conteúdo, diante das premissas do próprio reconhecimento do direito fundamental, é a proteção da dignidade da pessoa humana e do solidarismo. Esses dois aspectos sinalizam o acolhimento do afeto como fundamento da proteção a ser dada à família.

5. Com isso, a concretização da proteção da família contemporânea se dá a partir da humanoafetividade, ou seja, mais do que espécies, o que se tem é uma concepção de família, que deverá ser protegida, nos termos constitucionais, sempre que atender ao conteúdo finalístico constitucional.

6. Disso decorre a importância da aplicação do princípio da proporcionalidade no plano da proteção da família, como instrumento de realização dos seus membros, mas também no sentido coletivo para regular as relações de meio e fim.

7. Destaca-se, então, a importância dos deveres fundamentais como densificadores da dignidade da pessoa humana, constituindo-se em verdadeiros corresponsáveis no plano da proteção da família humanoafetiva.

3. A tutela do conteúdo material das questões de família

3.1. Introdução

O Direito Civil brasileiro, por quase um século, restou pautado por um exame essencialmente baseado em noções conceituais e estribado em regras rígidas, mediante a mera interpretação literal de uma concepção fechada de sistema jurídico. Esse perfil teve como fundamento a codificação civil de 1916, devido a seus valores, já que teve a oportunidade de analisar vasta doutrina de forma detalhada e competente.[166]

Mais do que isso, tal característica fez valer uma filosofia que tomou o espaço da discussão jurídica desde as casas acadêmicas[167] até a efetiva plenitude do exercício profissional, junto aos tribunais brasileiros, por conta da doutrina vigente à época. Entretanto, em determinado momento histórico, vislumbrou-se uma reação, que se desenhou através da doutrina, com o objetivo de romper uma concepção que abandonava a sociedade em prol de um Direito pautado em um caráter egocêntrico.

A partir de então, já com reflexos na jurisprudência, passou-se a observar uma concepção instrumental do Direito como mecanismo de

---

166 FACHIN, Luiz Edson. *Teoria crítica do direito civil*. Rio de Janeiro: Renovar, 2000, p. 85: "A crítica se volta contra a abstração excessiva que se deu sobre o conceito no modelo privado, que desaguou diretamente no Código Civil brasileiro. E é por isso que, não raro, nos elementos da relação jurídica coloca-se o sujeito, e aí se revela claramente que a pessoa não precede ao conceito jurídico de si próprio, ou seja, só é pessoa quem o Direito define como tal".

167 PINHEIRO, Rosalice Fidalgo. Ensino jurídico na graduação: ainda como nossos pais? Modelo, conformismo e repetição na metodologia do ensino jurídico. In: *Repensando os fundamentos do direito civil contemporâneo*. Rio de Janeiro: Renovar, 2000, p. 216: "Em nossos cursos de graduação, Direito e realidade encontram-se distanciados. Somos 'domesticados' para manter e apenas melhorar as estruturas sociais que nos são dadas, não criamos nada de novo. A aprendizagem resume-se a uma mera apreensão de conteúdos que, ao se deparar com a realidade, dela não dão conta. É nesta perspectiva que nos são ensinados a família, a propriedade e o contrato".

tutela das reais questões sociais. Essa dinâmica foi empregada a partir de um novo vislumbre acerca da função do sistema jurídico pátrio, em nome de uma ideia de conformação teleológica a ser alcançada.

> Com um Estado de Direito, materialmente concebendo-se o mesmo, a partir da concepção de Estado Social, com as vinculações fruto da referida concepção, e obrigações inerentes à finalidade instituída, pode-se afirmar que o caráter estruturante do Estado Social é a referência, ou até mesmo a imposição, para a realização material dos direitos fundamentais, de modo a fazer do sistema jurídico, como um todo, através da análise tópica, um sistema coerente – no âmbito material –, possibilitando a liberdade e a igualdade, ambas no âmbito material, e a democracia, mediante a concretização, a densificação, destes princípios e objetivos que dão suporte à estrutura do sistema que a Constituição Federal impôs, a partir dos valores sociais.[168]

Pode-se afirmar que, no final da década de 1990, e com a chegada do novo milênio, a aparência do Direito Civil brasileiro, essencialmente no plano doutrinário e com reflexos nos pretórios pátrios, alterou-se, abrindo as portas não só para uma nova compreensão, mas também para a efetivação e a tutela de direitos que eram esquecidos outrora.

Este texto tem como objetivo delimitar essa evolução, com a intenção expressa de verificar os eventuais retrocessos que passam a se suceder, de maneira inclusive surpreendente, a partir da vigência da atual codificação civil, com ênfase nas questões de família.

3.2. Do Direito de Família contemporâneo

O Direito de Família, assim como os demais ramos do Direito Civil, restou por muitos anos apropriado por uma filosofia baseada em valores do liberalismo, dispensando a todos os fatos da família um tratamento que era fulcrado justamente nas características dessa filosofia. Tal afirmação é respaldada por inúmeros doutrinadores, que sempre asseveraram essa constatação em tom crítico, com o intuito de promover a mudança, a fim de fazer valer para o Direito de Família um novo espaço de debate e de construção de novas pautas.

Inegavelmente, foi a partir do advento da Constituição Federal de 1988 que o Direito de Família passou a ser reconduzido e reconstruído. Uma nova feição às questões de família passa a emergir, diante do retrato de novos valores, fundantes de uma nova concepção de Estado: o Estado Social Democrático de Direito.[169] Daí em diante, a

[168] FITERMAN, Mauro. *Contornos axiológicos da família contemporânea*. Dissertação de Mestrado, PUC-RS, jul. 2002, p. 30.

[169] FITERMAN, Mauro. Op. cit., p. 21. "Relevante nesse contexto explicitar que a Constituição Federal de 1988 acabou por consagrar um Estado Social e que o que anteriormente restou susci-

doutrina pátria passa a colher dessa concepção de Estado – e da nova filosofia contida em seu bojo – as consequências decorrentes da eficácia de uma normatividade constitucional baseada em princípios e valores consubstanciados em direitos fundamentais.

Essa nova pauta de valores e princípios, capitaneada pela incidência do princípio da dignidade da pessoa humana, insculpido no art. 3º, I, da Carta Magna, acabou por transformar o olhar acerca das questões de família, tendo em vista uma necessária repersonalização do Direito de Família. Os reflexos disso foram imediatos no campo da jurisprudência pátria, abrindo espaço para a tutela de questões que antes eram esquecidas e, portanto, negadas.

O Direito de Família passou efetivamente a tutelar as questões reais da sociedade brasileira: um Direito a serviço da sociedade. Ambos finalmente se deram as mãos. Esse momento caracterizou-se por ser de extremo amadurecimento das ideias atinentes ao Direito de Família, que teve como consequência direta o surgimento de novas obras, muitas delas de autores que despontaram na análise das novas temáticas, passando a ocupar, inclusive no meio acadêmico, o espaço que fora destinado, no passado próximo, àqueles que preferiram manter-se vinculados a ideais que já não mais eram retratados pelo sistema jurídico vigente.

Sem qualquer sombra de dúvida, tratou-se de uma relevante e imprescindível colaboração de cunho social, na salvaguarda do interesse da sociedade e, essencialmente, daqueles mais vulneráveis, pois eram os que acabavam por não ver tutelados os seus direitos. Porém, com o advento da atual codificação civil, após um período de debate intenso e um tanto crítico no que tange a aspectos pontuais da nova legislação, vive-se um novo momento histórico. E a análise desse momento histórico ora vivido deve ocupar um espaço de debate.

3.3. Do atual Código Civil e do retrocesso da doutrina familiarista e seus reflexos jurisprudenciais

O atual Código Civil já nasceu sofrendo inúmeras críticas, tanto em aspectos pontuais quanto no plano geral, metodológico. Essas críticas dominaram o cenário doutrinário nos dois primeiros anos de vida da codificação. A partir disso, em nome da necessária e esperada

tado como sendo um contraste, um aparente conflito de paradigmas, é justamente a incompatibilidade desse Estado e da postura codificada do Direito Clássico, trazendo à baila a necessidade de uma operacionalização hermenêutica, como forma de bem interpretar esta inevitável convivência e possibilitar o que se denomina de Direito Civil Contemporâneo".

coerência que sempre pautou o passado recente no plano da defesa de determinados temas, com base em uma concepção sobretudo metodológica, presumia-se que essas primeiras críticas surgidas delineariam mudanças e novas propostas de adequação da falha legislação vigente. Todavia, não é isso que se verifica na atualidade.

Objetivamente, pode-se afirmar que a doutrina familiarista está direcionada ao retrocesso, o qual está diretamente vinculado ao choque frente à tábua axiológica constitucional. Ao que parece, migra-se para um parcial retorno a um ideal já vencido. Quando se combateram os ideais liberais, que tantas injustiças materiais geraram no campo social, devido à negação de direitos a incapazes, crianças e adolescentes, idosos e mulheres, esse combate tinha como norte, acima de tudo, a concretização de valores que, antes mesmo de reconhecimento constitucional, já se verificavam no seio social.

Chegava a hora de fazer do Direito um retrato da sociedade, como modo de viabilizar-se a real tutela das questões sociais. A nominada constitucionalização do Direito Civil e, por consequência, do Direito de Família, foi precisamente o instrumento, muito mais de cunho hermenêutico, que viabilizou as grandes mudanças havidas. Esses valores sociais – que hoje são retratados pela Constituição Federal vigente, essencialmente através dos direitos fundamentais, e que integram/garantem tanto a mobilidade quanto a abertura do sistema jurídico, por conta da indeterminação de seus conceitos – vêm sendo sistematicamente afrontados pela nova doutrina e, por conseguinte, pela jurisprudência.

O atual Código Civil foi seguramente um aspecto relevante para que essas novas – antigas – concepções passassem a nascer e crescer. Mas não é só isso. Existe um componente que resta jungido exclusivamente aos valores que são objeto de debate doutrinário e que, muito embora venham romper com a concepção de Estado Social Democrático de Direito, a qual é consubstanciada na Carta Magna, passaram a ser defendidos pela doutrina vigente.

3.4. Da tutela do conteúdo material e o inevitável caráter interdisciplinar no Direito de Família: a tutela da realidade

A tutela do conteúdo material é, acima de tudo, a tutela da realidade. E é por meio dessa premissa que garante o seguinte: o que deve ser tutelado é o conteúdo material das questões postas à apreciação do Poder Judiciário, em que se pauta a análise que está por vir.

No entanto, essa tarefa não é tão simples. Pela tradição conceitual[170] impregnada no Direito Civil brasileiro, bem como pela dogmática clássica que também assume contornos históricos e reais no plano do estudo do Direito, ao contrário do que deveria ocorrer, ainda se verifica, equivocadamente, a decisão formal, fulcrada em um grau de abstração que fere o conteúdo material das questões postas com um evidente cunho formal, o que se acentua nas questões de família.

Trata-se de uma nova racionalidade que se consagrou e passou a vingar no Direito pátrio e que não pode ser esquecida por conta de uma nova ordem baseada em uma codificação que venha a assumir o contexto de um sistema fechado, imune aos preceitos constitucionais e aos valores sociais. Deve-se, portanto, manter essa racionalidade.

> A racionalidade é o jogo, é o diálogo incessante entre nossa mente, que cria estruturas lógicas, que as aplica ao mundo e que dialoga com este mundo real. Quando este mundo não está de acordo com nosso sistema lógico, é preciso admitir que nosso sistema lógico é insuficiente, que só encontra uma parte do real.[171]

A racionalidade acentua-se nas questões de família porque, se no plano do Direito, como um todo, é somente a partir de uma concepção tópica que se pode aferir a melhor decisão, seguramente, no Direito de Família, devido às suas peculiaridades, não há outra maneira de decidir com justeza. Vale, nesse sentido, mencionar as lições de Juarez Freitas no que diz respeito à necessidade de que exista uma tópica e sistemática:

> A par disso e, ao mesmo tempo, no conceito de sistema, assim posto, vislumbra-se a possibilidade epistemológica de síntese hermenêutica entre as visões da tópica jurídica e do pensamento sistemático, aparente e só aparentemente em contradição. Aliás, numa adequada compreensão, o dilema se esvai de sentido e resulta firme o reconhecimento de que *não só deve existir, mas ocorre mesmo uma identificação essencial dos pensamentos sistemático e tópico, afastada uma alternativa unilateral e excludente.*[172]

Com isso, raros são os espaços, por exemplo, para decisões envolvendo questões de família que sejam proferidas com fulcro no art. 557 do Código de Processo Civil, com fundamento no aspecto *jurisprudência dominante do respectivo tribunal, do Supremo Tribunal Federal, ou de Tribunal Superior*. Esclarece-se que, muito embora sejam raros tais

---

170 FITERMAN, Mauro. Op. cit., p. 22. "A realidade é que uma proposição conceitualista jamais atenderá ao dinamismo das complexas questões sociais. A sociedade evolui, se transforma, e ao Direito cabe a tutela dessas novas questões, uma vez que em consonância com a normatividade constitucional".

171 MORIN, Edgar. *Introdução ao pensamento complexo*. Porto Alegre: Editora Sulina, 2005, p. 70.

172 FREITAS, Juarez. *A interpretação sistemática do direito*. São Paulo: Malheiros, 1995, p. 174.

casos, em algumas situações ímpares, mormente quando se trata de questões de ordem meramente processual, a viabilidade existirá.[173-174]

Além disso, no atual contexto do Direito de Família, resulta imprescindível que a interpretação acerca de suas questões se dê mediante um olhar interdisciplinar. E esse olhar interdisciplinar implica também um exame de conteúdo material, pois aquilo que, sob a rígida e minimizada ótica apenas do Direito, aponta para um caminho, abre-se, sob a proveitosa ótica interdisciplinar, para novos rumos, novas consequências, novas realidades.

> Por interdisciplinaridade entende-se a constante busca de novos caminhos e novas realidades, sendo que o primeiro passo para a aquisição conceitual interdisciplinar está "no abandono de posições acadêmicas prepotentes, unidirecionais e não rigorosas, que fatalmente são restritivas, primitivas e tacanhas, impeditivas de aberturas novas, camisas-de-força que acabam por restringir alguns olhares, tachando-os de menores".[175]

Com isso, a tutela deve basear-se na realidade, em conformidade com os valores e os princípios constitucionais no plano do sistema jurídico como totalidade axiológica. Para Borges, realidade é a expressão de vários aspectos:

---

[173] Nesse contexto, é de ser ressaltado que há de existir reação imediata, uma vez que nossos pretórios vêm decidindo reiteradamente de forma abstrata, com fulcro no art. 557 do Código de Processo Civil, sob o argumento de que se trata de jurisprudência pacificada, de questões que são eminentemente tópicas. Vale lembrar: AGRAVO DE INSTRUMENTO. SEPARAÇÃO DE CORPOS. ALIMENTOS. INDEFERIMENTO. Mantém-se a decisão recorrida ante a não-comprovação da necessidade alimentar da agravante, que é jovem, exerce atividade profissional e não demonstrou dependência econômica em relação ao agravado. Recurso desprovido. (Agravo de Instrumento nº 70.012.057.758, Oitava Câmara Cível, Tribunal de Justiça do RS, Relator: José Ataídes Siqueira Trindade, Julgado em 22/09/2005.)

[174] Cumpre destacar, com surpresa, a posição do Ministro Humberto Gomes de Barros por ocasião do voto proferido no AgRg nos Embargos de Divergência em RESP 319.997/SC: "Sr. Presidente, li, com extremo agrado, o belíssimo texto em que o Sr. Ministro Francisco Peçanha Martins expõe as suas razões, mas tenho velha convicção de que o art. 557 veio em boa hora, *data venia* de S. Exa. Não me importa o que pensam os doutrinadores. Enquanto for Ministro do Superior Tribunal de Justiça, assumo a autoridade da minha jurisdição. O pensamento daqueles que não são Ministros deste Tribunal importa como orientação. A eles, porém, não me submeto. Interessa conhecer a doutrina de Barbosa Moreira ou Athos Carneiro. Decido, porém, conforme minha consciência. Precisamos estabelecer nossa autonomia intelectual, para que este Tribunal seja respeitado. É preciso consolidar o entendimento de que os Srs. Ministros Francisco Peçanha Martins e Humberto Gomes de Barros decidem assim, porque pensam assim. E o STJ decide assim, porque a maioria de seus integrantes pensa como esses Ministros. Esse é o pensamento do Superior Tribunal de Justiça, e a doutrina que se amolde a ele. É fundamental expressarmos o que somos. Ninguém nos dá lições. Não somos aprendizes de ninguém. Quando viemos para este Tribunal, corajosamente assumimos a declaração de que temos notável saber jurídico – uma imposição da Constituição Federal. Pode não ser verdade. Em relação a mim, certamente, não é, mas, para efeitos constitucionais, minha investidura obriga-me a pensar que assim seja. Peço vênia ao Sr. Ministro Francisco Peçanha Martins, porque ainda não me convenci dos argumentos de S. Exa.".

[175] AZAMBUJA, Maria Regina Fay de. *Violência sexual intrafamiliar: é possível proteger a criança?* Porto Alegre: Livraria do Advogado, 2004, p. 142.

> O que chamamos realidade vem a ser um conjunto de percepções, de emoções, de encontros, de pensamentos, de sonhos, de distrações, de surpresas, essa é a realidade.[176]

Ou seja, enquanto a jurisprudência desprezar esses elementos que constroem a realidade, jamais estará sendo tutelado o conteúdo material das relações de família.

Parte-se, então, para a análise de algumas questões que, devido a uma ótica rígida e formal, por desconsiderar a materialidade das relações, da incidência normativa constitucional e da necessária visão interdisciplinar, vem consagrando, pela doutrina e pela jurisprudência, retrocesso evidente e injustiças materiais irreversíveis.

3.4.1. Dos alimentos na maioridade recente

O primeiro aspecto a ser destacado é a situação fática que envolve aqueles que estão no que se chama de *maioridade recente*. Sabe-se que, a partir do advento do atual Código Civil, a maioridade civil restou reduzida para os 18 anos de idade.

Essa redução da maioridade civil teve como fundamento um precoce amadurecimento dos jovens, mais especificamente dos adolescentes, mediante um processo histórico que envolve novas tendências de conduta, informação, etc. Chegara a hora em que esses indivíduos, contando com 18 anos, adquirissem a capacidade plena. Entretanto, como se sabe, no plano da questão alimentar, a maioridade é um dado que vem sendo reputado como relevante. Tal relevância guarda nexo com a fixação e a quantificação dos alimentos daquele que é necessitado.

Com relação a alguns pontos objetivos, tanto a doutrina quanto a jurisprudência agiram bem ao evitar o sucesso dos inúmeros pleitos de exoneração de alimentos que tomaram conta das Varas de Família, tão logo se deu a vigência do atual Código Civil, com o simples e único fundamento da maioridade civil como causa de extinção do dever alimentar.[177]

---

[176] ORDÓÑEZ, Solange Fernández. *O olhar de Borges: uma bibliografia sentimental.* Editora Autêntica, 2008.

[177] AGRAVO DE INSTRUMENTO. AÇÃO DE EXONERAÇÃO DE ALIMENTOS. IMPLEMENTO DA MAIORIDADE CIVIL. Não há falar em exoneração da obrigação alimentar do alimentante em relação aos alimentandos tão só pelo fato de que atingiram a maioridade. À desobrigação do recorrente deve concorrer prova da desnecessidade da recorrida, o que perquire ampla dilação probatória. Recurso desprovido. (Agravo de Instrumento nº 70.013.096.920, Oitava Câmara Cível, Tribunal de Justiça do RS, Relator: José Ataídes Siqueira Trindade. Julgado em 07/11/2005.)

Contudo, no plano da fixação da verba alimentar, sente-se claramente a existência de uma postura que afronta a principiologia constitucional, a qual revitalizou o Direito de Família graças à repersonalização havida. Isso se dá a partir do rígido conceito doutrinário contemporâneo acerca da diferenciação entre *dever alimentar* e *obrigação alimentar*.[178] Assim a doutrina tem definido:

> Em resumo: a obrigação de sustento dos filhos cessa com a maioridade civil, ao passo que o dever de prestar alimentos pode durar a vida inteira entre parentes (inclusive entre pais e filhos capazes plenamente que não tenham como se manter), cônjuges e companheiros. Distinguem-se, pois, quanto à estrutura e função.[179]

Ocorre que, quando se trata da obrigação alimentar – sustento de filho menor –, para fixação dos alimentos, o juízo utiliza como parâmetro de quantificação a condição social familiar. Quando se trata de dever alimentar – obrigação entre parentes, caso do filho maior de idade –, esse elemento não é considerado.

Tal premissa acaba por minimizar os alimentos ao filho que atinge a maioridade, devido à migração do fundamento da obrigação alimentar (em sentido amplo), do poder familiar para o parentesco. Todavia, quando se procede à análise do conteúdo material do caso a ser apreciado, mediante a necessária postura interdisciplinar, observa-se, não raras vezes, flagrante violação do princípio da dignidade da pessoa humana.

Embora seja possível concluir pelo amadurecimento precoce dos adolescentes, em função dos elementos relatados anteriormente, esse mesmo fenômeno materializa-se de forma inversa no plano da inserção no mercado profissional. Ou seja, cada vez mais, tanto por necessidade quanto por desejo de avançar no plano cultural, aqueles que atingem a maioridade recente permanecem mais apegados ao lar familiar, deixando a casa dos pais mais tarde, e têm maior dificuldade para alcançar independência financeira.

Diante de tal constatação, aponta-se uma verdadeira ruptura entre a real necessidade dos filhos nessas condições e os critérios de fixação da pensão alimentícia. Ao não se considerar esse panorama de ordem interdisciplinar, desapegando-se à análise tópica, os que se encontram na fase de maioridade recente enfrentam restrições evidentes à concretização do princípio da dignidade da pessoa humana.

---

[178] Cabe ressaltar que essa nomenclatura não guarda unanimidade na doutrina, por vezes havendo verdadeira inversão.

[179] FARIAS, Cristiano Chaves de. Alimentos decorrentes do parentesco. In: *Alimentos no Código Civil*. São Paulo: Saraiva, 2005, p. 31.

Na maioria das vezes, o que mais chama a atenção é o fato de que as necessidades desses jovens, que são maiores de idade, se derivam justamente da opção dos próprios pais, que os inseriram em ambientes qualificados, como clubes e núcleos sociais, viabilizando assim um *status* social diferenciado, na condição de jovens que são proprietários de veículos (passando a ter despesas de seguro, impostos e gasolina, entre outras) e frequentadores de academias, bares, etc.[180]

Outro ponto, não menos importante, que deve ser observado é a questão relacionada ao aspecto econômico da obrigação alimentar, observadas as condições socioeconômicas e culturais do Brasil, que reduzem o espectro de inserção laborativa aos que atingem a maioridade. Dessa forma, exige-se aperfeiçoamento, seja por meio de cursos de especialização, seja por meio da experiência profissional que somente se adquire com o passar do tempo. A doutrina tem gradativamente observado tais aspectos, mediante essa análise de ordem interdisciplinar, alcançando importantes conclusões.

> El processo de culturización implica en el ser humano una inversión importante y constante, desde su nacimiento, y abarca mínimamente la educación primaria, secundaria y terciaria, con complementos imprescindibles como la computación y el conocimiento básico del idioma inglês (y el portugués, para el área de Mercosur). Además, por exigencias de actualidad, se requiere una especialización de posgrado universitario y una actualización mediante seminarios u estudios, debido a las transformaciones constantes de las ciencias.[181]

Portanto, o caso dos alimentos na maioridade recente é um claro exemplo das repercussões negativas da falta de apreciação do conteúdo material das questões de família, considerando-se um olhar interdisciplinar.

3.4.2. A adoção da criança e do adolescente e o apego exagerado à forma: um esvaziamento da finalidade do instituto

É evidente que o instituto da adoção foi dos que mais sofreu transformações nas últimas décadas. Em verdade, essas transformações

---

[180] Impera destacar que já existe julgado que enfrentou o tema sob essa ótica, assim decidindo: "Acrescento, ainda, não está comprovado que o alimentante não possua condições de arcar com o valor do pensionamento anteriormente fixado em favor de seus filhos. Estes, por sua vez, não estão dilapidando o patrimônio dos pais, pelo contrário, estão em busca de uma adequada formação, freqüentando, inclusive, curso superior. Mostra-se inadequado que o pai pretenda que os filhos, jovens universitários, tenham drástica redução no padrão de vida a que estão habituados, sem que haja motivo grave e suficientemente comprovado nos autos". (Agravo Regimental nº 70.009.771.866, Oitava Câmara Cível, Tribunal de Justiça do RS, Relatora: Catarina Rita Krieger Martins, Julgado em 14/10/2004.)

[181] GHERSI, Carlos Alberto. *Alimentos: quantificación económica.* 2ª edición actualizada y ampliada, Buenos Aires: Astrea, 2005, p. 31.

estão diretamente vinculadas às mudanças referentes à tutela da criança e do adolescente. Essas graduais transformações, contudo, tiveram como ápice o advento da Constituição Federal de 1988, que delineou a doutrina da proteção integral das crianças e dos adolescentes,[182] e, após, o surgimento do Estatuto da Criança e do Adolescente.[183]

> Por fim, deve ser referida a emergência de um novo sujeito: a criança e o adolescente. A Constituição Federal de 1988 e o Estatuto da Criança e do Adolescente constituem-se marcos históricos referenciais para toda e qualquer reflexão sobre autoridade parental que hoje se pretenda séria e consentânea de seu tempo.[184]

A partir disso, o menor deixou de ser concebido como um objeto da relação familiar e passou à condição de sujeito de direitos. Nesse sentido, vale ressaltar a posição de Luiz Edson Fachin:

> Os filhos não são (nem poderiam ser) objeto da autoridade parental. Em verdade, constituem um dos sujeitos da relação derivada da autoridade parental, mas não sujeitos passivos, e sim no sentido de serem destinatários do exercício deste direito subjetivo, na modalidade de uma dupla realização de interesses do filho e dos pais.[185]

Essa nova condução acerca das questões que envolvem os menores propaga-se na temática da adoção.[186] De fato, tal medida assume uma finalidade essencial: servir de instrumento da realização pessoal do menor e da concretização do princípio da dignidade da pessoa humana, tendo em vista a eficácia do direito fundamental antes referido. Logo, a transformação do pátrio poder em poder familiar não é uma questão meramente semântica.

---

182 Art. 227 da Constituição Federal de 1988: "É dever da família, da sociedade e do Estado assegurar à criança e ao adolescente, com absoluta prioridade, o direito à vida, à saúde, à alimentação, à educação, ao lazer, à profissionalização, à cultura, à dignidade, ao respeito, à liberdade e à convivência familiar e comunitária, além de colocá-los a salvo de toda forma de negligência, discriminação, exploração, violência, crueldade e opressão".

183 Lei nº 8.069, de 14 de julho de 1990. "Dispõe sobre o Estatuto da Criança e do Adolescente, e dá outras providências".

184 SILVA, Marcos Alves da. *Do pátrio poder à autoridade parental.* Rio de Janeiro: Renovar, 2002, p. 57.

185 FACHIN, Luiz Edson. *Elementos críticos de direito de família.* Rio de Janeiro: Renovar, 1999, p. 223.

186 SILVA, Marcos Alves da. Op. cit., p. 151: "A adoção apresenta-se como sugestivo viés para a reflexão sobre o tema da autoridade parental, sob duas ordens de ideia. A primeira incide sobre o rompimento dos laços com a família originária e a segunda refere-se ao estabelecimento dos novos vínculos de autoridade parental com o adotante. Duas faces indissociáveis de uma mesma realidade. O redirecionamento da motivação, do sentido e do alcance jurídico da adoção constitui, certamente, um dos campos do Direito Civil em que, de forma mais clara, se percebe o que já foi, metaforicamente, denominado *virada de Copérnico*. Basta uma vista d'olhos pela história da adoção, no ordenamento jurídico pátrio, para se constatar que a tábua axiológica que informa a medida estabelecida no estatuto é completamente outra que aquela inspiradora da codificação de 1916. Este percurso, que sublinha as discrepâncias dos modelos, deve ser pontuado, ainda que apenas tangencialmente".

Com isso, o instrumento jurídico da adoção, para efeitos de tutela jurídica, deve sempre apontar para essa finalidade. Assim ocorrendo, atendidos estarão também os princípios de proteção da família constitucional (eudemonista), bem como o direito fundamental à convivência familiar.

> Entre os Direitos Fundamentais da Criança e do Adolescente declarados no art. 227 da Constituição Federal de 1988, destaca-se o "Direito Fundamental à Convivência Familiar e Comunitária". Regulamentando esse princípio, o Estatuto da Criança e do Adolescente (Lei nº 8.069/90) procurou ressaltar a importância da vida em família como ambiente natural para o desenvolvimento daqueles que ainda não atingiram a vida adulta, valorizando esta convivência quer na família natural, quer na família substituta.[187]

Não obstante, a jurisprudência, ainda apegada a presunções, abstrações e inclusive conceitos já "vencidos", evita o real enfrentamento sistemático das questões que envolvem a adoção, tornando esse tipo de procedimento um verdadeiro calvário para os postulantes e fonte de tristeza e abandono para os menores de idade. E um dos temas mais debatidos nos pretórios, o qual passa pelos aspectos já mencionados, é a questão concernente à lista de postulantes à adoção e à sua habilitação.

Não são raras as vezes em que, após situações fáticas já definidas, isto é, estado objetivo de vínculo afetivo entre menores e postulantes à adoção (que não estão inseridos na lista antes especificada), são ceifadas ações que têm o objetivo de buscar o reconhecimento do parentesco civil por meio da adoção, sem que tenha havido sequer a instrução processual, com a determinação do recolhimento do menor aos precários abrigos de que o Estado dispõe.

Não se está aqui desprezando a preocupação que se vislumbra por parte dos julgadores e de membros do *parquet*, em face das reiteradas denúncias acerca de tráfico de menores e de outros crimes, mas a realidade é que, ao se agir assim, mais do que decidir em desconformidade com o que dispõe o sistema jurídico, estar-se-á desviando a finalidade do instituto da adoção no contexto contemporâneo. Não existe melhor decisão do que aquela que, reconhecendo um vínculo afetivo já estabelecido, concede a adoção após a instrução processual regular.

Tal reconhecimento passa, obrigatoriamente, por um exame pericial. Em outras palavras, não se demonstra adequado o julgamento de uma demanda dessa natureza, ceifando-se a pretensão de adoção e

---

[187] PEREIRA, Tania da Silva. *Direito da criança e do adolescente: uma proposta interdisciplinar*. Rio de Janeiro: Renovar, 1996, p. 153.

determinando-se o recolhimento de um menor ao frio abrigo, sem que seja levada a termo uma avaliação multidisciplinar das partes envolvidas. E é nesse contexto que, mais uma vez, se ofendem as premissas antes lançadas acerca da necessidade de que a interpretação seja tópica e sistemática, como forma de dar às pretensões um tratamento científico e digno, não se partindo das abstrações que tantos prejuízos já geraram historicamente.

Como dever de lealdade, é de ressaltar que existem exceções. Recentemente, o Tribunal de Justiça do Estado do Rio Grande do Sul concedeu, com base no reconhecimento do vínculo afetivo, a adoção a um casal que havia tido sua pretensão repelida pelo juízo de primeira instância. Nesse caso concreto, um dado essencial ao fundamento da decisão foi a juntada aos autos de laudo multidisciplinar que confirmou que a menor já mantinha um real vínculo afetivo com os adotantes e que, no plano clínico, apresentava condição excepcional.[188]

Essa, porém, não tem sido a regra. Além disso, o segundo grau de jurisdição tem recebido reiteradamente ações dessa natureza.[189] Não fosse a precipitação do primeiro grau de jurisdição – que, no apego à forma, em vez de instruir essas ações, colhendo a opinião técnica, prefere a decisão cabal de indeferimento das pretensões –, os tribunais não teriam essa árdua tarefa. A verdade é que a afronta ao método

[188] APELAÇÃO. ADOÇÃO. LISTA. Em regra, a falta de habilitação em procedimento para a adoção representa burla ao sistema de adoções do ECA, que deve ser combatido em atenção ao especial interesse das crianças. Na peculiaridade do caso concreto, vai deferida a adoção plena da criança com os apelantes, dada a preponderância dos interesses da criança. DERAM PROVIMENTO. (Embargos de Declaração nº 70.013.246.590, Oitava Câmara Cível, Tribunal de Justiça do RS, Relator: Rui Portanova, Julgado em 15/12/2005, que alterou a ementa da Apelação Cível Nº 70.011.644.762, Oitava Câmara Cível, Tribunal de Justiça do RS, Relator: Rui Portanova, Julgada em 29/09/2005.) Também nesse sentido: APELAÇÃO CÍVEL. ADOÇÃO. TENDO A GENITORA DA MENOR ENTREGUE SUA FILHA EM ADOÇÃO A UM CASAL DETERMINADO (ADOÇÃO *INTUITU PERSONAE*), NÃO SE PODE DESCONSIDERAR TAL VONTADE, EM RAZÃO DA EXISTÊNCIA DE LISTAGEM DE CASAIS CADASTRADOS PARA ADOTAR. A LISTA SERVE PARA ORGANIZAR A ORDEM DE PREFERÊNCIA NA ADOÇÃO DE CRIANÇAS E ADOLESCENTES, NÃO PODENDO SER MAIS IMPORTANTE QUE O ATO DA ADOÇÃO EM SI. DESPROVERAM. UNÂNIME. (SEGREDO DE JUSTIÇA) (Apelação Cível Nº 70.006.597.223, Sétima Câmara Cível, Tribunal de Justiça do RS, Relator: Luiz Felipe Brasil Santos, Julgado em 13/08/2003.)

[189] APELAÇÃO CÍVEL. ADOÇÃO. AUSÊNCIA DE PRÉVIA HABILITAÇÃO. Mantém-se o indeferimento do pedido de adoção, se os apelantes não estão habilitados na forma como dispõe o art. 50 do ECA. O procedimento e regramentos previstos para o processo de adoção, desde a habilitação das pessoas interessadas até o registro de crianças e adolescentes em condições de serem adotados, visam única e exclusivamente preservar o melhor interesse da criança e do adolescente, garantindo, por critérios democráticos, que sejam adotados por pessoas que previamente demonstraram preencher os requisitos para tal fim e que, em nome do respeito à lei, aguardam ansiosamente a sua vez de receber em adoção. Por isso, a inobservância da lista de adoção somente se dá em casos excepcionalíssimos. Precedentes. Apelação desprovida. (Apelação Cível nº 70.013.001.045, Oitava Câmara Cível, Tribunal de Justiça do RS, Relator: José Ataídes Siqueira Trindade, Julgado em 10/11/2005.)

tópico e sistemático, assim como à verificação do caráter interdisciplinar, tem esvaziado o princípio esculpido no art. 227 da Constituição Federal de 1988.

3.4.3. *Da teoria acerca da união estável: a tentativa de fuga da concepção social de Estado*

O Direito de Família pátrio, revisitado pela Constituição Federal de 1988, pluralizou as entidades familiares, repelindo a visão singular vinculada aos valores tradicionais e pautada exclusivamente no casamento. Nesse contexto, abre-se o leque de famílias que passam a ser merecedoras de proteção, com base na verificação do direito fundamental de proteção da família consubstanciado no art. 226 da Carta Magna.

> Há aqui, em verdade, a "constitucionalização" do Direito Privado que deve ser lido à luz da Constituição. Esta ordem de idéias também influencia o direito à formação do núcleo familiar que é, classicamente, outro princípio do Direito Privado que restou constitucionalizado. A Constituição adotou a concepção plural de família, não havendo apenas a assentada no casamento, mas também reconheceu como família aquela derivada de união estável e monoparental, formada por um dos pais e seus filhos.[190]

A característica essencial do Estado Social é, acima de tudo, a de Estado interventor, ou seja, de um Estado que não se omite – tal qual ocorria no Estado Liberal – na concretização dos direitos fundamentais, incluindo nesse contexto o direito assegurado no art. 226 da Constituição Federal.

> Esse labor hermenêutico, qual seja, de realizar materialmente a família constitucional, a família axiologicamente comprometida com o Estado Social Democrático de Direito, teleologicamente examinada, tem na sua essência o estudo da proteção da família como direito fundamental, em face do sistema jurídico pátrio. Tudo isso, em razão da própria definição já exposta no presente trabalho no sentido de que o verdadeiro Estado Democrático Social de Direito, diga-se Estado de Direito material, se verifica a partir da realização material dos direitos fundamentais.[191]

Essa concretização, portanto, é assegurada por meio da proteção da família constitucional, mediante a intervenção do Estado nos limites, é evidente, da necessidade, sob pena de configurar-se o arbítrio. Proteger a família, no contexto constitucional, é proteger o modelo de família que resulta de toda uma normatividade, que remete a uma família eudemonista, abandonando-se a visão transpessoal já ultrapassada.

---

[190] FACHIN, Luiz Edson. *Teoria crítica do direito civil.* Rio de Janeiro: Renovar, 2000, p. 73.

[191] FITERMAN, Mauro. Op. cit., p. 53.

A união estável, como espécie de família, merece essa proteção como forma de concretização da dignidade dos seus membros. Cabe ao Estado, mediante mecanismos de intervenção, o dever de agir comissivamente sempre que se fizer necessário. Entretanto, vislumbra-se acerca da união estável, no plano doutrinário, uma forte tendência ao abandono dessa espécie de postura. A doutrina parece ter encontrado na união estável, acredita-se que equivocadamente, um espaço de liberdade formal que afronta o Estado Social. E Rodrigo da Cunha Pereira acertadamente leciona:

> Registre-se, então, e podemos perceber a razão, que todas as tentativas de regulamentação do concubinato culminaram em vão, pois esbarram na contradição de que sua essência, seu cerne, é exatamente não querer a intervenção do Estado. Isto é o que acontece na quase totalidade dos países europeus, ou seja, o instituto do concubinato, com qualquer nome que lhe seja dado, escapa e escapará sempre às imposições e às tentativas de normatização. É o espaço não-instituído. Pela sua natureza, ele é algo que quer exatamente fugir às regras, é algo que sempre escapará aos limites das normas jurídicas.
>
> [...]
>
> Merecendo constar, mas sem maiores digressões por apenas tangenciar o objeto central deste estudo, registrarmos nossa crítica até mesmo à presunção de condomínio previsto no art. 5º da Lei nº 9.278/96, na medida em que a doutrina e a jurisprudência têm sido simpáticas à idéia de se considerar esta presunção como absoluta, apenas afastada por contrato escrito, sem o qual não se admitiria prova contrária à colaboração comum.[192]

Em verdade, confunde-se a informalidade com a proteção aos interesses dos membros desse tipo de união familiar. O fato de que os sujeitos que integram uma união estável não estejam direcionados à formalização, visto que para tanto dispõem do casamento, ainda que como faculdade, não significa dizer que esses sujeitos não merecerão a proteção que todos aqueles que integram uma família merecem no plano do sistema jurídico pátrio.

Ao contrário, qualquer decisão que venha a retirar a proteção desses sujeitos será inconstitucional por ferir a concepção instrumental de família, passando a pautar uma ideia novamente transpessoal e, pior ainda, baseada no âmbito da liberdade e da igualdade formal, em manifesto regresso à noção liberal de Estado e de família. Essa filosofia tem reflexos práticos graves, sendo um deles o enfrentamento da questão da mutabilidade do regime de bens na união estável, bem como a questão da retroatividade que poderá ser consequência dessa mutabilidade.

---

[192] CAHALI, Francisco José. *Contrato de convivência na união estável.* São Paulo: Saraiva, 2002, p. 48-49.

Como tem sido reiterado nas últimas décadas, a intervenção do Estado salvaguardou justamente o interesse daqueles que são os mais vulneráveis nas relações civis de toda ordem. O plano da liberdade formal, baseada em uma ideia de igualdade formal, acabou por consagrar inúmeras injustiças devido a presunções que se chocavam com a realidade social vivida.

Certo é que hoje, no plano social, se verifica uma situação diferente da que se viu no passado, essencialmente no que tange à relação homem e mulher, graças à conquista de espaço que a mulher alcançou. Não obstante, ainda se observa, em muitos casos concretos, evidente desigualdade entre os membros componentes de uniões informais, ocasião em que ocorre subordinação de um sujeito em relação ao outro.

Não havendo a intervenção do Estado em situações como essas, haverá notadamente um desequilíbrio no plano dos direitos, que poderá resultar na minimização da condição de sujeito de direito daquele que for vulnerável e, inclusive, submisso. Em realidade, pode-se afirmar que o limite da autonomia de vontade é a violação dos direitos fundamentais e do princípio da dignidade da pessoa humana.

Desse modo, a tentativa de fazer da união estável um fértil campo da liberdade formal, presumindo a autonomia de vontade, atenta contra a ordem constitucional. Por isso, a mutabilidade do regime de bens em uniões estáveis também deverá ser pautada pela chancela do Poder Judiciário, tal como ocorre em caso de casamento, no teor do art. 1.639, § 2º, do Código Civil brasileiro. Trata-se da proteção da entidade familiar nos moldes contemporâneos.

Muitas vezes, é justamente por ocasião da futura ruptura da união estável que poderão existir manobras, de parte a parte, com o objetivo de obter ganhos quando da partilha que está por vir. Aquele companheiro que não tem a intenção da dissolução, e nem mesmo imagina que o outro tenha essa intenção, pode acabar aceitando a mudança do regime, em nome da confiança que empresta à relação, e mais adiante vir a sentir-se frustrado. Além disso, muitas situações podem ter como premissa a fragilidade emocional, tão comum entre aqueles que passam por uma ruptura de ordem familiar, a ponto de maximizar a vulnerabilidade já existente e tornar impossível reverter o quadro. Notadamente, há de se buscar materialmente a aproximação entre os institutos do casamento e da união estável, sempre, é claro, mediante a compreensão da finalidade protetiva familiar no sistema jurídico pátrio, bem como a partir da aplicação do Princípio da Proporcionalidade.

E o Supremo Tribunal Federal, de forma cabal, acaba por delimitar posicionamento que ratifica os termos da ideia aqui desenvolvida, ao julgar os Recursos Extraordinários 646.721 e 878.694, determinando que o regime sucessório para casamento e união estável deve ser o mesmo, mediante a aplicação do art. 1.829 do CC e declarando a inconstitucionalidade do art. 1.790 do CCB. Trata-se de decisões que geraram a aprovação, para fins de repercussão geral, da seguinte tese: "No sistema constitucional vigente é inconstitucional a diferenciação de regime sucessório entre cônjuges e companheiros, devendo ser aplicado em ambos os casos o regime estabelecido no artigo 1.829 do Código Civil".

Somente medidas dessa natureza, baseadas na regular intervenção do Estado, como real concretizador da concepção de família insculpida pela Constituição Federal, poderão fazer valer o direito fundamental de proteção da família eudemonista, garantindo a dignidade dos sujeitos da relação familiar.

3.4.4. Os alimentos decorrentes da filiação e a igualdade material

A questão da igualdade como princípio é tema de debate incessante perante nossos pretórios. Esse debate tem invadido reiteradamente a esfera das relações conjugais, no contexto da relação homem e mulher, e tido destaque no plano da questão da filiação. Quando esse tema tem como enfoque a filiação, ou seja, a relação dos pais para com os filhos, verifica-se um conflito histórico entre as antigas concepções de legitimidade da filiação que hoje se dão por vencidas.

Contudo, na questão alimentar, vislumbram-se outros aspectos peculiares, os quais não têm merecido o melhor exame por parte das decisões judiciais atuais. Trata-se da verificação da incidência do princípio da igualdade quando o tema é a verba alimentar para os filhos. A realidade é que, no plano da concepção de Estado vigente, o ideal de igualdade configurado deixou de ser a concepção formal, passando para a concepção material.

Diante dessa premissa, em vez de mera presunção atinente à igualdade entre as pessoas, passou-se a verificar justamente as desigualdades, fazendo-se valer a realidade no plano da igualdade. Quando se trata de verba alimentar para os filhos, é evidente que deve imperar a incidência do princípio da igualdade material, e nunca o da formal.

E é justamente pelo equivocado enfrentamento dessa premissa que os julgados têm pecado.[193] Na ânsia de fazer valer o princípio da igualdade, acabam os julgados analisando formalmente a questão e igualando o pensionamento para filhos que têm condições pessoais ou características diversas e, por conseguinte, também apresentam necessidades diversas.

É verdade que, muitas vezes, são as possibilidades dos pais que induzem as necessidades do filhos, fazendo com que as pensões alimentícias se elevem pela ampla possibilidade paterna ou materna. Todavia, em outras vezes, essa não é uma realidade, e a incidência do princípio da igualdade material acaba por diferenciar o pensionamento dos filhos.

Essa é a real aplicação do princípio da igualdade material, de forma tópica e sistemática, necessariamente mediante um olhar interdisciplinar. É evidente que, quando se aborda a questão dos alimentos por meio dos requisitos da necessidade e da possibilidade, para aplicação do princípio da igualdade material, aplica-se também o princípio da proporcionalidade;[194] afinal, existe aparente antinomia no plano da proteção da dignidade de um dos alimentantes e, também, do alimentando.

Nesse contexto, por meio da aplicação do princípio da proporcionalidade, deverá ocorrer a fixação dos alimentos, de modo que se garantam todas as "dignidades". E o método de interpretação deverá partir dessas premissas antes lançadas, e nunca de uma abordagem baseada na igualdade formal.

Mais do que fazer com que um menor venha a perceber valor demasiado e, eventualmente, ferir a dignidade do alimentante, essa postura pode acabar por reduzir a possibilidade de que aquele que realmente tem necessidades maiores seja reprimido em sua postulação alimentar por decorrência do imperativo de igualar o pensionamento ao irmão que é desprovido de tamanha pensão. Com isso, fere-se a dignidade alheia, mediante uma análise formal, pela proteção dema-

---

[193] AGRAVO DE INSTRUMENTO. UNIÃO ESTÁVEL. DISSOLUÇÃO. ALIMENTOS. IGUALDADE ENTRE FILHOS. Os alimentos provisórios fixados ao filho do atual relacionamento devem guardar equivalência aos alimentos fixados em prol de filhos de outro relacionamento. Respeito à igualdade entre filhos. AGRAVO PROVIDO. EM MONOCRÁTICA. (Agravo de Instrumento nº 70.012.805.974, Oitava Câmara Cível, Tribunal de Justiça do RS, Relator: Rui Portanova, Julgado em 05/09/2005.)

[194] STEINMETZ, Wilson Antônio, *Colisão de direitos fundamentais e princípio da proporcionalidade.* Porto Alegre: Livraria do Advogado, 2001, p. 175: "Assim, já é possível estabelecer a primeira relação entre os princípios da igualdade e da proporcionalidade: ambos mantêm relação umbilical com o sistema de direitos fundamentais. São princípios que garantem a preservação e o aperfeiçoamento do sistema".

siada daquele que não faz jus ao pensionamento, ou seja, pelo abuso de direito do postulante.

Portanto, somente uma correta aplicação dos princípios constitucionais, que tenha como base a materialidade da questão posta a julgamento, poderá fazer valer a melhor aplicação do princípio da igualdade e da proporcionalidade. Tal medida fará da verba alimentar um real instrumento de dignidade daquele que é necessitado, considerando-se os limites das necessidades dos demais e das possibilidades de quem pensiona.

3.5. Conclusões

Do presente texto, podem-se alcançar algumas conclusões, que muito mais servem de provocação ao debate, tendo em vista o relevante momento histórico ora vivido.

1. A verdadeira transformação atinente ao Direito de Família teve como premissa o vislumbre de transformações sociais no campo dos valores.

2. Essas transformações, no plano do sistema jurídico, viabilizaram-se graças à normatividade vigente após o advento da Constituição Federal de 1988.

3. Essa normatividade teve como fulcro essencial o princípio da dignidade da pessoa humana e a materialidade dos direitos fundamentais, proporcionando a repersonalização do Direito de Família.

4. Ao vislumbrar-se a repersonalização, com base na concepção de Estado Social que, por conta dos mecanismos de intervenção do público no privado, determinou ao concretizador, intérprete da lei, a necessidade de atender ao caráter teleológico constitucional, vislumbrou-se também a unidade do sistema jurídico e a necessidade de que se proceda tópica e sistematicamente à interpretação jurídica.

5. Além disso, denotou-se que o cunho interdisciplinar, quando se trata de questões sobretudo axiológicas, é imprescindível como modo de atender à expectativa social, fazendo do Direito um real instrumento a serviço da sociedade, e não o oposto.

6. A melhor solução para os conflitos, seja no âmbito geral, seja especialmente no contexto do Direito de Família, é a tutela do conteúdo material das questões de família, que passa não só pela análise tópica e sistemática, mas também pela adoção de um olhar interdisciplinar, com o objetivo final e maior de que se alcance a tutela da realidade.

7. A doutrina atual, embora tenha lançado as bases para as mudanças com fulcro nas conclusões aqui expostas, acaba por retroceder no período pós-Código Civil de 2002, apontando para ideais que foram combatidos em passado recente.

8. A jurisprudência, como eco da doutrina, acaba por fazer o mesmo.

9. Vários são os casos que podem ser apontados a título de exemplo. Neste texto, optou-se pelo exame da maioridade recente, da questão da adoção e da relevância da culpa como elemento de dissolução da sociedade conjugal, além do exame teórico da união estável e da questão da incidência do princípio da igualdade nas questões alimentares por força da filiação.

10. O Brasil vive um momento importante no plano da fixação de uma postura acerca do recebimento da nova codificação e de sua interpretação, ou seja, do *modus* de enfrentamento, no plano hermenêutico, que deve ser cautelosamente tratado, sob pena de que muitas das conquistas sociais obtidas nas últimas décadas tenham sido em vão. Mais do que atentar contra os valores que foram defendidos, isso atentará contra os sujeitos que compõem o universo jurídico, representados pela palavra "sociedade".

4. A guarda no contexto da família contemporânea: atipicidade

4.1. Introdução

A sociedade brasileira vem sofrendo inúmeras transformações nas últimas décadas. Essas transformações, como não poderia deixar de ser, também se verificam no seio das relações familiares, no contexto dos papéis exercidos pelos membros que as compõem, bem como no próprio sentido de sua existência.

As mudanças ocorridas geraram uma ampla discussão acerca das temáticas de família, com base na observância do grande descompasso que restou identificado entre as novas questões sociais, cada vez mais complexas, e o sistema jurídico vigente. Esse descompasso redundou em um verdadeiro estado de ruptura entre o Direito e a sociedade, motivando alterações de ordem legislativa, primeiramente no âmbito infraconstitucional e, posteriormente, no plano da normatividade constitucional.

As transformações normativas, aliadas à metodologia hermenêutica contemporânea, motivam o presente texto, que se dedica a um exame da guarda no contexto do Direito de Família contemporâneo.

4.2. Da concepção instrumental da família: sua funcionalização

Atualmente, quando do exame acerca da família nos moldes contemporâneos, aponta-se objetivamente para uma análise instrumental da mesma. A doutrina, repelindo a postura transpessoal antes reputada às entidades familiares, afasta-se da mera postura institucional, migrando para ótica diversa.

Assim sendo, a família, embora tenha ampliado, com a Carta de 1988, o seu prestígio constitucional, deixa de ter valor intrínseco, como instituição capaz de merecer a tutela jurídica pelo simples fato de existir, passando a ser valorada de maneira instrumental, tutelada na medida em que – e somente na exata medida em que – se constitua em um núcleo intermediário de desenvolvimento da personalidade dos filhos e de promoção da dignidade de seus integrantes.[195]

Portanto, deve haver uma postura que valorize a proteção da entidade familiar na exata correspondência do benefício que pode trazer aos indivíduos que a compõem, sempre a partir de suas relações intersubjetivas, concretizando o princípio fundamental da dignidade da pessoa humana. Trata-se da verdadeira repersonalização em matéria familiar, uma instrumentalização baseada na proteção das personagens das relações familiares, a fim de que exercitem na plenitude seus papéis, conforme os parâmetros finalísticos constitucionais.

Logo, falar em família, nos moldes contemporâneos, é falar na revitalização da entidade familiar, em favor de seus membros, na busca da proteção da comunidade familiar, tendo em vista os enfoques de tutela dos direitos fundamentais positivados na Carta Magna. A tutela material dos direitos fundamentais, que são realizadores do princípio da dignidade da pessoa humana, eleva a proteção dos valores constitucionais, os quais abrangem o caráter teleológico a ser verificado quando da interpretação constitucional.

4.3. O sujeito de direito com base na funcionalização da família

Quando se verifica que a família contemporânea aponta para finalidades diversas da família clássica, rompe-se em especial com premissas adotadas pela história recente, essencialmente no que tange ao reconhecimento da figura do sujeito de direito.

É inegável reconhecer a necessidade de uma profunda transformação no conceito de sujeito de direito, que é nuclear na teoria geral do Direito Civil. Para tanto, contudo, é recomendável ter presente a relevância do conhecimento clássico e da história, especialmente para compreender as raízes do individualismo jurídico.[196]

A posição que o Direito Civil clássico impunha, no que diz respeito ao reconhecimento de sujeitos de direito no plano das relações familiares, confronta-se com os valores ora contemplados como sociais e reconhecidos como tal pela Constituição Federal de 1988. Em

[195] TEPEDINO, Gustavo. *Temas de direito civil*. Rio de Janeiro: Renovar, 1999, p. 350.

[196] FACHIN, Luiz Edson. *Teoria crítica do direito civil*. Rio de Janeiro: Renovar, 2000, p. 13.

uma sociedade que mantinha como princípio basilar a patrimonialização das instituições familiares, que se perfectibilizava por meio de uma concepção patriarcal e hierarquizada na condução do homem através do casamento, torna-se evidente que a condição de sujeito de direito se resumia apenas a esse ser abstrato que compreendia todas essas qualidades.

Tal postura, fundamentada em uma lógica dogmática, com base no desenho de um sistema fechado, codificado, marginalizava a maior parcela daqueles que de personagens reais passavam a atuar como meros figurantes das relações familiares. Nesse ponto, cumpre destacar a posição dos menores de idade que, por decorrência da definição lógico-formal de um sujeito de direito, ocupavam a condição não de sujeitos, mas de objeto dos direitos de seus pais.

> Com o papel desempenhado pelos filhos nas relações familiares não foi diferente. A valorização dos sujeitos resultou, de forma concreta, na prioritária proteção a eles, pessoas em desenvolvimento. Por conseguinte, o filho deixa o papel silencioso de quem sentia os efeitos da decisão dos pais e passa a desempenhar outro, mais eloqüente e central, atuando como destinatário direito do exercício da autoridade parental.
>
> Não se trata, portanto, de uma relação entre "um sujeito e um objeto, mas uma correlação de pessoas, onde não é possível conceber um sujeito subjugado a outro".[197]

Entretanto, a funcionalização das entidades familiares acaba por se confundir com a funcionalização dos sujeitos de direito no sistema jurídico pátrio, remetendo a uma revisitação do tema.

> Opera-se, assim, uma nova funcionalização do sujeito de direito na ordem jurídica brasileira: a pessoa humana, que se encontra no ápice do ordenamento jurídico, tendo como referência de proteção a dignidade constitucional unificadora de todos os direitos fundamentais, é o ser humano concreto. Nessa qualidade, acaba por lançar a todo o tecido normativo a garantia da existência digna, buscando a realização da justiça social, do livre desenvolvimento da pessoa e seu preparo para o exercício da cidadania.[198]

Nesse contexto, exsurge a análise da migração da proteção do menor de idade no âmbito da família e do sujeito de direito funcionalizados. No exame dos arts. 226 e 227 da Constituição Federal de 1988, com base na hermenêutica contemporânea, bem como no consectário reconhecimento do Estado Social Democrático de Direito, denota-se a positivação de direitos fundamentais, com toda a eficácia que tais instrumentos contemplam.

---

[197] CARBONERA, Silvana. *Guarda de filhos na família constitucionalizada*. Porto Alegre: Safe, 2000, p. 68.

[198] ALMEIDA, Maria Christina de. *DNA e estado de filiação à luz da dignidade humana*. Porto Alegre: Livraria do Advogado, p. 55.

Paralelamente a esta dimensão negativa da vinculação do Poder Judiciário aos direitos fundamentais, J. Miranda, ilustre mestre de Lisboa, aponta a existência de uma faceta positiva, no sentido de que os juízes e tribunais estão obrigados, por meio da aplicação, interpretação e integração, a outorgar às normas de direitos fundamentais a maior eficácia possível no âmbito do sistema jurídico.

Ainda no âmbito destas funções positiva e negativa da eficácia vinculante dos direitos fundamentais, é de destacar-se o dever de os tribunais interpretarem e aplicarem as leis em conformidade com os direitos fundamentais, assim como o dever de colmatação de eventuais lacunas à luz das normas de direitos fundamentais, o que alcança, inclusive, a Jurisdição cível, esfera na qual – ainda que numa dimensão diferenciada – também se impõe uma análise da influência exercida pelos direitos fundamentais sobre as normas de direito privado.[199]

Nesse contexto, a proteção à família constitucional e a primazia na tutela das questões das crianças e dos adolescentes revelam-se como direitos fundamentais e, como tal, produzem eficácia máxima e direita, inserindo a funcionalização dos sujeitos de direito das relações familiares, à luz da proteção à dignidade da pessoa humana, naquilo que veio a ser denominado de repersonalização das relações familiares.

4.4. A responsabilidade familiar e a guarda no contexto da família contemporânea: premissas transdisciplinares e atipicidade

A repersonalização das questões familiares acabou por inverter a ótica antes consolidada pela filosofia liberal codificada em 1916, a partir da concepção social consolidada a partir do ano de 1988, com o advento da Constituição Federal ainda vigente. No campo das relações paterno-filiais, crianças e adolescentes, antes sujeitos ao pátrio poder, passam à condição de sujeitos de direitos protetivos. Ou seja, de objeto dos direitos dos pais, os filhos passam a figurar como sujeitos de seus próprios direitos.

A Constituição e o Eca colocaram a criança e o adolescente no centro do palco das relações jurídicas que lhes dizem respeito. As decorrências do reconhecimento da "condição peculiar da criança e do adolescente como pessoas em desenvolvimento" são diversas e, certamente, contribuem para demarcar os novos contornos da autoridade parental.[200]

---

199 SARLET, Ingo Wolfgang. *A eficácia dos direitos fundamentais*. Porto Alegre: Livraria do Advogado, 1998, p. 331.

200 SILVA, Marcos Alves da. *Do pátrio poder à autoridade parental*. Rio de Janeiro: Renovar, 2002, p. 57-58.

Sendo assim, ocorre a substituição de uma ideia de poder em relação aos filhos para uma concepção de deveres e de responsabilidade. Cabe, porém, ressaltar que a inserção do polo ativo acerca de direitos, concedido a crianças e adolescentes, não elimina a também necessária realização dos pais, apenas preponderando um caráter de prioridade em relação aos filhos.

A legislação codificada em 2002, no âmbito das modificações introduzidas no plano infraconstitucional, mais especificamente no art. 1.630 do referido diploma legal, acaba por acolher as mudanças havidas a partir de uma nova expressão: poder familiar. É verdade que não era a expressão que a doutrina havia considerado como a mais adequada, devido à insistência da delimitação da palavra *poder*, muito embora tenha sido implantada definitivamente a igualdade entre homem e mulher, havendo a subtração do termo *pátrio*, antes consagrada.

A doutrina preferia – e ainda prefere – a expressão *autoridade parental*, pelo simbolismo de um mecanismo mais democrático de relacionamento entre pais e filhos, que atende com maior especificidade às funções dos pais na esteira dessas relações.

> Consideradas as limitações terminológicas, optou-se por *autoridade parental*, vez que tal significante pareceu ser o mais consetâneo com a conformação contemporânea do *munus* que se reconhece aos pais para criação e educação de seus filhos e que, afinal, constitui o núcleo deste estudo.[201]

Ainda que as questões semânticas não sejam o aspecto essencial na análise do conteúdo material de temas com tal relevância social, acredita-se que a expressão *responsabilidade familiar* fosse mais adequada.

Contudo, o aspecto relevante dessa transformação é justamente a funcionalização da família e suas consequências no plano da responsabilidade familiar, no plano da realização da criança e do adolescente, no plano de seu efetivo desenvolvimento e de sua profícua formação.

> Assentando-se a família sobre bases de afeto e solidariedade, o exercício da autoridade parental não é mais tutelado em razão de um interesse familiar supra-individual, antes se funcionaliza. A família e com ela a autoridade parental passam a encontrar o seu sentido na realização e no desenvolvimento dos seus membros.[202]

A guarda, como elemento que resta compreendido pela responsabilidade familiar,[203] também deve ser estudada partindo-se dessa

---

201 SILVA, Marcos Alves da. Op. cit., p. 10.

202 Idem, ibidem, p. 56.

203 Art. 1.634 do Código Civil: "Compete aos pais, quanto à pessoa dos filhos menores: [...] II – exercer a guarda unilateral ou compartilhada nos termos do art. 1.584".

concepção funcionalizada. Entretanto, para que possa ser efetivada a funcionalização da guarda no plano de sua concretização máxima, quando das decisões judiciais, premissa essencial é a compreensão de que há de existir um exame transdisciplinar ou mesmo multidisciplinar. Sobre o tema, vale destacar o posicionamento do professor Luiz Edson Fachin:

> O universo a ser analisado deve, seguramente, transcender o do Direito positivado sob alguns afazeres epistemológicos básicos, e o primeiro deles é promover aquilo que indica Michel Serres: quem deseja apreender um determinado tema na transdisciplinaridade deve se propor a uma travessia. A travessia dá à mestiçagem do saber condição de possibilidade para se compreenderem fenômenos contemporâneos, não apenas do específico, mas sim em saberes que dialogam.[204]

É esse diálogo entre os saberes da sociologia, da psicologia, da filosofia e da psiquiatria, entre outras áreas, que faz do exame do tema um exame vinculado à questão social posta à apreciação do julgador. Assim, em vez de um exame pautado em um direito como fim em si mesmo, prioriza-se um exame que tem como referência o direito para e em relação à sociedade, a verdadeira tutela das questões sociais.

No momento histórico ora vivido, em que cada vez mais se verificam complexas as questões sociais, especialmente as familiares, torna-se evidente que apenas essa postura que vincula o direito à sociedade poderá fazer valer a efetiva funcionalização do instituto da guarda. É nesse contexto que se examina a primeira premissa da análise da guarda no contexto contemporâneo, que é a incidência do princípio da igualdade no plano das relações entre os pais e a posição dos filhos.

A tradição do Direito de Família, arraigada a momentos históricos nos quais a mulher teve como destinação máxima de sua função familiar as lides domésticas, ao contrário do homem, que se configurava como único provedor do lar, criou em nossos pretórios uma presunção de guarda materna. Isso se evidencia através do exame da jurisprudência, sendo possível afirmar que culturalmente a guarda era materna, e que as decisões judiciais referendavam tal situação fática.

Apesar disso, sabe-se que, não apenas pela inserção formal do princípio da igualdade no âmbito constitucional, mas essencialmente pela nova posição ocupada pela mulher no âmbito das relações familiares, essas situações modificaram-se.

> A Revolução Industrial detona essa preferência. As modificações havidas no âmbito familiar e econômico são a raiz da migração dos homens do campo para as fábricas e oficinas e têm como correlato encarregar as mulheres da criação e educação dos

[204] FACHIN, Luiz Edson. Op. cit., p. 260.

filhos. Começa o pai a desinteressar-se da atenção diária dos filhos por entender que essa tarefa era uma responsabilidade da própria mãe. Essa preferência legal pela guarda materna permaneceu até a década de 60, sendo o pai o provedor e sem nenhum papel direto na educação dos filhos.

Com o reingresso da mulher no mercado de trabalho, fato que se generaliza a partir da segunda metade deste século, mudam-se as regras, tanto no âmbito social como no familiar. Voltam os homens a assumir mais responsabilidades no lar e a querer participar mais ativamente na vida de seus filhos, incluindo os cuidados físicos.

Nesse novo contexto, os arranjos que bem definiam o pai provedor e a mãe dona de casa não funcionavam bem, pois desestimulavam aquele de exercer um papel parental ativo e sobrecarregavam esta com as exigências do dever de cuidar dos filhos.[205]

Atualmente, e cada vez mais, as mulheres ocupam o mercado de trabalho, desvinculam-se das atividades domésticas e passam a dividir com seus cônjuges as responsabilidades dessa natureza. Em decorrência disso, não se pode mais afirmar que a guarda deva ser presumidamente materna sem a análise tópica; logo, a investigação acerca de quem deve ser o guardião de uma criança ou de um adolescente não passa mais por um exame abstrato.

Evidente que há situações que endereçam uma compreensão prévia, como nos casos de crianças recém-nascidas, em que as próprias premissas transdisciplinares apontam para uma presunção de guarda materna. No entanto, afora essas situações excepcionais, é na verificação do caso concreto, à luz das noções de igualdade e do princípio da primazia do interesse das crianças e dos adolescentes, que se determinará quem será o guardião.

É a partir desse exame tópico, sistemático e transdisciplinar que se funcionaliza a guarda contemporânea, passando a servir como instrumento de realização das crianças e dos adolescentes a fim de lhes preservar a sua dignidade. Para que se passe à análise do aspecto essencial deste texto, cumpre explicitar que a doutrina tem procedido a uma diferenciação conceitual entre as figuras da guarda *jurídica* e da guarda *material*.

Aquele dos genitores a quem é atribuída a guarda, como observa Orlando Gomes, tem-na não apenas a *material*, mas também a *jurídica*, "isto é, que tenha o direito de reger a pessoa dos filhos, dirigindo-lhe a educação e decidindo todas as questões do interesse superior dele", cabendo ao outro o direito de fiscalizar as deliberações tomadas pelo genitor a quem a guarda foi atribuída.

Quer isto dizer que se faz distinção, como ensina De Page, entre "o direito de guarda *stricto sensu* ou *guarda material* e o direito de *guarda jurídica*", para aí compreender tudo o que concerne à educação intelectual e moral do menor. Assim, a *guarda jurídica*

[205] GRISARD FILHO, Waldir. *Guarda compartilhada: um novo modelo de responsabilidade parental.* São Paulo: Editora Revista dos Tribunais, 2000, p. 111.

é exercida a distância pelo genitor não-guardador. A *guarda material* prevista no artigo 33, par. 1º, do ECA realiza-se pela proximidade diária do genitor que conviva com o filho, monoparentalmente, encerrando a idéia de posse ou cargo. Em verdade, o que obtenha a guarda material exercerá o pátrio poder em toda a sua extensão.[206]

Delimita-se, então, que aquele que não é detentor da guarda dita *material* tem uma mitigação no exercício dos deveres decorrentes da responsabilidade familiar. O guardião *não material* teria apenas o exercício de direito de fiscalização dos atos do guardião *material*. Tal diferenciação, porém, soa como algo não mais concebível no contexto dos papéis dos pais, tendo em vista o interesse prioritário das crianças e dos adolescentes. A verdade é que, mesmo no plano do genitor que é detentor *apenas* da guarda *jurídica*, não se pode admitir um mero dever de fiscalização.

O exercício da responsabilidade familiar, na própria dicção do art. 1.632, afora a questão da companhia do filho, não se altera, uma vez que é componente essencial da relação entre pais e filhos. Portanto, acatar a possibilidade de tamanha minimização da atuação de um dos pais não condiz com a doutrina da proteção integral da criança e do adolescente.

Todavia, no plano da verdadeira revisitação do instituto da guarda e de sua plena funcionalização, o que se observa necessário é que se deixe de abordar o tema por meio de duelos semânticos e classificações egocêntricas. Na era da maior complexidade social já verificada, ainda se julga necessário adequar a vida das pessoas ao direito ora vivenciado pela sociedade brasileira, maximizando-se o acesso ao exercício protetivo de crianças e adolescentes.

Essa inversão no plano hermenêutico, tão criticada desde a época da codificação civil de 1916, que tanto desprezou os anseios sociais em nome de um direito que tinha a pretensão de ser perfeito e acabado, é o foco do exame principal a ser efetuado. Hoje não se concebe mais a ideia de tipicidade acerca da guarda, visto que se tem insistentemente admitido como plena a premissa de que há espécies diferentes de guarda, as quais são nominadas como escolhas que estariam à disposição das partes e do juízo. Apesar disso, evidencia-se a necessidade de uma revisitação de tal postura.

Em primeiro plano, naquelas guardas tidas como inominadas, deve-se definitivamente acabar com o preconceito contra toda e qualquer situação que possa potencialmente implementar a proteção à educação e o desenvolvimento da personalidade das crianças e dos adolescentes, como no caso do compartilhamento de guarda ou

[206] GRISARD FILHO, Waldir. Op. cit., p. 75-76.

guarda conjunta. A guarda, como instrumento da proteção da criança e do adolescente, é a guarda do caso concreto, definida a partir do exame tópico e sistemático, mediante um olhar mais amplo, que toma proporções de ordem interdisciplinar, transdisciplinar e, inclusive, multidisciplinar.

Assim, em vez de uma mera reflexão acerca das espécies de guarda que o direito disponibiliza, deverá ser avaliado qual *modus* de guarda é o mais pertinente em determinada situação fática, perfectibilizando-a de acordo com o prioritário princípio de proteção das crianças e dos adolescentes, bem como privilegiando o seu caráter instrumental na busca da proteção da dignidade da pessoa humana.

4.5. Conclusões

1. As entidades familiares, com base na concepção constitucional vigente, funcionalizaram-se, de modo que hoje instrumentalizam a proteção da dignidade da pessoa humana de seus membros.

2. Tal funcionalização exsurge como uma forma de redesenhar o papel da instituição familiar, de modo que o direito seja concebido como um real tutor dos anseios sociais, afastando a antiga ideia de um direito pretensamente dotado de completude.

3. Com tais transformações, que obstruem a índole de proteção do sujeito abstrato, a partir da tutela do sujeito em concreto, uma nova concepção se revela acerca dos sujeitos de direito no âmbito do sistema jurídico pátrio. A incidência do princípio da dignidade da pessoa humana como princípio fundamental do sistema jurídico repersonaliza as relações familiares, gerando a tutela do homem nas suas relações intersubjetivas.

4. A partir dessa premissa hermenêutica, decorrente dos arts. 226 e 227 da Constituição Federal, as crianças e os adolescentes assumem um novo *status* na relação familiar, deixando a pecha de objeto do direito dos pais e recebendo a posição de sujeitos de seus próprios direitos.

5. Com a efetivação formal de tais concepções, até mesmo pelas alterações no plano da codificação civil, novo tratamento às regras passa a se dar acerca do tema, essencialmente no plano da inserção da concepção de poder familiar, retratando um novo pensamento no que toca à proteção da criança e do adolescente. A expressão *poder familiar*, ainda que não recebida como a melhor, no plano semântico, abre as portas para um novo refletir.

6. Entretanto, esse novo refletir, se cunhado apenas de análises formais, que não vislumbrem a efetiva funcionalização dos institutos de Direito de Família, pouco poderá oferecer à sociedade.

7. Daí a necessidade de imprimir o foco do exame finalístico da guarda, no contexto contemporâneo, a um olhar mais amplo, aberto, que enxergue a real situação social que se vive, o que somente é possível por meio da inserção do mecanismo interdisciplinar, transdisciplinar ou até mesmo multidisciplinar.

8. Diante desse novo vislumbre da temática da guarda, torna-se imperioso reprimir resquícios de antigas presunções acerca da preferência da guarda materna, salvo nas situações excepcionais que eventualmente se ofereçam a julgamento.

9. Por fim, adota-se a iniciativa no sentido de que o exercício da guarda nominada, mediante espécies denominadas previamente, antes do exame do caso concreto, deve restar apenas ao passado. No plano da funcionalização da guarda, impera a atipicidade, com a adequação da guarda ao fato social sob apreciação, fazendo, realmente, a partir de um exame tópico, sistemático e transdisciplinar, a guarda figurar como um real instrumento de proteção da dignidade da pessoa humana.

5. O princípio da sustentabilidade e o Direito de Família: por um exame da fixação da verba alimentar para crianças e adolescentes na sociedade de consumo

5.1. Introdução

O avanço dos estudos acerca do tema da sustentabilidade aponta para novos rumos de compreensão e aplicação desse princípio nas questões sociais e jurídicas no Brasil. Assim, cada vez mais ganha força a necessidade de se examinarem os eventuais efeitos desses avanços doutrinários também no campo do Direito de Família.[207]

O presente ensaio propõe uma inicial inclusão do tema da sustentabilidade no Direito de Família, a partir da questão alimentar, com ênfase naquilo que envolve as crianças e os adolescentes. Seu objetivo é o de contribuir para que se desenvolvam critérios mais eficazes e mais lúcidos para a fixação da verba alimentar.

5.2. Da sustentabilidade como princípio constitucional e sua necessária aplicação no Direito de Família

Com o advento da Constituição Federal de 1988, tendo em vista sua concepção normativa e sua filosofia de Estado, a doutrina paulatinamente identificou, através de minucioso exame, inúmeros princípios e valores que, ao lado do princípio da legalidade, compõem a unidade normativa e axiológica da Carta Magna.

[207] Sem dúvida, o primeiro exame específico da matéria em voga foi realizado por PASQUALINI, Alexandre. *A família no mundo contemporâneo e a transferência de riqueza*. Belo Horizonte: Editora Fórum, 2011.

Vários desses princípios, sendo todos relevantes à compreensão do ideário constitucional, guardam estreita vinculação com o Direito de Família, como os princípios da dignidade da pessoa humana, da prioridade dos direitos das crianças e dos adolescentes, da igualdade na filiação, da proteção aos idosos, da igualdade entre cônjuges, da igualdade entre companheiros e da pluralização familiar, entre outros. Recentemente, a melhor doutrina brasileira – se não de forma inédita, ao menos em padrões de vanguarda – passou a reconhecer o princípio da sustentabilidade como princípio constitucional. Juarez Freitas manifesta-se a esse respeito:

> A *sustentabilidade vincula ética e juridicamente*, em sentido forte, pois se trata de princípio constitucional implícito, incorporado por norma geral inclusiva (CF, art. 5º, par. 2º), a requerer eficácia direta e imediata dos imperativos da *responsabilidade partilhada pelo ciclo de vida dos produtos e serviços*. Tornou-se, ademais, princípio estampado na legislação infraconstitucional (por exemplo, no art. 3º da Lei n. 8.666, que explica o princípio do desenvolvimento sustentável). Algo que reforça o dever imediato de sua cabal observância, para além do antropocentrismo hiperbólico e arrogante: sem negar a dignidade humana, mostra-se imperioso entender o princípio constitucional da sustentabilidade como diretiva com a universalização da dignidade dos seres vivos em geral, vedada toda e qualquer prática cruel.[208]

Desse modo, o princípio da sustentabilidade passa a integrar o sistema jurídico pátrio, composto que é por regras, princípios e valores.[209] E, assim como o sistema jurídico se apresenta como um todo aberto, no qual todos os fatos repercutem, parece conveniente, para não se incorrer na velha atomização de outrora, investigar, também no Direito de Família, a aplicação do princípio da sustentabilidade, o qual, caracterizado por sua força normativa, lança nova luz aos hábitos concretos na vida das sociedades, pessoas e famílias.

5.3. Da sustentabilidade inserida nos exames interdisciplinar e transdisciplinar no Direito de Família

Não é de hoje que a melhor doutrina no plano do Direito de Família assimilou que não se pode admitir a tutela das questões familiaristas sem uma compreensão interdisciplinar. Verificou-se que um olhar das questões de família sob a ótica meramente jurídica, no sentido restritivo da expressão, minimiza a realidade a ser tutelada, turvando a complexidade dessas relações e, por mero apreço a noções

[208] FREITAS, Juarez. *Sustentabilidade, direito ao futuro*. 2.ed. Belo Horizonte: Fórum, 2012, p. 51.

[209] Sobre o tema, ver FREITAS, Juarez. *A interpretação sistemática do direito*, 2.ed. São Paulo: Malheiros, 2010, p. 50.

abstratas, fugindo da necessária análise tópico-sistemática que deve acompanhar o estudo de uma realidade jurídica cujos reflexos são visíveis em todos os âmbitos da vida.

Nesse sentido, a doutrina já ponderou: "[...] sem dúvida, então, a família é o fenômeno humano em que se funda a sociedade, sendo impossível compreendê-la, senão à luz da *interdisciplinaridade*. Máxime na sociedade contemporânea, marcada por relações complexas, plurais, abertas, multifacetárias e (por que não?) globalizadas".[210]

Partindo-se da premissa de que o exame interdisciplinar é fator imprescindível à boa tutela das questões de família, convém destacar que o princípio da sustentabilidade nasce, em uma análise tópico-sistemática, como integrante do sistema jurídico, também vinculado a essa natureza multi e interdimensional.

Com efeito, trata-se de princípio que, no plano de sua eficácia, em especial como densificador da dignidade da pessoa humana, não se implementa nem se efetiva sem que se relacione ou dialogue com as demais ciências. Em tal perspectiva, a doutrina já teve oportunidade de pôr em realce que

> [...] a sustentabilidade não pode ser considerada um tema efêmero ou de ocasião, mas prova viva da emergência de uma racionalidade dialógica, interdisciplinar, criativa, antecipatória, medidora de consequências e aberta.

Eis por que

> o culto tosco e desenfreado do imediatismo, com os seus fetiches tirânicos ou servis, está dramaticamente em xeque.[211]

Ora, se interdisciplinar revela-se, na origem, a própria racionalidade exteriorizadora do sentido mais pleno da sustentabilidade, não há como dela prescindir quando, no Direito de Família contemporâneo, investiga-se a aplicação desse renovador princípio.

Em face dessa comum racionalidade "interdisciplinar", não seria, portanto, exagero afirmar, sobretudo quando se trata das questões alimentares e de seus critérios de fixação, que o exame da incidência da sustentabilidade como princípio no Direito de Família passa também por esse componente transdisciplinar, nos mesmos moldes definidos por Izabel Petraglia ao explicitar a posição de Edgar Morin:

> Define, então, a "interdisciplinaridade" como colaboração e comunicação entre as disciplinas, guardadas as especificidades e particularidades de cada uma. Já por "transdisciplinaridade" entende o intercâmbio e as articulações entre elas. Na trans-

[210] FARIAS, Cristiano Chaves de. *Escritos de direito de família*. Rio de Janeiro: Lumen Juris, 2007, p. 2.

[211] FREITAS, Juarez. *Sustentabilidade, direito ao futuro*. 2.ed. Belo Horizonte: Fórum, 2012, p. 29.

disciplinaridade há a superação e o desmoronamento de toda e qualquer fronteira que inibe ou reprime, reduzindo e fragmentando o saber e isolando o conhecimento em territórios delimitados.[212]

5.4. Da fixação da verba alimentar para crianças e adolescentes: do art. 400 do Código Civil de 1916 ao art. 1.694 do atual Código Civil na doutrina e na jurisprudência

No plano da fixação da verba alimentar em benefício de crianças e adolescentes, como se sabe, vigoram o art. 1.694 do Código Civil e seu § 1°, que assim dispõem:

> Art. 1.694. Podem os parentes, os cônjuges ou companheiros pedir uns aos outros os alimentos de que necessitem para viver de modo compatível com a sua condição social, inclusive para atender às necessidades de sua educação.
>
> § 1º. Os alimentos devem ser fixados na proporção das necessidades do reclamante e dos recursos da pessoa obrigada.

E desse dispositivo legal exsurgem, no plano doutrinário e jurisprudencial, dois aspectos relevantes. O primeiro desses aspectos é a adoção de critério para fixação da verba alimentar, no sentido de que essa verba deve ser fixada em razão do binômio necessidade-possibilidade. Sem dúvida, essa sempre foi uma posição doutrinária muito bem-assentada no Direito de Família pátrio. Basta registrar que o art. 400 do Código Civil de 1916, em perfeita unidade finalística, já prescrevia que "os alimentos devem ser fixados na proporção das necessidades do reclamante e dos recursos da pessoa obrigada". A doutrina, a propósito, assim se manifestava acerca do tema:

> Posta a questão dentro destes limites, devemos observar o que preceitua o artigo 400 do Código Civil: "Os alimentos devem ser fixados na proporção das necessidades do reclamante e dos recursos da pessoa obrigada". Como se observa, na fixação dos alimentos são levados dois fatores em consideração: a possibilidade do obrigado e a necessidade do beneficiado.
>
> Não há como fugir desse binômio possibilidade-necessidade, pois toda verba alimentar fixada ou pretendida fora da realidade dos envolvidos na relação jurídica alimentar representará, sem dúvida, um verdadeiro convite ao não cumprimento da obrigação, convite este, de regra, decorrente da impossibilidade fática do obrigado.[213]

[212] PETRAGLIA, Izabel. *Edgar Morin, a educação e a complexidade do ser e do saber*. 10.ed. Petrópolis, RJ: Vozes, 2008, p. 83.

[213] PORTO, Sérgio Gilberto. *Doutrina e prática dos alimentos*. 2.ed. Rio de Janeiro: Aide, 1993, p. 15.

Como se vê, do art. 400 do Código Civil de 1916 para o atual art. 1.694, o binômio necessidade-possibilidade mantém-se intacto. Eis a doutrina, a partir, inclusive, de uma hermenêutica civil-constitucional:

> Aplicando o princípio vetor constitucional alimentício, resulta que os alimentos tendem a proporcionar uma vida de acordo com a dignidade de quem recebe (alimentando) e de quem os presta (alimentante), pois nenhuma delas é superior, nem inferior. Nessa linha de idéias, resulta que fixar o *quantum* alimentar aquém do mínimo imprescindível à sobrevivência do alimentando ou além das possibilidades econômico-financeiras do devedor ofende, de maneira direta, o princípio da dignidade da pessoa humana.[214]

A jurisprudência, de resto, também acompanha esse raciocínio:

> APELAÇÃO CÍVEL. ALIMENTOS PARA FILHA MENOR. FIXAÇÃO. BINÔMIO NECESSIDADE-POSSIBILIDADE. ÔNUS DA PROVA. A necessidade da filha menor de idade é presumida, competindo aos genitores lhe prestar assistência. Outrossim, constitui encargo do alimentante provar que não reúne as condições de prestar os alimentos fixados na sentença. Portanto, comprovada a maior possibilidade do alimentante, devem os alimentos ser majorados em observância ao binômio necessidade/possibilidade. DERAM PROVIMENTO AO RECURSO.[215]

O que se poderia registrar como variável nova, em sede jurisprudencial, é o surgimento, em função dos ainda recentes avanços na esfera do Direito Constitucional e no plano da Teoria Geral do Direito, de um terceiro elemento, denominado "proporcionalidade". Observe-se o julgado abaixo ementado:

> APELAÇÃO. EXONERAÇÃO DE ALIMENTOS. DESCABIMENTO. REVISIONAL AUTÔNOMA. TRINÔMIO ALIMENTAR. DIMINUIÇÃO. CABIMENTO. Ação revisional autônoma. Em alguns processos, a situação probatória em que foram fixados os alimentos se dá sem maior análise do trinômio proporcionalidade/possibilidade/necessidade. Tome-se como exemplo a investigação de paternidade, a ação de guarda e as separações contenciosas. De regra, nesses processos a investigação centra-se mais no objeto principal da demanda (a paternidade, a guarda, a separação), sem aprofundamento do contraditório alimentício e de provas nos elementos para fixar alimentos. De regra, nesses casos, a decisão judicial, que fixa os alimentos originalmente, vem desprovida de melhor convencimento sobre as reais possibilidades e necessidades. Quando ocorre isso, pode ocorrer a necessidade de uma posterior ação, que pode ser chamada de revisional autônoma, pois não depende, em sua causa de pedir, de mudança do binômio alimentar, desde o tempo da fixação dos alimentos originários. O objeto da ação revisional nessas hipóteses é, tão só, fazer aquilo que não foi feito antes. Ou seja, abrir-se a investigação para uma ampla análise do trinômio proporcionalidade/possibilidade/necessidade. Caso concreto. Caso onde a análise da pro-

[214] FARIAS, Cristiano Chaves de. Alimentos decorrentes de parentesco. In: CAHALI, Francisco José; PEREIRA, Rodrigo da Cunha. (coords.). *Alimentos no Código Civil:* aspecto civil, constitucional, processual e penal. São Paulo: Saraiva, 2005, p. 15.

[215] Apelação Cível nº 70.029.044.500, Oitava Câmara Cível, Tribunal de Justiça do RS, Relator: Alzir Felippe Schmitz, Julgado em 18/06/2009.

porcionalidade da relação alimentar é fator que justifica a diminuição dos alimentos devidos. NEGARAM PROVIMENTO.[216]

Em síntese, aquilo que era visto como um binômio (possibilidade-necessidade) passou a ser concebido como um trinômio, com o acréscimo do elemento *proporcionalidade*.

O segundo aspecto que emerge como relevante na análise da fixação da verba alimentar é o da compatibilidade dos alimentos com a condição social do alimentando. A doutrina, na análise desse aspecto, assim se pronuncia, salientando que essa última questão, ao fim e ao cabo, tem por escopo majorar a verba alimentar:

> Mas as alterações não se limitam à só abrangência da origem da obrigação. O art. 396 limitava os alimentos às necessidades do alimentado para substituir (um mínimo, pois) e o novo art. 1.694 afirma que os alimentos devem atender as necessidades do credor para *viver de modo compatível com sua condição social* (o que revela nítida intenção do legislador de ampliar a abrangência dos alimentos).[217]

Independentemente de correta ou não a afirmação constante desse ponto de vista doutrinário – de comprovação duvidosa, além de baseada na anacrônica ideia de *voluntas legislatoris* –, a verdade é que tal aspecto passou a integrar o sistema de apreciação de fixação da verba alimentar e, por isso, produziu efeitos diretos nas decisões judiciais. Vale a pena conferir a jurisprudência:

> APELAÇÃO CÍVEL. FAMÍLIA. REVISÃO DE ALIMENTOS. FILHO MENOR. MAJORAÇÃO DA VERBA REDIMENSIONADA PELA SENTENÇA. CABIMENTO NO CASO CONCRETO. APELO TEMPESTIVO. HONORÁRIOS ADVOCATÍCIOS MANTIDOS. O prazo recursal somente se inicia após o decurso das 48 horas aprazadas para impugnação das transcrições das notas da estenotipia. Não demonstrados os requisitos contidos no art. 1.699 do CC, autorizadores da revisão da pensão alimentícia, reforma-se a sentença de procedência da ação alimentar que reduziu os alimentos em prol do apelante que não pode prescindir do auxílio paterno. A constituição de nova família e o aumento da prole não têm o condão de interferir nos alimentos anteriormente estipulados. Aplicação da Conclusão nº 37 do CETJRS. Pensão fixada em percentual que incide diretamente sobre os rendimentos do apelado, que é assalariado, assegura a compatibilidade da condição social dos envolvidos, conforme disposto no art. 1.694 do Código Civil. Honorários advocatícios fixados adequadamente. PRELIMINAR REJEITADA, à unanimidade. APELAÇÃO PROVIDA, à unanimidade. Quanto à determinação, de ofício, de transformação dos alimentos em percentual sobre os vencimentos, restou vencido o Des. Presidente.[218]

---

[216] Apelação Cível nº 70.026.435.149, Oitava Câmara Cível, Tribunal de Justiça do RS, Relator: Rui Portanova, Julgado em 12/03/2009.

[217] LEITE, Eduardo de Oliveira. Direito civil aplicado. In: *Direito de família*. São Paulo: Revista dos Tribunais, 2005, p. 379.

[218] Apelação Cível nº 70.014.115.232, Oitava Câmara Cível, Tribunal de Justiça do RS, Relator: José Ataídes Siqueira Trindade, Julgado em 16/03/2006.

Com isso, observa-se que, na atualidade, a fixação dos alimentos em favor de crianças e adolescentes resta vinculada, no plano doutrinário e jurisprudencial, à análise do trinômio necessidade-possibilidade-proporcionalidade e ao elemento condição social.

5.5. A incidência do princípio da sustentabilidade na fixação da verba alimentar para crianças e adolescentes

Diante das premissas constantes no item anterior do presente estudo, salienta-se a necessidade de uma análise mais aprofundada acerca da incidência do princípio da sustentabilidade sobre as questões de família, em especial diante do enfoque ora abordado, ou seja, nas situações atinentes à fixação da verba alimentar para crianças e adolescentes.

No momento em que se pacificou, tanto no plano legal (art. 1.694 do Código Civil) quanto nos planos doutrinário e jurisprudencial, que a pensão destinada a crianças e adolescentes deve ser fixada mediante o exame do binômio necessidade-possibilidade (quiçá trinômio, com o acréscimo da proporcionalidade), tendo como denominador comum a condição social dessas crianças e desses adolescentes, notou-se, nas lides forenses, a aplicação de uma "fórmula" que é pautada pela seguinte máxima: "a possibilidade faz a necessidade".

Ocorre, entretanto, que essa máxima, não raro, se revela consideravelmente inadequada, sobretudo quando se tem na devida conta que a finalidade última a ser atingida, como se sabe, é a proteção dos interesses de crianças e adolescentes (art. 227 da Constituição Federal de 1988) e que esse caminho hermenêutico nem sempre se mostra hábil para atingir esse objetivo constitucional.

Ora, isso fica muito claro ao se submeter as consequências da citada máxima doutrinário-jurisprudencial ao crivo do princípio da sustentabilidade. O princípio da sustentabilidade, ao contrário do que prevalece no atual cenário social, reclama a observância de critérios e de proporções bem mais amplas e exigentes do que aquelas comumente observadas.

Uma das mais importantes emanações críticas do princípio da sustentabilidade é a restrição à insaciabilidade. Com efeito, "o mal deste início de século é o do vazio interior, um vazio que, diferente de outros tempos, decorre do excesso. Em vez de saciar, a abundância moderna esfomeia".[219] É por isso que Juarez Freitas explicita:

[219] PASQUALINI, Alexandre. Op. cit., p. 40.

> [...] os nossos maiores males nada mais são do que o subproduto dessa cultura de insaciabilidade patrimonialista e senhorial, que salta de desejo em desejo, no encalço do nada. Nessa linha, o diagnóstico preliminar é seguro: para avançar a bandeira da sustentabilidade, vários muros mentais terão de cair. Até porque a cultura da insaciabilidade (isto é, da crença ingênua no crescimento pelo crescimento quantitativo e do consumo fabricado) é autofágica, como atesta o doloroso perecimento das civilizações.[220]

No plano das questões que envolvem crianças e adolescentes, pode-se afirmar que a situação é seguramente ainda mais grave pelos seguintes motivos:

1º) a criança e o adolescente apresentam-se como sujeitos vulneráveis em relação aos próximos (amigos, colegas e familiares);

2º) a criança e o adolescente apresentam-se como sujeitos hipervulneráveis em relação também ao círculo de influência dos mais distantes, que se tornam mais próximos do que os próximos por meio da mídia;

3º) são as crianças, efetivamente, que garantirão o "direito ao futuro" delas mesmas e das gerações que estão por vir.

Ora, a partir dessa constatação, não há como deixar de observar que, para a aferição das necessidades de uma criança ou de um adolescente, torna-se imperioso um exame que guarde vinculação e responsabilidade com essa nova e mais lúcida concepção que, ao mesmo tempo, tem conteúdo microestrutural (diz respeito às pessoas diretamente envolvidas) e macroestrutural (diz respeito a tudo e a todos).

Por isso, a máxima de que "a possibilidade faz a necessidade" – e, junto com ela, a fixação de pensão alimentícia nela apoiada – pode comprometer não só a necessária efetivação do princípio da sustentabilidade, mas também a adequada tutela dos direitos e interesses constitucionais das crianças e dos adolescentes de hoje e de amanhã.

Nem sempre a possibilidade fará a necessidade. Quando a necessidade – ainda que passível de ser monetária e patrimonialmente satisfeita – for capaz de motivar a cultura da insaciabilidade ou do consumo desenfreado, esse fato passa a ter relevância jurídica, por ter antes relevância social, cabendo ao Poder Judiciário reprimir condutas que levem a tal quadro. Nesse sentido, a doutrina prevê:

> Nos *shopping center*, na política ou no *liquid love*, por todo lado, enfim, o que mais se vê são interesses e prazeres que se consomem a si mesmos. Ninguém vale, de forma incondicional, pelo que é, porém, acima de tudo, pelo que pode oferecer. A moderna "paixão consumptiva", sempre insatisfeita ao encalço de sensações novas, diferentes e mais intensas, rebaixa homens e mulheres à degradante condição de mercadorias

[220] FREITAS, Juarez. Op. cit., p. 24-25.

> que perdem o encanto e a sedução à medida que são consumidas. Sob vários aspectos, o *liquid love* é um amor para consumo, não havendo como consumi-lo sem ser consumido.
>
> Que ninguém se engane: esse diagnóstico tem sólidas evidências materiais! Um dos maiores pesquisadores da atualidade, Richard Sennett, sempre procurando a verdade não entre as palavras, mas entre os dados da realidade concreta, chama a atenção para o fato de que, na atual cultura da insaciabilidade, "*elas* [as crianças] *podem se tornar mais dependentes dos objetos que consomem do que de outras pessoas*". Não é por outra razão que Juliet Schor denuncia que o marketing parece querer seduzir a garotada com a trágica ideia de que as pessoas são o que possuem. Nos Estados Unidos, por exemplo, o consumo por parte das crianças entre 4 e 12 anos catapultou dos 6 bilhões de dólares em 1989 para mais de 30 bilhões de dólares em 2002. Em 2011, a despeito de toda a crise econômica por que passava essa nação, chegou a 170 bilhões de dólares.
>
> Nesse contexto, em que até os publicitários confessam que o objetivo é convencer *"alguém que não é ninguém de que ela é alguém especial"*, parece conveniente ponderar, quando se cogita da obrigação alimentar às crianças e aos adolescentes, que, dentro de limites que mudam de caso a caso, o mais pode ser menos e o menos pode ser mais. Em outras palavras, a pretexto de salvaguardar os direitos constitucionais desses indivíduos, não deve o intérprete dar guarida a essa cultura dita pós-moderna que está ampliando a maior de todas as dívidas que uma sociedade pode ter: a dívida axiológica.[221]

Logo, a interpretação do art. 1.694 do Código Civil pátrio adquire novos e mais adequados parâmetros quando se deixa informar pela incidência do princípio da sustentabilidade. Sem dúvida, o pensionamento continua tendo como referência a condição social do alimentado; contudo, essa condição social jamais poderá pautar necessidades que decorram de distorções acerca do processo educacional, no sentido mais amplo que essa expressão possa comportar.

Assim, quando a codificação, ao determinar como se deve fixar a verba alimentar, exige a ponderação da variável "condição social", "inclusive para atender às necessidades de sua educação", a melhor interpretação, à luz do princípio da sustentabilidade, recomenda, de outra parte, elevar a educação ao patamar de limite às possibilidades. Quer dizer: se, *prima facie*, é verdade que os alimentos devem ser proporcionais à condição social dos destinatários, não é menos verdadeiro, ao menos conforme uma adequada interpretação tópico-sistemática do fim último e geral do art. 227 da Constituição Federal de 1988, que o cálculo dos alimentos também deve resguardar crianças e adolescentes de descomedimentos que poderiam comprometer a sua melhor formação, muito embora o alimentante tenha capacidade financeira de custear.

---

221 PASQUALINI, Alexandre. Op. cit., p. 86-87.

Interessante ressaltar a posição da professora Marta Regina Furlan de Oliveira ao abordar a questão referente às crianças e às relações de consumo:

> Em outro momento da tese, buscamos analisar a formação do pensamento infantil, acreditando que, pelo processo de mediação do professor em sala de aula, é possível superar a lógica consumista, que enquadra, padroniza e reproduz os ideais do consumo. Buscamos investigar a infância sob essa ótica, em contramão à lógica do consumo, reconhecendo que o caminho para o aprimoramento da condição humana se faz na justa relação entre o sujeito e os seus processos de vida e de educação; daí a necessidade de uma mediação consciente e consistente do professor, permitindo que crianças avancem em suas leituras de mundo, em suas possibilidades de interpretação do que veem, ouvem, falam, fazem. Vimos, em parte, a possibilidade de pensar outra concepção de mundo, outra concepção da criança como sujeito da cultura e da história, enquanto um ser ativo e pensante, que elabora e reelabora conceitos a partir de experiências sociais.[222]

Evidencia-se, portanto, o papel da educação, que por certo se estende aos pais. Não menos relevante é destacar a seguinte exposição da autora antes mencionada, que guarda relação direta com o propósito do presente estudo:

> Desse modo, essas novas formas de organização do trabalho e produção na sociedade capitalista têm provocado maneiras diferenciadas sobre como os sujeitos são percebidos, categorizados e diferenciados. Essas mudanças sociais-econômicas aparecem implícitas em atitudes, comportamentos e nas mais diferentes teorias e práticas educativas.[223]

Assim, convivemos com um volume imensurável de informações disponíveis e uma incapacidade aparentemente insuperável de interpretação dos fenômenos. Marta Regina Furlan de Oliveira (op. cit., p. 2) remete às ideias de Mészáros, que afirma que somos capazes de explicar, mas não entendemos discursos sociais e econômicos. A autora destaca:

> O apelo contemporâneo é, portanto, para a busca incansável da satisfação humana, via produção e consumo. O sujeito (seja criança, adolescente, jovem, adulto, idoso) é responsável para consumir, valorizando a condição de ter e não de ser. A imagem, o belo, o fetiche é a garantia de status e prestígios; todavia perde-se a noção do ser, da educação para a vida, enquanto processo de emancipação, preservando de forma considerável a educação para a utilidade.
>
> No caso da criança, essa só se satisfaz se tiver o produto que é anunciado em propagandas. Só se sente satisfeita se possuir a roupa do super-homem, ou o computador

---

222 Disponível em: <http://www.ppe.uem.br/teses/2011%20-%20Marta_Furlan.pdf>. Acesso em: 20 set. 2012.

223 OLIVEIRA, Marta Regina Furlan de. O brincar na sociedade de consumo: em busca da superação da lógica de padronização e propriedade do brinquedo. *Revista Eletrônica de Educação*, ano I, n. 01, p. 1-14, ago./dez. 2007.

da Sandy e Junior; ou mais ainda, só brinca se for com brinquedos eletrônicos, industrializados e padronizados; "afinal, todos os amigos do grupo têm que ter o mesmo brinquedo".[224]

Assim, é desnecessário apontar que o incentivo à insaciabilidade e ao consumo exacerbado fere o princípio da sustentabilidade, pois afronta os direitos fundamentais de crianças e adolescentes, agredindo, inclusive, o Estatuto da Criança e do Adolescente (ECA) em seus arts. 3º, 4º e 15.

Disso decorre a necessária aplicação do princípio da sustentabilidade nas questões de família, com ênfase, no presente estudo, naquelas que se referem à fixação de verba alimentar em favor de crianças e adolescentes, restringindo-se as bases do pensionamento quando os valores incentivem a insaciabilidade e o consumo desmedido.

5.6. Conclusões

1. O estudo da sustentabilidade, conquanto tenha se valido de importantes instrumentos legais, só agora começa a revelar o seu amplo espectro de possibilidades e consequências no mundo jurídico.

2. A doutrina, em boa hora e com lucidez, soube reconhecer o *status* constitucional do princípio da sustentabilidade.

3. Esse notável avanço nas searas do Direito Constitucional e da Teoria Geral do Direito propiciou, ato contínuo, a franca incidência, no Direito brasileiro, desse princípio em vários ramos das ciências jurídicas, sobretudo no Direito Administrativo e no Direito Ambiental.

4. O sistema jurídico apresenta-se como uma rede hierarquizada e aberta de normas, princípios e valores, em que todos os fatos têm repercussão. Logo, mostra-se relevante investigar os eventuais efeitos benfazejos do princípio constitucional da sustentabilidade também no Direito de Família.

5. Uma das áreas em que tal investigação se afigura mais rica de consequências esclarecedoras é, talvez, em matéria alimentar, motivo pelo qual o presente estudo ousou provocar esse exame no âmbito das questões que envolvem crianças e adolescentes.

6. Verificou-se, então, que, em sede alimentar, nas relações entre pais e filhos menores de idade, a fixação da verba alimentar sempre se limitou ao exame do binômio necessidade-possibilidade, tendo, em

---

224 Disponível em: <http://web.unifil.br/docs/revista_eletronica/educacao/Artigo_03.pdf>. Acesso em: 20 set. 2012.

tempos mais recentes, acrescentado o horizonte da proporcionalidade, como um terceiro elemento ao lado da necessidade e da possibilidade.

7. Por conta do disposto no art. 1.694, § 1º, do atual Código Civil brasileiro, acrescentou-se aos parâmetros de fixação da verba alimentar o elemento "condição social" a moldar a pensão da criança e do adolescente.

8. A variável da "condição social", na maioria das vezes, tem como repercussão a majoração da verba alimentar, muito embora essa situação não seja absoluta.

9. O fator da "condição social" vem atuando, não raro, como potencializador do moderno fenômeno da insaciabilidade, do consumismo exacerbado, elementos que, materialmente, entram em choque com o princípio da sustentabilidade, hoje dotado de *status* constitucional.

10. A incidência do princípio da sustentabilidade no plano da fixação da verba alimentar para crianças e adolescentes é imprescindível como fator regulador no plano educacional do direito desses indivíduos, de modo a lhes garantir, nos termos do disposto no próprio ECA, a garantia de pleno e total desenvolvimento, bem como, acima de tudo, o direito ao futuro para eles próprios e para as próximas gerações.

6. O cumprimento de decisões que reconhecem créditos alimentares e o seu caráter finalístico: por um exame sistemático acerca da prisão civil por dívida alimentar

6.1. Introdução

A prisão civil por dívida no Brasil, como se sabe, é medida que foi admitida no sistema jurídico pátrio, através da Constituição Federal de 1988, apenas em situações excepcionais. Mais do que isso, pode-se afirmar que hoje a prisão civil por dívida apenas se faz potencialmente possível em caso de inadimplência de obrigação alimentar. O art. 5º, LXVII, da Constituição Federal de 1988, assim consignou:

> Art. 5º Todos são iguais perante a lei, sem distinção de qualquer natureza, garantindo-se aos brasileiros e aos estrangeiros residentes no País a inviolabilidade do direito à vida, à liberdade, à igualdade, à segurança e à propriedade, nos termos seguintes:
>
> [...]
>
> LXVII – não haverá prisão civil por dívida, salvo a do responsável pelo inadimplemento voluntário e inescusável de obrigação alimentícia e a do depositário infiel.

Ou seja, a Carta Magna negou expressamente a possibilidade de prisão civil por dívida, excetuando-se duas hipóteses, quais sejam: (1) depositário infiel e (2) inadimplemento voluntário e inescusável de obrigação alimentícia. Porém, o Supremo Tribunal Federal (STF), que dá a última palavra acerca da interpretação constitucional pátria, vem entendendo pela incompatibilidade da prisão do depositário infiel em relação às normas do sistema jurídico brasileiro.

Inicialmente, a posição de inconstitucionalidade da prisão civil do depositário infiel verificou-se em casos nos quais os temas em foco se referiam a situações de depositários contratuais, em especial nos contratos de alienação fiduciária.

PRISÃO CIVIL DO DEPOSITÁRIO INFIEL EM FACE DOS TRATADOS INTERNACIONAIS DE DIREITOS HUMANOS. INTERPRETAÇÃO DA PARTE FINAL DO INCISO LXVII DO ART. 5º DA CONSTITUIÇÃO BRASILEIRA DE 1988. POSIÇÃO HIERÁRQUICO-NORMATIVA DOS TRATADOS INTERNACIONAIS DE DIREITOS HUMANOS NO ORDENAMENTO JURÍDICO BRASILEIRO. Desde a adesão do Brasil, sem qualquer reserva, ao Pacto Internacional dos Direitos Civis e Políticos (art. 11) e à Convenção Americana sobre Direitos Humanos – Pacto de San José da Costa Rica (art. 7º, 7), ambos no ano de 1992, não há mais base legal para prisão civil do depositário infiel, pois o caráter especial desses diplomas internacionais sobre direitos humanos lhes reserva lugar específico no ordenamento jurídico, estando abaixo da Constituição, porém acima da legislação interna. O status normativo supralegal dos tratados internacionais de direitos humanos subscritos pelo Brasil torna inaplicável a legislação infraconstitucional com ele conflitante, seja ela anterior ou posterior ao ato de adesão. Assim ocorreu com o art. 1.287 do Código Civil de 1916 e com o Decreto-Lei n° 911/69, assim como em relação ao art. 652 do Novo Código Civil (Lei n° 10.406/2002). ALIENAÇÃO FIDUCIÁRIA EM GARANTIA. DECRETO-LEI N° 911/69. EQUIPAÇÃO DO DEVEDOR-FIDUCIANTE AO DEPOSITÁRIO. PRISÃO CIVIL DO DEVEDOR-FIDUCIANTE EM FACE DO PRINCÍPIO DA PROPORCIONALIDADE. A prisão civil do devedor-fiduciante no âmbito do contrato de alienação fiduciária em garantia viola o princípio da proporcionalidade, visto que: a) o ordenamento jurídico prevê outros meios processuais-executórios postos à disposição do credor-fiduciário para a garantia do crédito, de forma que a prisão civil, como medida extrema de coerção do devedor inadimplente, não passa no exame da proporcionalidade como proibição de excesso, em sua tríplice configuração: adequação, necessidade e proporcionalidade em sentido estrito; e b) o Decreto-Lei n° 911/69, ao instituir uma ficção jurídica, equiparando o devedor-fiduciante ao depositário, para todos os efeitos previstos nas leis civis e penais, criou uma figura atípica de depósito, transbordando os limites do conteúdo semântico da expressão "depositário infiel" insculpida no art. 5º, inciso LXVII, da Constituição e, dessa forma, desfigurando o instituto do depósito em sua conformação constitucional, o que perfaz a violação ao princípio da reserva legal proporcional. RECURSO EXTRAORDINÁRIO CONHECIDO E NÃO PROVIDO.[225]

Adiante, a mesma posição foi adotada nos casos de depositário judicial.

HABEAS CORPUS – PRISÃO CIVIL – DEPOSITÁRIO JUDICIAL – REVOGAÇÃO DA SÚMULA 619/STF – A QUESTÃO DA INFIDELIDADE DEPOSITÁRIA – CONVENÇÃO AMERICANA DE DIREITOS HUMANOS (ARTIGO 7º, n. 7) – NATUREZA CONSTITUCIONAL OU CARÁTER DE SUPRALEGALIDADE DOS TRATADOS INTERNACIONAIS DE DIREITOS HUMANOS? – PEDIDO DEFERIDO. ILEGITIMIDADE JURÍDICA DA DECRETAÇÃO DA PRISÃO CIVIL DO DEPOSITÁRIO INFIEL, AINDA QUE SE CUIDE DE DEPOSITÁRIO JUDICIAL. – Não mais subsiste, no sistema normativo brasileiro, a prisão civil por infidelidade depositária, independentemente da modalidade de depósito, trate-se de depósito voluntário (convencional) ou cuide-se de depósito necessário, como o é o depósito judicial. Precedentes. Revogação da Súmula 619/STF.

[225] RE 349.703/RS – Rio Grande do Sul, Relator: Ministro Carlos Britto, Julgamento: 03/12/2008, Órgão Julgador: Tribunal Pleno, Publicação DJe-104, Divulgação 04/06/2009, Publicação 05/06/2009, Ement Vol-02363-04, PP-00675.

TRATADOS INTERNACIONAIS DE DIREITOS HUMANOS: AS SUAS RELAÇÕES COM O DIREITO INTERNO BRASILEIRO E A QUESTÃO DE SUA POSIÇÃO HIERÁRQUICA. – A Convenção Americana sobre Direitos Humanos (art. 7º, n. 7). Caráter subordinante dos tratados internacionais em matéria de direitos humanos e o sistema de proteção dos direitos básicos da pessoa humana. – Relações entre o direito interno brasileiro e as convenções internacionais de direitos humanos (CF, art. 5º e §§ 2º e 3º). Precedentes. – Posição hierárquica dos tratados internacionais de direitos humanos no ordenamento positivo interno do Brasil: natureza constitucional ou caráter de supralegalidade? – Entendimento do Relator, Min. Celso de Mello, que atribui hierarquia constitucional às convenções internacionais em matéria de direitos humanos. A INTERPRETAÇÃO JUDICIAL COMO INSTRUMENTO DE MUTAÇÃO INFORMAL DA CONSTITUIÇÃO. – A questão dos processos informais de mutação constitucional e o papel do Poder Judiciário: a interpretação judicial como instrumento juridicamente idôneo de mudança informal da Constituição. A legitimidade da adequação, mediante interpretação do Poder Judiciário, da própria Constituição da República, se e quando imperioso compatibilizá-la, mediante exegese atualizadora, com as novas exigências, necessidades e transformações resultantes dos processos sociais, econômicos e políticos que caracterizam, em seus múltiplos e complexos aspectos, a sociedade contemporânea. HERMENÊUTICA E DIREITOS HUMANOS: A NORMA MAIS FAVORÁVEL COMO CRITÉRIO QUE DEVE REGER A INTERPRETAÇÃO DO PODER JUDICIÁRIO. – Os magistrados e tribunais, no exercício de sua atividade interpretativa, especialmente no âmbito dos tratados internacionais de direitos humanos, devem observar um princípio hermenêutico básico (tal como aquele proclamado no Artigo 29 da Convenção Americana de Direitos Humanos), consistente em atribuir primazia à norma que se revele mais favorável à pessoa humana, em ordem a dispensar-lhe a mais ampla proteção jurídica. – O Poder Judiciário, nesse processo hermenêutico que prestigia o critério da norma mais favorável (que tanto pode ser aquela prevista no tratado internacional como a que se acha positivada no próprio direito interno do Estado), deverá extrair a máxima eficácia das declarações internacionais e das proclamações constitucionais de direitos, como forma de viabilizar o acesso dos indivíduos e dos grupos sociais, notadamente os mais vulneráveis, a sistemas institucionalizados de proteção aos direitos fundamentais da pessoa humana, sob pena de a liberdade, a tolerância e o respeito à alteridade humana tornarem-se palavras vãs. – Aplicação, ao caso, do Artigo 7º, n. 7, c/c o Artigo 29, ambos da Convenção Americana de Direitos Humanos (Pacto de San José da Costa Rica): um caso típico de primazia da regra mais favorável à proteção efetiva do ser humano.[226]

Diante desse posicionamento da Corte Suprema, a única hipótese de prisão civil por dívida que passou a ser admitida como constitucional no Brasil foi a do devedor de alimentos. Assim, não é demasia afirmar que prisão civil por dívida no Brasil é medida que deve ser avaliada com olhos mais atentos e com maior rigor. Nesse contexto, impera que seja efetuado tal exame.

[226] HC 96.772/SP – São Paulo, *Habeas Corpus*, Relator: Ministro Celso de Mello, Julgamento: 09/06/2009, Órgão Julgador: Segunda Turma, Publicação, DJe-157, Divulgação 20/08/2009, Publicação 21/08/2009, Ement Vol-02370-04, PP-00811, RTJ Vol-00218, PP-00327, RT v. 98, n. 889, p. 173-183, 2009.

Diante do disposto pela Lei nº 11.232 de 2005, aqueles que eram denominados processos de execução de sentença passaram a se dar pela forma de cumprimento de sentença e, adiante, isso foi ratificado pelo disposto no art. 528 e seguintes da Lei 13.105/2015 – o novo CPC; com isso, restou superada a anterior discussão acerca da utilização do cumprimento de sentença ou da execução de sentença, quando da questão alimentar. Desse modo, a análise sistemática do cumprimento de decisões que reconhecem créditos alimentares e da prisão civil prevista no art. 528 e parágrafos do Código de Processo Civil se dá em sede de cumprimento de sentença e com base na nova legislação processual.

6.2. A prisão civil por inadimplência de obrigação alimentar: art. 528 e parágrafos do Código de Processo Civil e Súmula 309 do Superior Tribunal de Justiça

A prisão civil por dívida alimentar está prevista no art. 528 e parágrafos do Código de Processo Civil nos seguintes termos:

> Art. 528.
>
> No cumprimento de sentença que condene ao pagamento de prestação alimentícia ou de decisão interlocutória que fixe alimentos, o juiz, a requerimento do exequente, mandará intimar o executado pessoalmente para, em 3 (três) dias, pagar o débito, provar que o fez ou justificar a impossibilidade de efetuá-lo.
>
> § 1º Caso o executado, no prazo referido no caput, não efetue o pagamento, não prove que o efetuou ou não apresente justificativa da impossibilidade de efetuá-lo, o juiz mandará protestar o pronunciamento judicial, aplicando-se, no que couber, o disposto no art. 517.
>
> § 2º Somente a comprovação de fato que gere a impossibilidade absoluta de pagar justificará o inadimplemento.
>
> § 3º Se o executado não pagar ou se a justificativa apresentada não for aceita, o juiz, além de mandar protestar o pronunciamento judicial na forma do § 1º, decretar-lhe-á a prisão pelo prazo de 1 (um) a 3 (três) meses.

A doutrina, na análise do artigo em tela, alcançou a conclusão de que, havendo a inadimplência alimentar, admite-se a incidência do art. 528 do Código de Processo Civil, mediante a iniciativa da parte que opte pelo rito previsto nesse dispositivo de lei. Caso não seja essa a vontade do credor de alimentos, pode optar pela execução prevista no art. 528, § 8º, do mesmo diploma processual.

> § 8º O exequente pode optar por promover o cumprimento da sentença ou decisão desde logo, nos termos do disposto neste Livro, Título II, Capítulo III, caso em que não será admissível a prisão do executado, e, recaindo a penhora em dinheiro, a conces-

são de efeito suspensivo à impugnação não obsta a que o exequente levante mensalmente a importância da prestação.

A doutrina já se posicionava nesse sentido, antes mesmo da nova legislação processual:

> Sendo inviável qualquer dessas modalidades de pagamento, cabe ao credor, a depender do título executivo de que dispõe, buscar o cumprimento de sentença, a execução pelo rito da prisão ou a execução de título executivo extrajudicial. A eleição do meio executório é prerrogativa do credor, não podendo, o devedor, pretender a transformação de um procedimento em outro.[227]

Portanto, a opção pelos ritos da coerção por prisão ou da expropriação, facultados pelo diploma processual civil, é do credor de alimentos. Também é de ressaltar que a regra constante no *caput* do art. 528 do CPC, no sentido de que o cumprimento de decisão, sob pena de prisão civil, pode ocorrer em face de fixação de alimentos em sede de alimentos provisionais ou provisórios, além dos definitivos, já era consagrada na jurisprudência.

> *HABEAS CORPUS*. EXECUÇÃO DE ALIMENTOS. DÉBITO ALIMENTAR. ILEGALIDADE NO DECRETO PRISIONAL. A norma contida no art. 733 do Código de Processo Civil se aplica tanto aos alimentos definitivos como aos provisórios. Existindo o débito alimentar e não comprovado o pagamento integral da dívida, não há qualquer abuso ou ilegalidade na decisão que decretou a prisão civil do devedor de alimentos. Alusão à inviabilidade prática de cumprimento da segregação em regime aberto, dada a inexistência de estabelecimento prisional na Comarca, que não inviabiliza o decreto prisional, tendo em vista a possibilidade de que a segregação se dê em local diverso, devendo o executado arcar com tal ônus. ORDEM DE *HABEAS CORPUS* DENEGADA.[228]

Logo, uma vez fixada obrigação alimentar, seja em sede de alimentos provisionais, seja em sede de alimentos provisórios,[229] hábil é a postulação de cumprimento da decisão, sob pena de coerção pessoal.

Nesse sentido, pode-se dizer resumidamente que, havendo a fixação de obrigação alimentar, tanto de forma provisória quanto definitiva, caberá ao credor, em se tratando de inadimplência por parte do

[227] DIAS, Maria Berenice. *Manual de direito das famílias*. 8.ed. São Paulo: Revista dos Tribunais, 2012, p. 574.

[228] *Habeas Corpus* nº 70.034.661.124, Sétima Câmara Cível, Tribunal de Justiça do RS, Relator: André Luiz Planella Villarinho, Julgado em 10/03/2010.

[229] Cabe ressaltar que não se deixa de reconhecer que parte da doutrina entende que não há que se buscar maior diferenciação entre alimentos provisórios e provisionais. Nesse sentido, ver PEREIRA, Sérgio Gischow. *Ação de alimentos*. 3.ed. São Paulo: Sergio Antonio Fabris Editor, p. 49: "4 – Se o procedimento seguido for o da Lei nº 5.478, a hipótese é de alimentos ditos provisórios, conforme o artigo quarto daquele diploma legal. Se for o ordinário, é a de alimentos provisionais, como ação cautelar típica, preceituada nos artigos 852 e 854 do CPC. A diferenciação entre as duas espécies é apenas terminológica e procedimental; em essência, em substância, são idênticas, significam o mesmo instituto, a saber, prestações destinadas a assegurar ao litigante necessitado os meios para se manter na pendência da lide".

devedor, optar por requerer o cumprimento da decisão, sob pena de coerção pessoal ou patrimonial, consoante sua melhor conveniência. Deve-se acrescentar, porém, que o art. 528 do CPC, em seu § 7º, repete os termos da Súmula 309 do Superior Tribunal de Justiça, que delimitou que somente podem ser objeto de postulação de cumprimento de decisão, sob pena de coerção pessoal, aquelas prestações tidas como presentes, quais sejam: as três prestações anteriores ao ajuizamento da execução, hoje, de cumprimento de sentença.

> Súmula 309: O débito alimentar que autoriza prisão civil do alimentante é o que compreende as três prestações anteriores ao ajuizamento da execução e as que se vencerem no curso do processo.

Parágrafo 7º do art. 528 do CPC:

> § 7º O débito alimentar que autoriza a prisão civil do alimentante é o que compreende até as 3 (três) prestações anteriores ao ajuizamento da execução e as que se vencerem no curso do processo.

Ou seja, em princípio, seja por força de posição jurisprudencial, seja, agora, por conta de regra processual, esse é o limite da possibilidade de requerimento de cumprimento de decisão de cunho alimentar sob pena de coerção pessoal. O fundamento acerca dessa limitação da possibilidade de coerção pessoal para pagamento de alimentos vencidos – que, seguramente, embasou a própria nova regra processual – é a distinção havida entre alimentos presentes ou atuais e alimentos pretéritos. Observe-se a decisão que segue:

> *HABEAS CORPUS*. PRISÃO CIVIL. DÉBITO ALIMENTAR. ALEGAÇÃO DE DESEMPREGO, DOAÇÃO DE IMÓVEL E TENTATIVA DE ACORDO EXTRAJUDICIAL. QUESTÕES INVIÁVEIS NA VIA ESTREITA DO WRIT. AUSÊNCIA DE ILEGALIDADE NA DECISÃO PROFERIDA PELO TRIBUNAL DE ORIGEM. MAIORIDADE DO ALIMENTANDO. EXONERAÇÃO AUTOMÁTICA. INOCORRÊNCIA. DÉBITOS COBRADOS DE ACORDO COM A SÚMULA 309 DESTA CORTE, COM EXCEÇÃO DOS MESES DE JUNHO E JULHO DE 2003. ORDEM PARCIALMENTE CONCEDIDA, COM RECOMENDAÇÃO.
>
> 1. De acordo com a orientação desta Corte, para o paciente se livrar da prisão, deve pagar a totalidade das três parcelas anteriores à citação, bem como as que vencerem no curso do processo, até o efetivo pagamento, quando, então, finda-se aquela execução.
>
> 2. As alegações lançadas pelo impetrante de desemprego, doação de imóvel ao alimentante e tentativa de acordo extrajudicial não são o bastante para demonstrar qualquer ilegalidade ou para eximir o paciente do pagamento dos alimentos. Ainda, tais argumentos não devem ser apreciados em sede de habeas corpus, tendo esta Corte já se firmado no sentido de não se examinarem fatos controvertidos ou complexos no âmbito deste remédio constitucional. Precedentes do STJ.
>
> 3. É entendimento desta Corte Superior no sentido de que cabe às instâncias ordinárias aferir a necessidade da continuidade da obrigação alimentar, não sendo a maioridade, por si só, critério de cessação que se dê automaticamente.

4. Os débitos cobrados, com exceção dos referentes aos meses de junho e julho de 2003, são atuais e não pretéritos, de acordo com a Súmula 309 do STJ.

5. Ordem parcialmente concedida, com recomendação ao juízo primevo.[230]

Assim, denota-se que a jurisprudência adotou o entendimento de que os alimentos atuais são aqueles que representam os três últimos meses anteriores ao ajuizamento da ação que visa ao cumprimento da decisão que fixou a verba alimentar.

Cumpre destacar que se trata de entendimento no mínimo discutível, pelo fato de abordar a questão de maneira abstrata, desprezando a necessária análise tópica. A atualidade dos alimentos é apreciada em face da necessidade premente de recebimento dos valores por parte do credor alimentar, e não se pode desprezar o fato de que, em dadas circunstâncias, determinadas até mesmo por problemas de saúde, situações atípicas ou emergenciais, a característica da atualidade não deve ser estendida para prazo maior. Como tal questão não é o exato objeto deste ensaio, não nos alongaremos nesse debate, consignando-se apenas a presente observação.

6.3. As hipóteses legais de defesa, o esvaziamento das hipóteses legais de defesa por parte da jurisprudência e a necessidade de exame à luz dos direitos fundamentais

O Código de Processo Civil, ao mesmo tempo em que autorizou cumprimento de sentença – decisão – de alimentos sob pena de prisão civil, criou hipóteses de defesa por parte do devedor, de modo que ele possa elidir a gravosa pena de coerção pessoal. Do art. 528 e §§ 1° e 2°, assim se verifica:

Art. 528. No cumprimento de sentença que condene ao pagamento de prestação alimentícia ou de decisão interlocutória que fixe alimentos, o juiz, a requerimento do exequente, mandará intimar o executado pessoalmente para, em 3 (três) dias, pagar o débito, provar que o fez ou justificar a impossibilidade de efetuá-lo.

§ 1º Caso o executado, no prazo referido no caput, não efetue o pagamento, não prove que o efetuou ou não apresente justificativa da impossibilidade de efetuá-lo, o juiz mandará protestar o pronunciamento judicial, aplicando-se, no que couber, o disposto no art. 517.

§ 2º Somente a comprovação de fato que gere a impossibilidade absoluta de pagar justificará o inadimplemento.

---

230 HC 77.839/SP – São Paulo, *Habeas Corpus* 2007/0042767-3, Ministro Hélio Quaglia Barbosa, Quarta Turma do STJ, Julgado em 09/10/2007, DJe 17/03/2008, LEXSTJ, vol. 224, p. 34, RSSTJ, vol. 31, p. 346.

Desse modo, elencou como hipótese de defesa do pedido de execução de alimentos sob pena de prisão: (1) pagar o débito, (2) provar que já pagou o débito alegado pelo credor ou (3) justificar a impossibilidade de adimplir. Entretanto, verifica-se que o devedor de alimentos é exageradamente sacrificado nessas hipóteses de defesa, no que diz respeito ao plano da execução de alimentos sob pena de prisão, em manifesta violação aos direitos fundamentais.

No caso do pagamento do débito, há uma rigidez extrema, que foge daqueles que são ditames básicos, elementares, de uma nova postura da civilística contemporânea. Há, de maneira evidente, em parte expressiva da jurisprudência, um posicionamento interpretativo formal acerca da Súmula 309 do Superior Tribunal de Justiça, não admitindo a defesa do executado, mediante alegação e prova de pagamento parcial do débito alimentar. Esse posicionamento esvazia em grande medida as duas primeiras hipóteses de defesa já mencionadas.

Importa destacar que não se está referindo que qualquer pagamento parcial de débito deva inibir o decreto de prisão civil por falta de pagamento de verba alimentar. De início, o que se está expondo é que não se pode deixar de apreciar topicamente os reflexos desse pagamento parcial no caso em exame.

Contudo, em regra, isso não vem ocorrendo e é bastante provável que, em face da nova regra processual, haja uma maior resistência a isso. Mediante uma abordagem formal das regras processuais e da própria súmula antes transcrita, o juízo de decreto de prisão civil, quando da análise de valores pagos pelo executado, resume-se à análise do "fechamento de contas", posicionamento que não pode vingar.

Observe-se que o Direito Civil contemporâneo desde muito já consagrou conceito autônomo e efeitos relevantes no plano do adimplemento substancial. Assim explicita a doutrina acerca do tema:

> Se a fase da execução obrigacional for dividida em apenas dois campos estanques – o do adimplemento e do inadimplemento –, toda vez que o princípio da pontualidade não for observado, estar-se-á perante um caso de inadimplemento, o que inevitavelmente conduziria a um conjunto de efeitos, seja para a obrigação [...], seja para o contrato [...]. Contudo, uma separação absoluta entre esses campos não é aceitável, pois não leva em conta os diversos matizes que o inadimplemento pode apresentar. Uma prestação pode ser completamente inadimplida, como pode ser parcialmente, como pode ser *substancialmente adimplida*, como ocorreria, por exemplo, se, de cinqüenta parcelas que compunham o preço, quarenta e nove delas fossem corretamente pagas.[231]

[231] SILVA, Jorge Cesa Ferreira da. *Adimplemento e extinção das obrigações*. Vol. 6. São Paulo: Revista dos Tribunais, 2006, p. 127-128.

Portanto, sempre que se está procedendo a um exame em sede de adimplemento, como bem apontado na doutrina citada, não se pode trabalhar rigidamente apenas com o conceito de adimplemento e inadimplemento. Há um caminho interpretativo a ser seguido, pois impera um olhar tópico que vai delinear os efeitos decorrentes de um adimplemento parcial, sobretudo quando substancial, que seguramente podem, e inclusive devem, ser diversos dos efeitos decorrentes de um adimplemento integral. Nesse sentido, segue a doutrina:

> Sobre as situações em que a prestação é substancialmente realizada, não seria correto afirmar que o devedor teria adimplido sua obrigação, mas, ao mesmo tempo, não seria justo aceitar que todos os efeitos do inadimplemento se fizessem aplicáveis, sobretudo aqueles que atingem o contrato [...].[232]

A questão posta é saber como se procede à análise do caráter substancial do adimplemento. Ou seja, quando haverá o adimplemento substancial a fim de verificar seus efeitos, levando-se em consideração, é claro, as especificidades do Direito de Família. A doutrina está ciente disso:

> O problema maior que a noção de adimplemento substancial suscita encontra-se no *quantum* de adimplemento que pode ser tido por substancial. A resposta, porém, só pode ser dada a partir das circunstâncias do caso concreto, notadamente do efeito especificamente posto em questão.[233]

É justamente a falta de exame de caso concreto e, como consequência disso, a possibilidade de verificação da relação adimplemento parcial/substancial-efeitos dele decorrentes o que hoje esvazia a defesa do executado por dívida alimentar nas duas primeiras hipóteses autorizadas pela regra processual civil. A realidade é que a teoria do adimplemento substancial aplica-se ao Direito de Família, em sede de execução de alimentos, sob pena de coerção pessoal, desde que com as adaptações pertinentes.

Como já se destacou, a Súmula 309 do Superior Tribunal de Justiça foi editada tendo como fundamento material o exame da atualidade ou não das verbas alimentares, dado que as verbas atuais têm cunho emergencial, enquanto as pretéritas assumem um contexto indenizatório. Mais do que isso, as verbas atuais representam a necessidade imediata do credor, ou seja, a tutela de sua dignidade como pessoa humana.

Por conta dessas premissas, sempre que um adimplemento parcial de obrigação alimentar for suficiente para inibir as necessidades imediatas do credor (caráter emergencial) e, assim, não violar a

[232] SILVA, Jorge Cesa Ferreira da. Op. cit., p. 128.

[233] Idem, ibidem, p. 130.

sua dignidade como pessoa humana, pode-se afirmar que ele é um adimplemento substancial. E, sendo um adimplemento considerado substancial, os efeitos dele decorrentes devem ser diversos dos efeitos decorrentes do inadimplemento ou do adimplemento que não adquire essa caracterização de substancialidade. Trata-se da incidência do princípio da proporcionalidade. Eis a doutrina acerca do tema:

> Como acima referido, a aplicação do Princípio da Proporcionalidade na solução de um caso concreto se dá pela verificação, na espécie, da presença de três elementos essenciais: a *adequação* dos meios utilizados pelo legislador na consecução dos fins pretendidos; a *necessidade* da utilização daqueles meios (e de nenhum outro, menos gravoso, em seu lugar); e a efetiva *razoabilidade* da medida (proporcionalidade em sentido estrito), aferida por meio de uma "rigorosa ponderação entre o significado da intervenção para o atingido e os objetivos perseguidos pelo legislador".[234]

Em caso de prisão civil por dívida alimentar, como se sabe, trata-se de medida excepcional no sistema jurídico pátrio, que é respaldada pelo princípio da dignidade da pessoa humana. Essa medida excepcional somente se justifica quando não se vislumbrarem outros meios de garantir a dignidade do credor de alimentos, ou seja, a incidência do princípio da proporcionalidade pode não justificar a pena de prisão.

Além disso, não se pode deixar de registrar que tal medida contrapõe-se a outra norma que tem *status* de direito fundamental no sistema jurídico brasileiro e, por conseguinte, de densificador da própria dignidade da pessoa humana: trata-se do direito à liberdade. Logo, observa-se a necessidade de tratar da aparente antinomia que pode surgir entre *dignidade* (do credor) e *liberdade* (do devedor), o que se faz por meio da interpretação tópica e sistemática. Em se tratando de colisão de direitos fundamentais, a doutrina orienta como deve agir o intérprete:

> A colisão de direitos fundamentais, *in concreto*, tem de ser solucionada com interpretação constitucional, princípio da proporcionalidade e fundamentação mediante argumentação jusfundamental.[235]

Quando o julgador decreta a prisão, havendo adimplemento substancial da obrigação alimentar, isto é, estando atendidas as necessidades imediatas do credor, ele se equivoca, pois exclui a tutela da liberdade do devedor sem que se esteja tutelando, na essência, a dignidade do credor. Portanto, a ilegalidade da decretação de prisão afronta a direito fundamental. Nesse caso, deve o julgador reconhecer

---

[234] BUECHELE, Paulo Arminio Tavares. *O princípio da proporcionalidade e a interpretação da Constituição*. Rio de Janeiro: Renovar, 1999, p. 124.

[235] STEINMETZ, Wilson Antônio. *Colisão de direitos fundamentais e princípio da proporcionalidade*. Porto Alegre: Livraria do Advogado, 2001, p. 216.

o adimplemento substancial e, com base nisso, indeferir o pedido de prisão por dívida alimentar, relegando a cobrança do saldo devido pela via do disposto no § 8º do art. 528 do Código de Processo Civil.

A realidade é que, quando não age assim, o juízo está esvaziando as duas primeiras hipóteses de defesa ao pedido de prisão por dívida alimentar, quais sejam: (1) pagar o débito e (2) provar que já pagou o débito alegado pelo credor. Restaria, então, a terceira hipótese, isto é, justificar a impossibilidade de adimplir. Nesse tocante, a situação é mais grave do que nas anteriores.

Aquele devedor de alimentos que vem pagando o pensionamento, ainda que em parte, seguramente possui uma condição financeira no mínimo razoável. Entretanto, por vezes, em face de determinadas situações da vida, a condição financeira desce um verdadeiro abismo. Nessa última situação, não é demasia afirmar que, atualmente, nada é suficiente para convencer os nossos tribunais acerca da impossibilidade de adimplemento do pensionamento alimentar.

Há vários exemplos que ratificam tal situação. Verifica-se na jurisprudência pátria o exame das mais diversas argumentações, por parte de devedores, acerca de justificativas para o inadimplemento havido. E o resultado nos pretórios pátrios tem sido de total rejeição a todos esses argumentos. Observe-se a jurisprudência em caso no qual a justificativa era o desemprego:

> FAMÍLIA E PROCESSUAL CIVIL. EXECUÇÃO DE ALIMENTOS. RITO PREVISTO NO ART. 733 DO CPC. JUSTIFICATIVA APRESENTADA PELO DEVEDOR. ALEGAÇÃO DE DESEMPREGO. REJEIÇÃO. PRISÃO CIVIL. POSSIBILIDADE. – Na execução de alimentos proposta com fulcro no artigo 733 do CPC, a prisão civil atua como de eficácia da provisão jurisdicional, pelo que mitigá-la equivale, *maxima venia*, a reduzir a maior garantia eficaz do crédito do alimentando, prevista em lei. – A alegação de desemprego não se mostra suficiente para eximir o devedor do encargo alimentar e impedir a decretação da sua prisão civil, em execução de alimentos pelo rito do art. 733 do CPC.[236]

Nesse caso, além de argumento de desemprego, ainda se verificou inadimplência parcial:

> AGRAVO DE INSTRUMENTO – EXECUÇÃO DE ALIMENTOS – INADIMPLÊNCIA PARCIAL – JUSTIFICATIVA: DESEMPREGO – PRISÃO CIVIL – POSSIBILIDADE – RITO DO ART. 733. RECURSO DESPROVIDO. – Deixando o agravante de efetuar o pagamento das prestações alimentícias, ainda que parcialmente, ao argumento de estar desempregado e sem condições financeiras suficientes, ausente qualquer prova robusta ou justificativa plausível da sua incapacidade permanente para arcar com a obrigação alimentícia, impõe-se o decreto de prisão. – Sendo a dívida alimentícia re-

[236] Agravo de Instrumento 1.0686.08.220878-2/001, TJMG, Oitava Câmara Cível, Relator: Des. Fernando Botelho, Julgado em 13/08/2009, Publicado em 13/04/2010.

cente e exigível, a execução deverá ser feita de acordo com o disposto no art. 733 do CPC. – Recurso desprovido.[237]

Portanto, o desemprego não é acolhido como fundamento para a justificativa a falta do cumprimento integral ou parcial da obrigação alimentar. Na ementa acima transcrita, ainda resta imposto ao devedor o ônus de produzir prova negativa de que não aufere outra renda, mediante atividade informal, uma prova impossível de ser produzida. Afora o fato de que, em regra, os juízes de primeira instância sequer abrem instrução efetiva em casos de requerimentos formulados por devedores de alimentos em sede de justificativa.

EXECUÇÃO DE ALIMENTOS. PRISÃO CIVIL. CERCEAMENTO DE DEFESA. JUSTIFICATIVA: PRESTAÇÕES SEM CARÁTER ALIMENTAR. ASSISTÊNCIA JUDICIÁRIA GRATUITA. 1. Não se verifica cerceamento de defesa quando o devedor, intimado para pagar, comprovar o pagamento feito, se for o caso, ou justificar a impossibilidade de cumprir com a sua obrigação, deixa de fazer a prova que lhe incumbia pretende produção de provas, como se de feito ordinário se tratasse. A natureza do feito não comporta larga dilação probatória e os elementos de convicção devem acompanhar a justificativa. 2. Inexiste ilegalidade no decreto prisional quando o devedor não paga e a justificativa não se mostra satisfatória quanto impossibilidade momentânea e absoluta de pagar os alimentos. 3. Não devem ser abatidas do débito as liberalidades feitas em favor dos filhos, considerando-se como tais as despesas de caráter suplementar e não essenciais aos filhos. 4. Indemonstrada a condição de pobreza, descabe concessão da assistência judiciária gratuita. Prefacial rejeitada. Recurso desprovido.[238]

No entanto, existem outros exemplos além da questão do desemprego. A jurisprudência consagrou entendimento no sentido de que somente provada situação de força maior – e desemprego, aos olhos dos julgadores, não é motivo de força maior – será possível evitar o decreto prisional.

AGRAVO DE INSTRUMENTO. EXECUÇÃO DE ALIMENTOS. ART. 733, CPC. JUSTIFICATIVA: DESEMPREGO. 1. A situação de desemprego, por si, não tem o condão de revogar a ordem de prisão. O acolhimento de justificativa em ação de execução de alimentos sob a modalidade coercitiva deve ocorrer somente em casos extremos, nos quais a obrigação não é atendida por motivo de força maior. 2. A prisão civil não impede o devedor de alimentos de procurar emprego ou realizar serviços sem vínculo empregatício, pois, em consonância com a recomendação da Egrégia Corregedoria-Geral de Justiça, através do Ofício Circular nº 59/99, de 6/8/99, a prisão civil deve ser cumprida, preferencialmente, em regime aberto, possibilitando que exerça atividade remunerada, de modo a auferir recursos para o pagamento da pensão alimentícia, bem como para o atendimento de suas despesas mensais. 3. O fato de ter sido celebrado acordo em ação revisional de alimentos, minorando o valor da pensão, reflexo algum

[237] Agravo de Instrumento 1.0024.08.200312-0/001, TJMG, Primeira Câmara Cível, Relator: Des. Eduardo Andrade, Julgado em 07/04/2009, Publicado em 15/05/2009.

[238] Agravo de Instrumento Nº 70.002.646.453, Sétima Câmara Cível, Tribunal de Justiça do RS, Relator: Sérgio Fernando de Vasconcellos Chaves, Julgado em 15/08/2001.

traz ao débito já consolidado, em face do efeito *ex nunc* da decisão que homologa referido acordo. Ademais, no caso em exame, restou consignado na ata de audiência que o "acordo não abrange o débito alimentar que está sendo discutido na execução de alimentos". 4. A alegação de que a pensão paga aos exeqüentes é suficiente para sua mantença, considerando a capacidade financeira da genitora, é totalmente descabida nesta sede, visto que o feito executivo não é a via própria para discutir o valor dos alimentos. NEGARAM PROVIMENTO. UNÂNIME.[239]

Entretanto, conforme a dicção da regra do art. 528 do Código de Processo Civil, bem como a interpretação da referida regra no contexto do sistema jurídico pátrio como totalidade axiológica, jamais se poderá reduzir a justificativa para o acolhimento de justificativas que visam a inibir pena de prisão somente em casos de força maior.

A prisão civil por dívida alimentar é uma medida excepcional, inédita do sistema constitucional brasileiro, e, como tal, não deve ser decretada indiscriminadamente. Assim, verifica-se nos pretórios uma postura de verdadeiro esvaziamento dos mecanismos de defesa do devedor de alimentos, mediante análise da Súmula 309 do Superior Tribunal de Justiça e do disposto na própria regra do art. 528 do Código de Processo Civil.

6.4. Dos alimentos pretéritos, das garantias constitucionais e da finalidade da execução de alimentos por coação pessoal: a nova concepção baseada em decisão do Superior Tribunal de Justiça *x* § 7° do art. 528 do CPC

Não obstante a posição de excessivo rigor por parte dos tribunais estaduais acerca da decretação de prisão civil por dívida alimentar, bem como do próprio novo regramento processual que ratificou a Súmula 309 do STJ, ainda que no plano formal, verifica-se no Superior Tribunal de Justiça uma nova concepção atinente ao tema. Nesse sentido, recentes decisões da Corte Superior vêm ditando novos rumos ao tema, mediante uma análise que se baseia nas próprias premissas conceituais e principiológicas antes adotadas, bem como apoiadas na interpretação teleológica.

No *Habeas Corpus* n° 219.109/RJ, assim restou ementada decisão que resolveu pela concessão da ordem, levantando o decreto de prisão:

HABEAS CORPUS. EXECUÇÃO DE ALIMENTOS. PRISÃO CIVIL. DESCONTOS EM FOLHA DE PAGAMENTO. PATRIMÔNIO DO DEVEDOR SUFICIENTE PARA QUI-

[239] Agravo de Instrumento n° 70.040.062.168, Oitava Câmara Cível, Tribunal de Justiça do RS, Relator: Luiz Felipe Brasil Santos, Julgado em 31/03/2011.

TAR O SALDO REMANESCENTE VIA EXPROPRIAÇÃO. MEDIDA EXTREMA QUE NÃO SE MOSTRA RAZOÁVEL NO CASO. LIMINAR CONFIRMADA. ORDEM CONCEDIDA.[240]

Interessa analisar os fundamentos do voto do eminente Ministro-Relator:

> Eminentes colegas, mostra-se desnecessária, no presente caso, a decretação da medida extrema da prisão civil por dívida alimentar pendente. Não é hipótese de aplicação da Súmula 309 desta Corte, pois a ação de execução, pelo rito do art. 733 do CPC, foi iniciada em 09 de outubro de 2003, correspondendo às prestações alimentares vencidas entre maio e julho de 2003. Ocorre que a prisão civil somente foi decretada em 03 de março de 2011, em audiência, em face do reconhecimento da omissão contumaz do paciente em adimplir a sua obrigação alimentar. A documentação colacionada, porém, aos presentes autos eletrônicos não corrobora essa forte afirmação. Constata-se, inicialmente, nos documentos que acompanham o presente habeas corpus, em especial os demonstrativos de pagamento do Governo do Estado de Pernambuco ao paciente, a realização de descontos em folha de pagamento relativos à pensão alimentícia, no valor de R$ 1.275,00, referente ao mês de maio do ano de 2010, bem como no valor de R$ 1.362,50, referente ao mês de julho do ano passado (2011). Ainda, nas alegações vertidas no writ, disse o impetrante ter o paciente pago o valor de R$ 169.775,00 (cento e sessenta e nove mil setecentos e setenta e cinco reais), ou seja, 85% do crédito executado pelo rito do artigo 733 do Código de Processo Civil, R$ 197.958, 20 (cento e noventa e sete mil reais e novecentos e cinquenta e oito e vinte centavos). Percebe-se, assim, que o paciente vem pagando há mais de um ano, regularmente, via descontos em folha, os alimentos de que é devedor, o que retira, de certa forma, a urgência da coação prisional. O artigo 734 do Código de Processo Civil, além de se apresentar como mecanismo eficaz, rápido e pouco dispendioso, é garantia patrimonial do crédito alimentar, que se presta a repelir, via de regra, a medida extrema da coerção pessoal, pois ausente necessidade de um socorro imediato e urgente aos alimentos que vêm sendo descontados da folha de pagamento. Das informações prestadas pelo Tribunal de origem, destacam-se alguns dados importantes. Primeiro, execução alimentar fora promovida nos idos de 2004, com um valor inicial de aproximadamente R$ 7.000 (sete mil reais), tendo sido parcialmente quitada uma dívida que alcançou cerca de R$ 197.958, 20 (cento e noventa e sete mil reais e novecentos e cinquenta e oito e vinte centavos). Segundo, no processo executivo, houve a realização de duas audiências, sendo que, na primeira, em setembro/2010, ocorrera a adjudicação de um veículo de propriedade do impetrante em favor do paciente (e-STJ Fl. 96). Na segunda audiência, houve pedido de avaliação de imóvel penhorado, bem como de encaminhamento dos bens móveis penhorados a leilão, momento em que, por não comparecimento do impetrante, fora-lhe decretada a prisão aqui impugnada (e-STJ Fl. 97). Desses fatos apontados nas informações, denota-se que os credores vêm recebendo regularmente, há mais de um ano, o seu crédito alimentar, via desconto em folha de pagamento do devedor, restando em aberto um saldo de menos de 20% de dívida quitada com entrega de um veículo e garantida por um imóvel penhorado, além de outros bens que estariam prestes a serem expropriados. Percebe-se, também, das informações

[240] HC 219.109/RJ – Rio de Janeiro, *HABEAS CORPUS* 2011/0223939-7, Relator: Ministro Paulo de Tarso Sanseverino, Terceira Turma do STJ, Julgado em 13/03/2012, DJe 22/03/2012.

prestadas pelo Tribunal de origem, que os credores passaram a se utilizar, dentro do procedimento ditado pelo artigo 733 do CPC, [de] atos expropriatórios típicos do rito do artigo 732 do CPC, tais como a penhora de bens, a adjudicação e o leilão, o que, embora não seja dado, indica a possibilidade da busca do saldo devedor remanescente por via menos gravosa ao devedor. Tenho que, na hipótese dos autos, o uso da medida coercitiva distancia-se do fundamento jurídico e teleológico da prisão civil, qual seja, coação e não punição, uma vez que o impetrante vem pagando mediante desconto em folha os alimentos regularmente há mais de ano, além de demonstrar claramente a possibilidade de quitação do débito via expropriação patrimonial, devendo seguir a busca do débito remanescente pelo rito do artigo 732 do Código de Processo Civil. Extrai-se da doutrina que "a decretação da prisão deve fundar-se na necessidade de socorro urgente e de subsistência" (CAHALI), requisitos esses não preenchidos pelo quadro fático apresentado, não se mostrando razoável o uso da medida de exceção, que serviria tão somente como meio de punição pelo débito pendente relativo ao inadimplemento passado das prestações alimentares, e não como meio de coação ao pagamento (finalidade estatuída por lei). Outrossim, a prisão do impetrante tão somente prejudicaria a manutenção dos pagamentos regulares e atuais que vem-se dando mediante desconto em seu contracheque, indo de encontro com a pretensão alimentar do paciente. Essas peculiaridades não permitem reconhecer a regularidade da prisão civil decretada, que se mostra desnecessária diante da possibilidade de utilização de outras formas de efetivação do crédito alimentar remanescente. Portanto, atento ao princípio da razoabilidade, tendo por ausente a necessidade da medida extrema, apresenta-se ilegal o decreto prisional atacado. Ante todo [o] exposto, confirmando a liminar deferida, voto no sentido da concessão da ordem.

Na análise do brilhante voto do Ministro Paulo de Tarso Sanseverino, verifica-se a presença de vários dos aspectos antes suscitados no plano das críticas ao olhar que os tribunais estaduais vêm dando ao tema em tela.

Em um primeiro momento, o voto refere:

[...] Constata-se, inicialmente, nos documentos que acompanham o presente *habeas corpus*, em especial os demonstrativos de pagamento do Governo do Estado de Pernambuco ao paciente, a realização de descontos em folha de pagamento relativos à pensão alimentícia, no valor de R$ 1.275,00, referente ao mês de maio do ano de 2010, bem como no valor de R$ 1.362,50, referente ao mês de julho do ano passado (2011). [...]

Reconhece-se, portanto, o pagamento parcial do débito alimentar e conferem-se efeitos positivos em favor do devedor de alimentos, mesmo sem a integralidade do pagamento.

Em um segundo momento, o voto assim explicita:

Ainda, nas alegações vertidas no writ, disse o impetrante ter o paciente pago o valor de R$ 169.775,00 (cento e sessenta e nove mil setecentos e setenta e cinco reais), ou seja, 85% do crédito executado pelo rito do artigo 733 do Código de Processo Civil, R$ 197.958, 20 (cento e noventa e sete mil reais e novecentos e cinquenta e oito e vinte centavos).

Ao dar conta de que 85% do crédito executado pelo rito do art. 528, § 7º, do CPC (antigo art. 733 do CPC/73) já restou pago, o *decisum* aponta para a valoração de um pagamento parcial, como antes dito, agregando à apreciação mais um componente: a substancialidade do pagamento já efetuado pelo devedor.

Em um terceiro momento, o voto avança no seguinte sentido:

> Percebe-se, assim, que o paciente vem pagando há mais de um ano, regularmente, via descontos em folha, os alimentos de que é devedor, o que retira, de certa forma, a urgência da coação prisional.

Reconhece-se que os alimentos de caráter emergencial, que se destinam às necessidades imediatas do credor, restam adimplidos e que, diante disso, não se justifica a medida gravosa da prisão. De fato, a violação à dignidade da pessoa humana minimiza-se e exsurge a importância da tutela da liberdade do indivíduo.

Em um quarto momento, assim refere o Ministro-Relator:

> Tenho que, na hipótese dos autos, o uso da medida coercitiva distancia-se do fundamento jurídico e teleológico da prisão civil, qual seja, coação e não punição, uma vez que o impetrante vem pagando mediante desconto em folha os alimentos regularmente há mais de ano, além de demonstrar claramente a possibilidade de quitação do débito via expropriação patrimonial, devendo seguir a busca do débito remanescente pelo rito do artigo 732 do Código de Processo Civil.

Nesse ponto, o voto lança mão, adequadamente, da interpretação teleológica. Constata que há uma distorção da finalidade do instituto da prisão civil, que muito mais daria azo à utilização indevida do instrumento excepcional de coação do que efetivamente atenderia ao seu fundamento material normativo. Quiçá, verificar-se-ia até mesmo a incidência do disposto no art. 187 do Código Civil, pela constatação de hipótese de abuso do direito, através da postulação de prisão civil em franco rompimento com a boa-fé. Vale citar, nesse momento, a posição da doutrina:

> A prisão em razão de inadimplemento de obrigatoriedade alimentar deve ser decretada com extrema ponderação para que não se transforme em instrumento de vindita, incompatível com o Direito Processual moderno. Trata-se de forma de coação destinada a compelir o devedor que pode, mas não quer pagar [...].[241]

Finalmente, em um quinto momento, conclui o voto:

> Essas peculiaridades não permitem reconhecer a regularidade da prisão civil decretada, que se mostra desnecessária diante da possibilidade de utilização de outras formas de efetivação do crédito alimentar remanescente. Portanto, atento ao princípio da razoabilidade, tendo por ausente a necessidade da medida extrema, apresenta-se

[241] PARIZATO, João Roberto. *Execução de prestação alimentícia*. Rio de Janeiro: AIDE, p. 43.

ilegal o decreto prisional atacado. Ante todo [o] exposto, confirmando a liminar deferida, voto no sentido da concessão da ordem.

Em síntese, a decisão aplica o princípio da proporcionalidade,[242] constatando pelo excesso e pela gravosidade exagerada da medida em face do caso concreto. Trata-se, na verdade, de uma situação na qual a medida de prisão é severa demais para alcançar-se o objetivo buscado.

Assim, não é demasiado afirmar que, a partir do julgamento do *Habeas Corpus* nº 219.109/RJ, nasceu uma nova concepção acerca da prisão civil por dívida alimentar no Superior Tribunal de Justiça, baseada em premissa do Direito Civil contemporâneo, que deverá servir de norte para as novas decisões a serem proferidas pelos juízos que integram o Poder Judiciário do Brasil.

E a decisão proferida, por unanimidade, no julgamento do *Habeas Corpus* nº 392.521/SP,[243] acaba por ratificar essa nova concepção, ao ser concedida ordem para restringir o decreto prisional, mediante os seguintes fundamentos:

> 12. A prisão civil pode ser aplicada, indistintamente, a todos os devedores de alimentos, e por todo o período da dívida discutida judicialmente (as três prestações anteriores ao ajuizamento da execução e mais as parcelas vicendas)?
>
> 13. Palmilhando nesse cenário, com extrema cautela, os caminhos que informam e justificam a prisão civil do devedor de alimentos, cabe ponderar sobre a validade, razoabilidade e mesmo constitucionalidade da prisão civil que refoge ao substrato teleológico que informa a exceção preconizada pelo texto constitucional.
>
> 14. É certo que o texto constitucional e os comandos infraconstitucionais que lhe detalham admitem a prisão civil de devedor de alimentos, quando o inadimplemento do

---

[242] Observe-se que a aplicação do princípio da proporcionalidade em sede de execução de alimentos com pedido de prisão civil já vinha sendo feita pelo Superior Tribunal de Justiça, consoante se verifica no HC 146.402/SP, Relator: Ministro Massami Uyeda, Terceira Turma, Julgado em 23/03/2010, DJe 12/04/2010, assim ementado: "*HABEAS CORPUS* PREVENTIVO - EXECUÇÃO DE ALIMENTOS - ALIMENTOS DEFINITIVOS FIXADOS EM MONTANTE INFERIOR AOS ARBITRADOS PROVISORIAMENTE - PRISÃO DO ALIMENTANTE - LIMITAÇÃO DO DÉBITO CONSIDERADOS OS ALIMENTOS DEFINITIVOS - PRINCÍPIOS DA PROPORCIONALIDADE E DA RAZOABILIDADE - DIFERENÇA - COBRANÇA PELO ARTIGO 732 DO CPC - DEPÓSITO DE QUANTIA SUPERIOR A 3 (TRÊS) MESES ANTERIORES AO AJUIZAMENTO DA AÇÃO - SÚMULA 309/STJ - APLICAÇÃO - POSSIBILIDADE - ORDEM CONCEDIDA. 1. Em atenção aos princípios da proporcionalidade e da razoabilidade, na hipótese de superveniência de sentença que fixa alimentos definitivos em quantia inferior aos provisórios, a prisão civil do alimentante só poderá ser decretada até a quantia devida, tendo como base os alimentos definitivos. 2. A diferença entre os alimentos definitivos e os provisórios deve ser buscada nos moldes do artigo 732 do Código de Processo Civil. 3. O pagamento de quantia referente a mais de 3 (três) meses anteriores ao ajuizamento da ação livra o alimentante da prisão, desde que esteja quite com as prestações vencidas no decorrer da ação. 4. Ordem concedida.

[243] HC 392.521/SP, *HABEAS CORPUS* 2017/0058916-6, Relatora: Ministra Nancy Andrighi, Terceira Turma do STJ, Julgado em 27/06/2017, DJe 01/08/2017.

devedor de alimentos colocar em risco a própria vida do credor-alimentado (Art. 5º, LXVII, da CF; arts. 528 e 911 do CPC/2015).

15. O raciocínio subjacente parte, de um lado, da presunção de que o alimentado é totalmente dependente dos alimentos para a sua subsistência, e de outro, de que a dignidade da pessoa humana, que, no mais das vezes, preserva o devedor de cobranças aviltantes, como o encarceramento, cede vez à preservação da dignidade do alimentado, igualmente vituperada quando deixa de perceber os alimentos a que tem direito.

16. Em outras palavras, é justificável a vulneração da dignidade da pessoa humana do devedor de alimentos, se ela se contrapõe à própria vida do credor desses alimentos.

[...]

18. É dizer, o risco alimentar do credor de alimentos deve ser iminente e insuperável, de forma digna, pelo alimentado, para que se possa exercer a cobrança via coação máxima da prisão.

Ou seja, as premissas de análise acerca do cabimento ou não da pena de prisão recebem novas balizas, mediante a incidência do princípio da proporcionalidade e necessidade de uma menor gravosidade, tal como já vinha sendo defendido por parte da doutrina.

6.5. Conclusões

1. A prisão por dívida é medida excepcional no Brasil. Portanto, o olhar do Poder Judiciário acerca do tema deve ser bastante apurado.

2. A prisão civil decorrente de inadimplência de obrigações alimentares, segundo a posição da Súmula 309 do Superior Tribunal de Justiça, limita-se aos alimentos ditos atuais ou presentes, quais sejam: prestações vencidas nos últimos três meses anteriores ao ajuizamento da ação de cumprimento da obrigação alimentar.

3. O art. 528 do Código Civil pátrio positiva a prisão civil por dívida alimentar, sendo tal positivação acolhida pela ordem constitucional.

4. O referido artigo, assim como autoriza a prisão civil por dívida alimentar, também positiva mecanismos de defesa que deverão ser exteriorizados na forma de justificativa por parte do devedor, em face dos quais a prisão não deve ser deferida.

5. O Poder Judiciário, em especial os tribunais estaduais, vem minimizando esses mecanismos de defesa, de modo que se torne praticamente objetiva a prisão civil por dívida alimentar.

6. A minimização acerca dos mecanismos de defesa tem sido observada, com base no exame da posição dos pretórios acerca dos

reflexos de pagamentos parciais levados a termo pelo devedor de alimentos, bem como nas hipóteses de desemprego do devedor.

7. O exame acerca dos pagamentos parciais, diante da excepcionalidade da medida de prisão civil, deve basear-se na incidência da teoria do adimplemento substancial. Porém, a aplicação dessa teoria assenta-se em um critério tópico e sistemático, implicando uma nova interpretação a respeito da aplicação da Súmula 309 do Superior Tribunal de Justiça e, por consequência, do § 7º do art. 528 do atual CPC.

8. O fundamento material da Súmula 309 do Superior Tribunal de Justiça – que é o fundamento material reprisado no § 7º do art. 528 do CPC –, quando fixa como passível de prisão civil o devedor de alimentos atuais (três últimas prestações alimentares vencidas antes do ajuizamento da execução e as vincendas durante a tramitação do processo), é que os anteriores ganham caráter meramente indenizatório, deixando de refletir a necessidade imediata do credor. Dessa forma, afasta-se a tutela do princípio da dignidade da pessoa humana.

9. O que deve restringir a prisão civil e relativizar a Súmula 309 do Superior Tribunal de Justiça, independentemente de um pagamento ter sido efetuado de modo integral ou parcial, é que esse pagamento seja suficiente para inibir as necessidades imediatas do credor (caráter emergencial) e, assim, não violar a sua dignidade como pessoa humana, configurando-se, por isso, um adimplemento substancial.

10. A incidência do princípio da proporcionalidade verifica-se nesse caso, pois somente se justifica a medida excepcional de prisão quando não se vislumbrar outro meio de garantir ao credor a satisfação de suas necessidades emergenciais (dignidade), já que se trata de evidente colisão de direitos fundamentais, pelo fato de que outra norma no sistema jurídico pátrio é atingida pela prisão civil – o direito à liberdade, que também tem *status* de direito fundamental.

11. A utilização do meio processual positivado no § 8º do art. 528 do Código de Processo Civil caberá no plano da cobrança dos demais valores impagos.

12. Outra questão relevante é o rigor excessivo de parte dos pretórios pátrios acerca do exame da justificativa para o não pagamento dos valores alimentares devidos, sob pena de prisão. Nota-se que o desemprego é abolido como fundamento, em uma espécie de presunção de que a sua alegação é sempre um subterfúgio do devedor que, às escuras, exerce atividade informal. Em um evidente equívoco no plano processual, ainda se fixa em desfavor do devedor o ônus de provar que não exerce tais atividades, o que, no mínimo, é tarefa

árdua, para não dizer impossível, em especial pelo fato de que raramente lhe é possibilitada a produção de prova oral.

13. Uma nova postura acerca do exame da questão da prisão por dívida alimentar e o direito de defesa do executado torna-se imperiosa, a qual se verifica nascer em sede de Corte Superior (Superior Tribunal de Justiça) a partir do julgamento do *Habeas Corpus* nº 219.109/RJ, que reúne em seus fundamentos, de modo evidente, as concepções antes explicitadas, bem como foram ratificados no julgamento do *Habeas Corpus* nº 392.521/SP.

7. A relativização do caráter retroativo da fixação da verba alimentar no que pertine ao valor

7.1. Introdução

A legislação que trata da verba alimentar, no contexto do Direito de Família, sofreu alterações com o passar dos anos, desde a vigência do Código Civil de 1916 até o advento do Código Civil atual. Nesse interlúdio temporal, restaram editadas leis que trataram do tema.

Contudo, a legislação que inegavelmente mais importância teve, inclusive por ter reunido aspectos de direito material e de direito processual, foi a nominada Lei Especial de Alimentos (Lei nº 5.478/1968). Nessa legislação, reconhecida como moderna e eficiente, foram abordadas várias questões exclusivamente sobre a questão alimentar.

Entretanto, alguns desses pontos, diante de novas concepções adotadas pelo sistema jurídico brasileiro e da hermenêutica contemporânea, seguramente merecem revisão. A proposta deste ensaio é examinar o caráter retroativo do valor dos alimentos fixados em sentença. Tal análise consistirá na investigação de cunho civil-constitucional, atentando-se ao olhar interdisciplinar, além, é claro, das disposições processuais aplicáveis à espécie.

7.2. Do regramento infraconstitucional: ênfase ao art. 13, § 2º, da Lei Especial de Alimentos

Ainda que exista no Código Civil brasileiro, no subtítulo III, arts. 1.694 a 1.710, regras específicas sobre a obrigação alimentar no Direito de Família, destaque-se que não há nenhuma referência nessa legislação acerca do caráter retroativo da verba alimentar fixada em sentença. Em verdade, a única disposição legal existente que se refere a essa questão é o art. 13, § 2º, da Lei de Alimentos, que assim dispõe:

> Art. 13. O disposto nesta lei aplica-se igualmente, no que couber, às ações ordinárias de desquite, nulidade e anulação de casamento, à revisão de sentenças proferidas em pedido de alimentos e respectivas execuções.
>
> [...]
>
> § 2º Em qualquer caso, os alimentos fixados retroagem à data da citação.

Dessa disposição legal, depreendem-se dois aspectos, quais sejam: (1) o efeito retroativo da obrigação alimentar à data da citação e (2) o efeito retroativo acerca do valor fixado em sentença à data da citação.

Esse efeito *ex tunc* foi lido, na doutrina especializada, como amplo e irrestrito. No que se refere aos dois aspectos antes destacados, observou-se a mesma posição.

> Reconsiderando anterior opinião sobre a matéria, tenho que o par. 2º do art. 13 da Lei 5.478, quando emprega a expressão *alimentos*, quer se referir aos provisórios e aos definitivos. Usou o vocábulo em sua generalidade, sem distinguir, justamente porque almejava englobar as duas espécies. Fiquei convicto é a exegese conducente a resultados mais razoáveis e justos. Se, por exemplo, os alimentos provisórios são reduzidos, por falsas as informações contidas na inicial sobre a renda do réu, que sentido haveria em obrigar este a pagar valores provavelmente descabidos? Claro que, se o demandado já houver pago, não obterá restituição, em conseqüência do princípio da irrestituibilidade dos alimentos; pelo menos, todavia, se ainda não pagou, decorrente o atraso exatamente da excessividade do quantitativo arbitrado, restará forçado a fazê-lo pelas novas bases postas na revisão. Em resumo, é a seguinte a interpretação do dispositivo em análise: se a sentença ou a decisão de revisão de provisórios resolverem por alimentos superiores aos anteriormente fixados, terá o devedor de complementar, repondo a diferença a mais, desde a citação. Se a sentença ou decisão colocar os alimentos em *quantum* inferior aos provisórios estabelecidos ao início do feito, não haverá devolução por parte do credor se o pagamento já aconteceu; se eventualmente não sucedeu o pagamento, concretizar-se-á este consoante a nova quantificação judicial.[244]

Assim, destaca-se um entendimento doutrinário, quando da interpretação do art. 13, par. 2º, da Lei de Alimentos, no sentido de que há retroatividade acerca da obrigação e do valor da obrigação. E, conforme se observa a respeito da doutrina, há um entendimento de natureza absoluta, não dando margem à relativização dessa eficácia, em especial no que tange ao valor da obrigação alimentar fixado em decisão definitiva.

---

[244] PEREIRA, Sérgio Gischow. *Ação de alimentos*. 3ª edição revista. São Paulo: Sergio Antonio Fabris Editor, p. 51. Nesse mesmo sentido, ver NOGUEIRA, Paulo Lúcio. 4ª edição ampliada. *Lei de alimentos comentada*. São Paulo: Editora Saraiva, p. 46: "Os alimentos fixados na sentença não só retroagem à data da *citação* como substituem os provisoriamente fixados, devendo, inclusive, ser paga a diferença, se houver. Não se pode perder de vista que os alimentos provisórios são determinados com elementos precários fornecidos pelo credor, e, muitas vezes, nem a esposa sabe quanto ganha o marido [...]".

7.3. Da posição jurisprudencial

Como não poderia deixar de ser, diante da farta e pacífica doutrina posicionando-se no sentido de que a retroatividade do valor fixado em decisão final é absoluta, as decisões de nossos pretórios não ofereceram conclusão diversa.

Cabe destacar, inclusive, o engessamento da jurisprudência acerca de tal temática, fato inusitado, em se tratando de questão de Direito de Família, ramo esse do Direito Civil que vem sofrendo profundas transformações nas últimas décadas. Assim, inicia-se a análise jurisprudencial com julgados do início década de 1990:

> ALIMENTOS. REVISÃO DO MONTANTE FIXADO.
>
> 1. Valor da pensão (agravação do encargo). É questão de fato, irrevisível, em princípio, nesta instância, a teor da Súmula 7. Caso em que o recurso não demonstrou ter o acórdão local agravado o encargo em desproporção à capacidade financeira da pessoa obrigada.
>
> 2. Termo inicial. Os alimentos retroagem à data da citação. Aplicação, ademais, da Súmula 356/STF.
>
> 3. Recurso adesivo não conhecido. Hipótese em que a decisão recorrida não ofendeu o art. 514 do Código de Processo Civil.
>
> 4. Recurso especial não conhecido.[245]

Esse julgado, ainda que datado do ano de 1991, notadamente procedendo a um exame da matéria mediante hermenêutica própria do período anterior à Constituição Federal de 1988, de cunho menos intervencionista, quiçá mais dogmática, não cede espaço a um exame normativo mais efetivo. O próximo julgado, do ano de 1994, também é reducionista, por conta de análise literal das regras da Lei de Alimentos:

> ALIMENTOS. AÇÃO REVISIONAL. PROCEDÊNCIA DO PEDIDO. ALTERAÇÃO DO VALOR DA PENSÃO. EFEITOS. TERMO INICIAL. DATA DA CITAÇÃO. ART. 13, § 2º, DA LEI 5.478/68. PRECEDENTES. RECURSO PROVIDO.
>
> I – Os efeitos da alteração do valor dos alimentos, estabelecida em sede de ação revisional, operam retroativamente, alcançando a data da citação inicial.
>
> II – Não há divergência no tema, mas sim no caso em que se postula alimentos sem a prova pré-constituída da paternidade.[246]

Mesmo não sendo matéria que visite o Superior Tribunal de Justiça com frequência, observa-se que há, em sede de Corte Superior, uma posição firmada no sentido do caráter absoluto referente ao caráter retroativo da fixação da verba alimentar.[247] Os julgados dos tri-

[245] RESP 9.661/CE, Relator: Ministro Nilson Naves, DJ 19/08/1991.

[246] RESP 51.781/SP, Relator: Ministro Sálvio de Figueiredo Teixeira, DJ 24/10/1994.

[247] O Acórdão do Resp. 51.781, cuja ementa segue destacada, é claro nesse sentido, pois cita várias decisões do próprio Superior Tribunal de Justiça acerca do tema.

bunais estaduais também vêm acolhendo esse entendimento de forma absoluta, tal como ilustram os exemplos a seguir, extraídos do Tribunal de Justiça do Estado do Rio Grande do Sul:

> AGRAVO DE INSTRUMENTO. REVISIONAL DE ALIMENTOS. MAJORAÇÃO. EXECUÇÃO DAS DIFERENÇAS VIA CUMPRIMENTO DE SENTENÇA. IMPUGNAÇÃO AO CÁLCULO. CABIMENTO DO RITO. JUROS MORATÓRIOS. 1. Tendo ciência da via eleita para a execução, quando da intimação para o pagamento, deveria o agravante ter-se insurgido quanto a este ponto naquela ocasião. Ocorrida a preclusão, não se conhece da irresignação neste aspecto. *2. Nas ações de alimentos, o valor fixado na sentença é considerado devido a contar da citação, consoante disciplina o art. 13, § 2° da Lei de Alimentos.* Dessa forma, a constituição em mora opera-se desde então com a incidência de juros. Súmula 163, STF. 3. O percentual dos juros devidos é de 0,5% ao mês até o advento do novo Código Civil Brasileiro e de 1% a contar de então. AGRAVO PARCIALMENTE CONHECIDO E PARCIALMENTE PROVIDO.[248]

> APELAÇÃO CÍVEL. REVISÃO DE ALIMENTOS. MAJORAÇÃO. FIXAÇÃO EM CONFORMIDADE COM O BINÔMIO NECESSIDADE-POSSIBILIDADE. *ALIMENTOS DEVIDOS DESDE A CITAÇÃO. INTELIGÊNCIA DO ART. 13, § 2º, DA LEI Nº 5.478/68.* Alimentos fixados em favor de menor impúbere, em período em que o alimentante ainda cursava curso de especialização em odontologia. Posterior conclusão do curso e aquisição de consultório pelo recorrente. Assunção de atividade junto a plano de saúde e em mais dois consultórios particulares. Efetiva melhora nas possibilidades do alimentante. Necessidades do menor presumidas em razão de sua faixa etária. Majoração dos alimentos fixados em conformidade com o binômio necessidade-possibilidade. *A fixação alimentar, independentemente da postulação da parte, nos termos do § 2º, do art. 13, da Lei de Alimentos – Lei nº 5.478/68 e jurisprudência desta Corte – deve retroagir à data da citação.* NEGARAM PROVIMENTO À APELAÇÃO.[249]

Pode-se afirmar, portanto, que a posição da jurisprudência, de modo geral, é no sentido de tratar a questão da retroatividade do valor fixado sem sentença à data da citação de forma retroativa. E, mais recentemente, com a edição da Súmula 621 do STJ, o tema, em um primeiro olhar, parecer ter se sedimentado.

7.4. Da análise civil-constitucional: exame da materialidade da regra e da natureza *sui generis* dos alimentos retroativos. Da vedação ao enriquecimento sem causa

Cumpre especificar, mais uma vez, que o foco deste ensaio é o efeito retroativo à citação do valor fixado em decisão definitiva sobre

[248] Agravo de Instrumento n° 70.025.196.239, Oitava Câmara Cível, Tribunal de Justiça do RS, Relator: José Ataídes Siqueira Trindade, Julgado em 01/08/2008.

[249] Apelação Cível n° 70.026.588.475, Sétima Câmara Cível, Tribunal de Justiça do RS, Relator: André Luiz PlanellaVillarinho, Julgado em 25/03/2009.

questão alimentar que venha a majorar a referida verba. Nesse contexto, há de se proceder a uma avaliação criteriosa acerca da natureza jurídica desses alimentos a maior, quando fixados adiante, ou seja, após o período no qual o alimentando não os recebeu.

Não resta dúvida de que os alimentos, quando fixados, no próprio teor do disposto no art. 1.694, § 1°, do Código Civil brasileiro, miram nas necessidades dos alimentandos. Pode-se afirmar, sem medo de errar, que o limite da verba alimentar é a necessidade do alimentando. Nesse sentido, a doutrina é induvidosa:

> A causa da obrigação alimentar está centrada na necessidade do credor. Por isso se diz que os alimentos são classificados pela destinação, de modo que, se forem concedidos para que o alimentado mantenha padrão de vida que desfrutava [civis ou *côngruos*], o valor deverá ser suficiente para atender às despesas gerais [alimentação, vestuário, saúde, educação e até lazer razoável] e será arbitrado de acordo com o art. 1.694, § 1º, do Código Civil. [...][250]

Da mesma forma, a jurisprudência consagra tal entendimento:

> ALIMENTOS. LIMITE EM QUE A VERBA DEVE SER FIXADA. Provado que a verba arbitrada pela magistrada está adequada à realidade financeira do alimentante e atende às necessidades dos alimentandos, nos termos do artigo 1.694, § 1°, do Código Civil, confirma-se a decisão, não obstante os recursos interpostos pelas partes. Apelação e recurso adesivo improvidos.[251]

Com isso, é fácil concluir que, no plano dos alimentos, há de se estabelecer uma relação de equivalência entre o valor a ser pago e o valor dessas necessidades. Quando se verifica a existência dessa relação de equivalência, oportuniza-se que seja apreciada a eventual existência de enriquecimento sem causa, quando o valor pago é superior à necessidade existente.

É nesse contexto que pode ser iniciada a análise da possibilidade de relativização dos efeitos retroativos acerca do valor do pensionamento fixado, em decisão final, a maior do que o valor antes fixado. Quando esses alimentos são fixados em maior valor, em sede de sentença ou mesmo de acórdão, eles inevitavelmente deixam de ter a característica de alimentos presentes e passam a ter a característica de alimentos pretéritos. Nesse sentido, verifica-se, ainda que em debate de outra ordem (acerca da prisão civil), farto posicionamento jurisprudencial.

> *HABEAS CORPUS*. EXECUÇÃO DE ALIMENTOS. DÉBITO ALIMENTAR. DECRETO PRISIONAL. DESCONTO EM FOLHA DA PENSÃO. DÍVIDA ALIMENTAR PRETÉRI-

---

[250] Estudos jurídicos em homenagem ao centenário de Edgard de Moura Bittencourt. *A revisão do Direito de Família*. Rio de Janeiro: GZ Editora, 2009, p. 232.

[251] Apelação Cível n° 70.007.831.225, Sétima Câmara Cível, Tribunal de Justiça do RS, Relator: José Carlos Teixeira Giorgis, Julgado em 17/03/2004.

TA. INADMISSIBILIDADE DE PRISÃO SE OS ALIMENTOS ATUAIS ESTÃO SENDO PAGOS ATRAVÉS DE DESCONTO EM FOLHA. A prisão civil não tem conotação punitiva, mas sim coercitiva, razão pela qual a cobrança de valores pretéritos em ação de execução de alimentos, em que o alimentante comprova desconto da pensão em folha de pagamentos, torna inadmissível a continuidade do processo executivo pelo rito do art. 733 do CPC, porquanto descaracterizada a atualidade do débito. A execução pelo procedimento do art. 732 possibilita a penhora de parte do salário, no que couber, independente do desconto em folha dos alimentos atuais. ORDEM DE *HABEAS CORPUS* CONCEDIDA. (SEGREDO DE JUSTIÇA)[252]

Destaca-se que essas decisões expressam, inclusive, que tais alimentos pretéritos perdem "o cunho alimentar".

HABEAS CORPUS. DÍVIDA ALIMENTOS PRETÉRITOS SUPERIOR A TRÊS MESES. CONSTRANGIMENTO ILEGAL. CARACTERIZADO. A PRISÃO CIVIL PELO INADIMPLEMENTO VOLUNTÁRIO DE OBRIGAÇÃO ALIMENTÍCIA SOMENTE PODE SER DECRETADA EM RELAÇÃO ÀS TRÊS ÚLTIMAS PRESTAÇÕES. EM RELAÇÃO A PARCELAS ATRASADAS, NÃO PODE SER DECRETADA A PRISÃO, JÁ QUE A QUANTIA DEVIDA PERDE O CUNHO ALIMENTAR. ORDEM CONCEDIDA.[253]

Com base no reconhecimento de que são alimentos pretéritos, estes perdem a natureza alimentar propriamente dita e assumem uma condição de natureza diversa, podendo-se afirmar que com conteúdo também indenizatório. Em verdade, eles assumem uma natureza mista, por isso a denominação de alimentos com caráter *sui generis* e especial. Assim, no plano da equivalência, deve-se determinar o pagamento dos alimentos pretéritos – as diferenças atinentes ao acréscimo da verba alimentar, do período entre a fixação inicial e a fixação definitiva – na forma de indenização.

Daí a necessidade de reflexão sobre o caráter absoluto da retroatividade da fixação de verba alimentar a maior, visto que partiria de uma espécie de "presunção absoluta" que não guarda consonância com o que dispõe o sistema jurídico pátrio, podendo traduzir uma real distorção acerca da finalidade alimentar. O motivo para tanto é simples: poderá ocorrer a majoração da verba alimentar por motivos que não guardem coerência com a natureza jurídica *sui generis* que esses alimentos pretéritos passam a ter.

Por exemplo, o juízo pode proceder à majoração da verba alimentar, em sede de sentença, por conta de um fato novo, que se deu às vésperas da decisão. Efetivamente, no período anterior à sentença, ao menos em sua maior parte, as necessidades do credor eram menores.

---

[252] *Habeas Corpus* nº 70.033.998.360, Sétima Câmara Cível, Tribunal de Justiça do RS, Relator: André Luiz Planella Villarinho, Julgado em 24/02/2010.

[253] *Habeas Corpus* nº 599.435.963, Segunda Câmara de Férias Cível, Tribunal de Justiça do RS, Relator: Jorge Luís Dall'Agnol, Julgado em 27/10/1999.

Com isso, os valores que ele viesse a receber retroativamente, diante das diferenças atinentes ao aumento havido, consagrariam o enriquecimento sem causa.

Além disso, existe outra hipótese que não pode ser descartada, a saber: a de que as possibilidades do devedor somente tenham aumentado em momento posterior, o que significa que haveria um empobrecimento injustificado por parte do devedor no momento em que fosse compelido ao pagamento de valores retroativos que não fossem condizentes com as suas possibilidades do passado.

Nesse contexto, infere-se que, em se tratando de pagamento de verba alimentar, deve haver cautela máxima, já que o elemento central desse exame é a proteção da dignidade da pessoa humana, como princípio fundamental que é do sistema jurídico pátrio. A doutrina assim se expressa:

> [...] Com efeito, se em outras ordens constitucionais, onde igualmente a dignidade da pessoa humana foi objeto de expressa previsão, nem sempre houve clareza quanto a seu correto enquadramento, tal não ocorre – ao menos aparentemente – entre nós. Inspirando-se – neste particular – especialmente no constitucionalismo lusitano e hispânico, o Constituinte de 1988 preferiu não incluir a dignidade da pessoa no rol dos direitos e garantias fundamentais, guindando-a, pela primeira vez – consoante já reiteradamente frisado –, à condição de princípio (e valor) fundamental (artigo 1º, inciso III). [...][254]

Em realidade, tem-se não só a dignidade de quem recebe, mas também a dignidade de quem paga: ambos são tutelados por tal princípio. Nesse contexto, a proporcionalidade é o instrumento jurídico hábil ao enfrentamento da questão. Eis a posição doutrinária acerca da polêmica referente ao caráter absoluto do princípio da dignidade da pessoa humana:

> Desde logo, e sem que nos venhamos prender em demasia a este aspecto, temos por improcedente o questionamento ora referido, já que irremediavelmente o reconhecimento de um princípio absoluto – tal como bem lembra Alexy – contradiz a própria noção de princípios, ao menos de acordo com o entendimento adotado pelo próprio Alexy, o que, de qualquer modo, não impede – ao menos em tese – que se parta de outro conceito de princípios para chegar a resultado diverso. Além disso, resta a evidência, amplamente comprovada na prática, de que o princípio da dignidade da pessoa humana pode ser realizado em diversos graus, isto sem falar na necessidade de se resolver eventuais tensões entre a dignidade de diversas pessoas, ponto sobre o qual voltaremos a nos manifestar, ou mesmo da possível existência de um conflito entre o direito à vida e a dignidade, envolvendo um mesmo sujeito (titular) de direitos.[255]

[254] SARLET, Ingo Wolfgang. *Dignidade da pessoa humana e direitos fundamentais*. Porto Alegre: Livaria do Advogado, p. 68.

[255] SARLET, Ingo Wolfgang. Op. cit., p. 76.

Portanto, não há princípio absoluto, visto que, ao menos topicamente, esses princípios relativizam-se entre si no plano da concepção da concordância prática.

> [...] En íntima relación con el anterior se encuentra el principio de la *concordância práctica*: los bienes jurídicos constitucionalmente protegidos deben ser coordinados de tal modo en la solución del problema que todos ellos conserven su entidad. Allí donde se produzcan colisiones no se debe, a través de una precipitada "ponderación de valores", realizar el uno a costa del outro. [...][256]

Não obstante, a questão que deve ser analisada é como atentar a esses aspectos diante dos complexos casos concretos.

7.5. Do exame prático: como atentar à descaracterização da natureza alimentar padrão, concretizar o princípio da dignidade da pessoa humana e evitar o enriquecimento sem causa

Como já se afirmou, há no mínimo duas situações de desvio da finalidade dos alimentos retroativos, quais sejam: (1) quando as necessidades do credor alimentar se dão de forma superveniente ou (2) quando as maiores possibilidades do devedor alimentar se dão de forma superveniente.

Em relação à primeira hipótese, não se pode admitir que aquele que tinha necessidades menores ao tempo da fixação inicial da verba alimentar venha a receber valores maiores, lucrando com a situação posta. Assim, caberá ao julgador, quando da decisão de majoração da verba alimentar, consignar expressamente se deverá haver ou não caráter retroativo, praticando uma relativização desse caráter absoluto do art. 13, § 2º, da Lei Especial de Alimentos.

O julgador proferirá tal decisão com base nos fundamentos materiais de revisão e majoração da verba alimentar. Deverá, inclusive, sempre que possível, especificar desde quando as necessidades restaram majoradas para o fim de aplicação de caráter retroativo parcial, total ou de não aplicação.

Admitido o caráter retroativo como garantia da concretização do princípio da dignidade da pessoa humana, em duas vias, em favor de ambos os envolvidos, repelindo-se o enriquecimento sem causa e o empobrecimento injustificado, inevitavelmente há de se aplicar, para

---

[256] HESSE, Konrad. *Escritos de derecho constitucional*. Madrid: Centro de Estudios Constitucionales, 1983, p. 48.

fins de obtenção dos valores devidos, o disposto no art. 509 do Código de Processo Civil, através de liquidação de sentença.

Caberá ao julgador, nesse caso, proceder à verificação dos valores que efetivamente foram despendidos a maior do que o valor da pensão paga. Como o "cunho alimentar" não existe mais, é ônus de quem postula essa diferença provar que a necessidade naquele período era maior. Trata-se da equivalência característica da natureza indenizatória dessa verba.

Por óbvio, essa prova não deverá ter natureza contábil, com ênfase formal; porém, na essência, deve ser procedida de forma documental, dentro dos rigores processuais. Desse modo, restarão preservados os direitos de ambas as partes envolvidas: devedor e credor.

Quando se tratar da segunda hipótese, majoração das possibilidades do devedor de forma superveniente, caberá ao julgador especificar a data em que se deu tal majoração e delimitar os efeitos retroativos a partir dessa data. O procedimento de cobrança dos valores retroativos seguirá, porém, o mesmo rito explicitado para a primeira hipótese.

Quando se observar que as possibilidades da parte devedora sempre foram maiores, o que culminou em medida de restrição voluntária ao direito alimentar do credor e em mecanismo para obter vantagem indevida, por certo caberá ao juízo determinar o caráter retroativo, independentemente de comprovação dos custos, declarando em sentença as razões para tal posicionamento. Essa medida será inibidora de atos dolosos, de má-fé ou de abuso, por parte do devedor de alimentos. Isso é possível, diante da natureza *sui generis* antes exposta, já que não se está tratando de mera obrigação indenizatória. E, havendo na sentença tal especificação, por evidente, a aplicação da Súmula 621 do STJ restará prejudicada parcialmente, em razão do comando sentencial.

7.6. Do efeito retroativo quando da revisão de alimentos *in natura* para alimentos *in pecunia*

Muitos são os casos nos quais a pensão alimentícia é fixada *in natura*, em um primeiro momento, e, após, mediante pedido de revisão alimentar, passa a se dar *in pecunia*. Nesses casos, havendo a fixação da obrigação alimentar *in pecunia*, questionar-se-á a aplicação do § 2º, art. 13, da Lei Especial de Alimentos.

Cabe salientar que a regra deverá ser a não aplicação do caráter retroativo. Se o julgador não encontrou elementos *ab initio*, ou mesmo no transcorrer da instrução do feito, para proceder à revisão alimentar, transformando a obrigação *in natura* em obrigação *in pecunia* somente verificando a necessidade de tal importante alteração em sede de sentença, não parece adequado que determine a retroatividade.

Contudo, se determinada a retroatividade em situações excepcionais, restará inevitável o procedimento de liquidação de sentença, mediante a compensação entre o crédito havido e as despesas de índole alimentar que foram custeadas pelo devedor no período em questão. Nesse caso, rompe-se o princípio da incompensabilidade, que restou consagrado pela doutrina e que já vem sofrendo temperos por parte dos pretórios pátrios.

> AGRAVO DE INSTRUMENTO. EXECUÇÃO DE ALIMENTOS. IMPUGNAÇÃO. DESCONTO DE VALORES *IN NATURA*. COMPENSAÇÃO DE HONORÁRIOS. Já há decisão anterior desta Corte, determinando abatimento de pagamentos *in natura* efetuados pelo executado/alimentante, com mensalidade do colégio e material escolar do exequente/alimentado. A melhor interpretação daquela anterior decisão é no sentido de que devem ser descontados não apenas as mensalidades do "colégio" do exequente/alimentado, mas sim todos os pagamentos com a educação dele – o que inclui material escolar, passeios escolares e curso de inglês. Caso concreto em que descabe determinar compensação de honorários advocatícios de sucumbência, uma vez que o comando judicial que está sendo executado não determinou tal compensação. DERAM PARCIAL PROVIMENTO.[257]

Em não sendo procedida tal compensação, restaria consagrado o enriquecimento sem causa, visto que a parte credora ofertaria o cálculo atinente à soma das mensalidades alimentares, enquanto o devedor, mesmo cumpridor de suas obrigações, não teria a comprovação de depósitos mensais, pelo fato de que essa não era sua obrigação antes da sentença.

Além disso, no mais, caberá à parte credora, para fins de recebimento de valores que sejam referentes a outras despesas que não as custeadas *in natura*, provar o custeio para receber tais valores, mediante comprovação.

7.7. Conclusões

1. No âmbito das transformações havidas no Direito de Família, restam seguramente inúmeras pendências acerca de enfrentamentos doutrinários que merecem análise crítica.

[257] Agravo de Instrumento nº 70.036.953.495, Oitava Câmara Cível, Tribunal de Justiça do RS, Relator: Rui Portanova, Julgado em 05/08/2010.

2. No plano das obrigações alimentares, o exame do § 2º, art. 13, da Lei Especial de Alimentos (Lei nº 5.478/1968) é uma dessas pendências.

3. O efeito *ex tunc* apresenta-se na doutrina como absoluto em dois aspectos, quais sejam: (1) o efeito retroativo da obrigação alimentar à data da citação e (2) o efeito retroativo acerca do valor fixado em sentença à data da citação.

4. A jurisprudência, da mesma forma, tem-se posicionado nesses termos, com raras exceções, tendo sido, inclusive, editada a Súmula 621 do STJ, tratando do tema.

5. A partir de uma avaliação criteriosa da natureza jurídica desses alimentos a maior, quando fixados adiante, ou seja, após o período no qual o alimentando não os recebeu, verifica-se que eles passam a ter uma característica diferenciada, *sui generis*.

6. Trata-se de verba que deve servir às necessidades do alimentando, conduzindo a uma relação de equivalência entre o valor a ser pago e o valor de custeio dessas necessidades, sob pena de consagração de enriquecimento sem causa.

7. Por isso, defende-se imperar como necessária a reflexão sobre o caráter absoluto da retroatividade da fixação de verba alimentar a maior, evitando-se uma real distorção da finalidade alimentar, assim como uma afronta à normatividade constitucional, com ênfase na concretização do princípio da dignidade da pessoa humana.

8. Quando ocorrer a hipótese de as necessidades a maior do credor alimentar se darem de forma superveniente, não se pode admitir que aquele que tinha necessidades menores ao tempo da fixação inicial da verba alimentar venha a receber valores maiores, lucrando com a situação posta. Caberá, nesses casos, ao julgador, quando da decisão de majoração da verba alimentar, consignar expressamente se deverá haver ou não caráter retroativo, praticando uma relativização desse caráter absoluto do art. 13, § 2º, da Lei Especial de Alimentos. O julgador proferirá tal decisão com base nos fundamentos materiais de revisão e majoração da verba alimentar. Deverá, inclusive, sempre que possível, especificar desde quando as necessidades restaram majoradas para fins de aplicação de caráter retroativo parcial, total ou de não aplicação. Com a presença de um comando sentencial expresso, no sentido de delimitar a aplicação ou não do caráter retroativo, a aplicação da Súmula 621 do STJ não restará como óbice à conclusão ora explicitada.

9. Se admitido o caráter retroativo como garantia da concretização do princípio da dignidade da pessoa humana em duas vias, em favor

de ambos os envolvidos, repelindo-se o enriquecimento sem causa e o empobrecimento injustificado, inevitavelmente há de se aplicar, para fins de obtenção dos valores devidos, o disposto no art. 509 do Código de Processo Civil, através de liquidação de sentença.

10. Caberá ao julgador, em sede de liquidação de sentença, proceder à verificação dos valores que efetivamente foram despendidos a maior do que o valor da pensão paga. Como o "cunho alimentar" não existe mais, é ônus de quem postula essa diferença provar que a necessidade naquele período era maior. Trata-se da equivalência característica da natureza indenizatória dessa verba.

11. Quando se tratar de majoração das possibilidades do devedor alimentar de forma superveniente, caberá ao julgador especificar a data em que se deu tal majoração e delimitar os efeitos retroativos a partir dessa data. Contudo, o procedimento de cobrança dos valores retroativos deverá seguir o rito explicitado para a primeira hipótese.

12. Quando se observar que as possibilidades da parte devedora sempre foram maiores, o que culminou em medida de restrição voluntária ao direito alimentar do credor e em mecanismo para obter vantagem indevida, por certo caberá ao juízo determinar o caráter retroativo, independentemente de comprovação dos custos, declarando em sentença as razões de tal posicionamento. Essa medida será inibidora de atos dolosos, de má-fé ou de abuso, por parte do devedor de alimentos. Isso é possível, diante da natureza *sui generis* antes citada, visto que não se trata de mera obrigação indenizatória.

13. Quando houver a fixação da obrigação alimentar *in pecunia*, revisando-se a antiga obrigação *in natura*, questionar-se-á a aplicação do § 2º, art. 13, da Lei Especial de Alimentos. Nesses casos, a regra deverá ser a não aplicação do caráter retroativo. Se o julgador não encontrou elementos *ab initio*, ou mesmo no transcorrer da instrução do feito, para proceder à revisão alimentar, transformando a obrigação *in natura* em obrigação *in pecunia* somente verificando a necessidade dessa importante alteração em sede de sentença, não parece adequado que determine a retroatividade. Contudo, se determinada a retroatividade em situações excepcionais, restará inevitável o procedimento de liquidação de sentença, mediante a compensação entre o crédito havido e as despesas de índole alimentar que foram custeadas pelo devedor no período em foco, sendo ônus do credor provas de que teve necessidades reais que não foram custeadas pelo devedor.

8. A curatela dos interditos no contexto da repersonalização do direito e do Estatuto da Pessoa com Deficiência: o alcoolismo

8.1. Introdução

Entre os temas que estão inseridos no Direito de Família, o da curatela é seguramente o que menos tem sido objeto de debate na doutrina contemporânea. Nota-se certo comodismo doutrinário acerca das interdições, o que reflete uma postura conservadora dos pretórios brasileiros. O resultado disso é um evidente descompasso entre a realidade que se vive no Brasil e as conclusões judiciais, visto que o Poder Judiciário está enfrentando novas realidades, embora adote olhares distanciados delas.

O mundo contemporâneo apresenta-nos novas cenas de vida, decorrentes de condutas sociais igualmente novas, com certeza mais complexas ou, no mínimo, observadas como sendo de maior complexidade. Não obstante, os julgados, em regra, desprezam esses fatos, solucionando as questões apenas formalmente.

Por isso, cumpre uma revisitação acerca do instituto da curatela, com ênfase especial às novas realidades, que somente poderão ser observadas adotando-se um olhar mais amplo e, ao mesmo tempo, mais próximo da verdade, tal como se pretende proceder aqui. E, nesse tocante, interessa a inserção atinente às regras e princípios constantes do Estatuto da Pessoa com Deficiência,[258] que, à evidência, alteram questões de imensa relevância acerca do tema ora examinado.

8.2. Da curatela de pessoas com base nos conceitos clássicos

A curatela é definida, no âmbito clássico, com base tanto no que dispunha o Código Civil de 1916 quanto no Código de Processo Civil,

[258] Lei nº 13.146/2015.

como um instituto de índole protetiva. No primeiro instrumento, a curatela é balizada pelo art. 446 em seus três incisos.[259] No segundo, as regras constam nos arts. 1.177 e seguintes, sendo instrumentalizada por meio do processo de interdição. A definição conceitual de curatela, encontrada à época da vigência do Código Civil de 1916, prevê o seguinte:

> Desse conceito se afasta ARNALDO RIZZARDO, ao lecionar que "pode-se definir a curatela como a função pública cuja finalidade é reger a pessoa e administrar os bens, ou somente administrar os bens de pessoas menores, ou maiores, declaradas incapazes em razão de moléstia, prodigalidade, ausência, ou pelo fato de não terem ainda nascido (nascituro)".[260]

Como se observa, trata-se de uma definição que atenta para a proteção da pessoa e dos bens daquele que é reconhecido como incapaz. Em tese, pode-se afirmar que pouco haveria a ser dito, visto que a proteção da pessoa e dos seus bens é, aparentemente, tudo o que se faria necessário em sede de assistência ao incapaz. Porém, essa proteção, no contexto do Direito Civil clássico, codificado em 1916, sofre influência direta da concepção patrimonialista da referida legislação. Tal influência é reconhecida pela doutrina:

> Afirmava-se significativamente – e afirma-se ainda hoje nos cursos jurídicos – que o Código Civil Brasileiro, como os outros códigos de sua época, era a Constituição do direito privado. De fato, cuidava-se da garantia legal mais elevada quanto à disciplina das relações patrimoniais, resguardando-as contra a ingerência do poder público ou de particulares que dificultassem a circulação de riquezas. [...][261]

Dessa maneira, verifica-se que "formalmente" se previa proteção às pessoas e aos seus bens, embora "materialmente" isso nem sempre ocorresse. Na própria legislação, observa-se expressamente tal questão. Por exemplo, o art. 460 do Código Civil de 1916 delimita:

> Art. 460. O pródigo só incorrerá em interdição, havendo cônjuge, ou tendo ascendentes ou descendentes legítimos, que a promovam.

Há, portanto, uma nítida preocupação com o patrimônio do pródigo como medida assecuratória do direito de herança de cônjuges, ascendentes e descendentes. Prova cabal disso consta no que resta disposto no art. 461 da mesma legislação:

> Art. 461. Levantar-se-á a interdição, cessando a incapacidade que a determinou, ou não existindo mais os parentes designados no artigo anterior.

---

[259] "Art. 446. Estão sujeitos à curatela: I – os loucos de todo gênero (arts. 448, I, 450 e 457); II – os surdos-mudos sem educação que os habilite a enunciar precisamente sua vontade (arts. 451 e 456); III – os pródigos (arts. 459 e 461)."

[260] CARVALHO, João Andrades. Tutela, curatela, guarda, visita e pátrio poder. *Aide*, 1996, p. 87.

[261] TEPEDINO, Gustavo. Temas de direito civil. In: *Premissas metodológicas para a constitucionalização do direito civil*. Rio de Janeiro: Editora Renovar, 1999, p. 3.

Assim, fica evidente que a proteção era do patrimônio do pródigo, e não do pródigo em si. Observe-se que, quando há especificação de "parentes designados no artigo anterior", em verdade se está vinculando aos herdeiros necessários, nos termos do que dispunha o art. 1.721 da codificação de 1916, que assim dispunha:

> Art. 1.721. O testador que tiver descendente ou ascendente sucessível não poderá dispor de mais da metade de seus bens; a outra pertencerá de pleno direito ao descendente e, em sua falta, ao ascendente, dos quais constitui a legítima, segundo o disposto neste Código (arts. 1.603 a 1.619 e 1.723).

Outros exemplos podem ser apontados no contexto da ênfase patrimonialista do Código Civil de 1916, bem como no âmbito do caráter apenas formal de proteção da pessoa do interdito nessa legislação. Eis a doutrina:

> Os institutos da tutela, da curatela e da ausência são outros exemplos gritantes de proteção legal de patrimônios. O que se objetiva, através das normas que definem e norteiam o seu funcionamento, não é propriamente proteger as pessoas dos tutelados, dos curatelados ou dos ausentes, mas sim os seus bens, cuja administração o sistema impõe.[262]

Com isso, é seguro afirmar que o instituto da curatela sofreu evidente influência do caráter patrimonialista da legislação civil anterior.

8.3. Uma visão crítica acerca do instituto: o ser e o ter na era da repersonalização do Direito de Família

A postura clássica acerca da curatela, como antes mencionado, não condizia com a nova postura do Direito Civil pátrio, especialmente a partir do advento da Constituição Federal de 1988. Nesse sentido, vários são os aspectos a serem considerados na forma de premissas.

Partindo-se do espectro mais amplo e abstrato, destaca-se o reconhecimento de uma nova concepção de Estado vigente. A Carta Magna de 1988 esculpiu um Estado Social Democrático de Direito, ou seja, um Estado de Direito Material. Essa nova concepção de Estado, conforme o disposto no art. 1º, III, da Constituição Federal, elegeu como princípio fundamental a dignidade da pessoa humana, cujo concretizador é essencialmente o rol dos direitos que se caracterizam com fundamentalidade material.

---

[262] MEIRELLES, Jussara. O ser e o ter na codificação civil brasileira: do sujeito virtual à clausura patrimonial. In: FACHIN, Luiz Edson (org.). *Repensando os fundamentos do direito civil brasileiro contemporâneo*. Rio de Janeiro: Editora Renovar, 1998, p. 104.

Tal transformação normativa lançou um Estado promocional, interventor, relativizando o privado em relação ao público, sempre no intuito de garantir a plena eficácia desses direitos fundamentais e, por consequência, do princípio da dignidade da pessoa humana. Logo, o patrimonialismo codificado passava a ser minimizado pela força normativa constitucional. Aquele espaço que era apenas, ou prioritariamente, do "ter" cedia ao espaço do "ser". Nesse sentido, a doutrina enfatiza:

> Enfim, a pessoa humana passa a centralizar as cogitações jurídicas, na medida em que o *ser* é valorizado. O seu papel anteriormente estabelecido pelas disposições do Código Civil, determinado fundamentalmente pela propriedade, pelo *ter*, assume função meramente complementar. A excessiva preocupação com o patrimônio, que ditou a estrutura dos institutos basilares do Direito Civil, não encontra resposta na realidade contemporânea, mais voltada ao ser humano na sua dimensão ontológica, cujos interesses de cunho pessoal se sobrepõem à mera abstração que o situava como simples pólo da relação jurídica.[263] (grifos do original)

Assim, nasce uma nova proposta metodológica acerca do Direito Civil, concebendo-se aquilo que veio a ser denominado de repersonalização. Eis a definição doutrinária:

> A família, ao converter-se em espaço de realização da afetividade humana, marca o deslocamento da função econômica-política-religiosa-procracional para essa nova função. Essas linhas de tendências enquadram-se no fenômeno jurídico-social denominado *repersonalização das relações civis*, que valoriza o interesse da pessoa humana mais do que suas relações patrimoniais. É a recusa da coisificação ou reificação da pessoa para ressaltar sua dignidade. A família é o espaço por excelência da repersonalização do direito.[264]

Tal concepção tem seguramente o condão de alterar a postura doutrinária e jurisprudencial referente ao tema da curatela.

E, sem dúvida, com o advento do Estatuto da Pessoa com Deficiência, há de se compatibilizar o novo regramento com essa posição metodológica, que resta embasada na ordem constitucional. Tal compatibilização, ao que parece, é bastante facilitada pelo fato de a nova lei ser pautada pelos princípios e valores que se encontram na Constituição Federal de 1988, de modo que o estatuto deve ser observado como um real concretizador dessa normatividade, em especial da materialidade dos direitos fundamentais e do princípio da dignidade da pessoa humana.

[263] MEIRELLES, Jussara. Op. cit., p. 111.

[264] LÔBO, Paulo. *Direito civil: famílias*. 2. ed. São Paulo: Saraiva, 2009, p. 11-12.

Observe-se que o Estatuto da Pessoa com Deficiência propõe uma verdadeira revisão da teoria das incapacidades, a partir de algumas premissas, conforme explica a doutrina:[265]

> Para que se possa compreender o sistema de (in)capacidade trazido pelo Estatuto da Pessoa com Deficiência é necessário trabalhar em conjunto três artigos: o artigo 6º, que prevê que a deficiência não gera, por si só, a incapacidade; o artigo 84, que trata do direito da pessoa com deficiência de exercer a sua capacidade, com a ressalva de seus parágrafos que permitem a curatela, de forma excepcional, e a tomada de decisão apoiada; e o artigo 114 que alterou vários artigos do Código Civil de 2002, importando, agora, os artigos 3º e 4º.

Essa revisão, entretanto, consoante já exposto, há de ser interpretada em acordo com as premissas normativas constitucionais, a fim de que não haja o risco de que se tenha, a partir da inovadora e bem-vinda legislação, por conta de uma análise formal, riscos de retrocessos.

8.4. A curatela do alcoolista: posicionamento jurisprudencial predominante e reflexões

Uma das hipóteses de curatela abrange o alcoolismo. A doutrina, antes do advento da Lei nº 13.146/2015, posicionou-se no sentido de que o alcoolista restaria inserido no art. 1.767, III, do Código Civil vigente, sendo enquadrado no plano da incapacidade, conforme o conceito habitual de ébrio. Agora, a partir do disposto no art. 3º, II, da Lei nº 13.146/2015, verifica-se a manutenção dessa expressão. Na legislação anterior, não se vislumbrava, no rol do art. 446, que tratava do tema, a figura do ébrio habitual. Contudo, não obstante esse fato, já por ocasião da legislação revogada, entendia-se pela possibilidade jurídica do alcoolista, com base em uma compreensão de que o rol constante dos incisos do referido artigo não era exaustivo.[266] Assim, o direito não desconhecia o alcoolista como sujeito de direito no plano da curatela.

Entretanto, a posição dos pretórios, seja antes do advento do novo Código Civil, seja atualmente, mesmo com o advento do Estatuto da Pessoa com Deficiência, ainda demonstra equívocos de premissa

---

[265] SOUZA, Iara Antunes de. *Estatuto da pessoa com deficiência: curatela e saúde mental*. D'Plácido Editora, 2016, Belo Horizonte, p. 278.

[266] Convém, entretanto, dar conta de que a jurisprudência tinha, por vezes, postura diversa, admitindo caráter restritivo para tal rol, como no caso do processo a seguir ementado, no qual, mesmo sendo alcoolista, como não havia comprometimento da capacidade mental, não foi deferida a interdição. Ementa: DEMONSTRANDO O EXAME REALIZADO, QUE A DEPENDÊNCIA DO ÁLCOOL NÃO COMPROMETE A CAPACIDADE MENTAL, NÃO SE DECRETA A INTERDIÇÃO. (Apelação Cível nº 597.199.371, Oitava Câmara Cível, Tribunal de Justiça do RS, Relator: Antônio Carlos Stangler Pereira, Julgado em 06/05/1999.)

no que diz respeito à aplicação do sistema jurídico como totalidade de valores e princípios quando se trata da curatela do alcoolista.

Observa-se comumente, por parte da jurisprudência, a postura clássica vencida que atenta ao patrimônio do alcoolista como um fim, em vez da própria pessoa do alcoolista, isto é, uma visão distorcida quanto às premissas a serem analisadas. Não se está aqui questionando a decisão em si, mas as suas premissas. Eis um julgado que demonstra perfeitamente o exposto:

> INTERDIÇÃO. ALCOOLISMO. LIMITAÇÃO PARCIAL PARA ESTABELECER A PROIBIÇÃO DE ALIENAÇÃO DE BENS. DECISÃO DE CARÁTER PROTETIVO DOS INTERESSES DO INTERDITANDO. Se o interditando apresenta quadro de alcoolismo capaz de lhe comprometer a capacidade mental, havendo risco de que venha a dilapidar o seu patrimônio, mostra-se adequada, pelo seu caráter protetivo, a interdição parcial deferida, estabelecendo a proibição de alienar ou onerar bens imóveis. Recurso desprovido.[267]

Trata-se, portanto, de um alcoolista que tem essa situação de saúde devidamente reconhecida, mas a posição dos julgados é apenas de uma interdição parcial, devido ao risco de que o interdito venha a dilapidar o seu patrimônio.

Assim sendo, nota-se que a proteção concedida ao alcoolista ocorre em face da existência de seu patrimônio, e não de sua própria pessoa. Pode-se afirmar que a proteção do patrimônio é uma forma indireta de se proteger a pessoa. Contudo, tal posicionamento certamente se esvazia de fundamentos e cai na incoerência quando se trata do caso de um alcoolista sem patrimônio.

Nesse sentido, o alcoolista sem patrimônio não seria sujeito de direitos para o fim protetivo da curatela. A verdade é que ainda se observa, como pressuposto para a interdição[268] do alcoolista, que ele tenha patrimônio a perder, o que é equívoco de premissa, visto que afronta a nova concepção normativa do sistema jurídico pátrio.[269]

---

[267] Apelação Cível nº 70.012.181.947, Sétima Câmara Cível, Tribunal de Justiça do RS, Relator: Sérgio Fernando de Vasconcellos Chaves, Julgado em 24/08/2005.

[268] E, aqui, vale destacar que se acolhe a posição doutrinária no sentido da manutenção do instituto da interdição como instrumento processual a fim de garantir judicialmente a curatela. Nesse sentido: "Não obstante respeitosas opiniões jurídicas, *data maxima venia*, entende-se que a interdição é a medida jurídica e judicial cabível para que se comprove em juízo a falta de discernimento para os atos da vida civil que culminará no reconhecimento da incapacidade absoluta (se for o caso e conforme defendido na seção anterior) ou relativa. Logo, não obstante as alterações do Estatuto da Pessoa com Deficiência, continua vigente no sistema jurídico brasileiro. Entretanto, sua aplicação prática de outrora, como visto no capítulo 3, deve ser alterada e não pode ser usada como meio de segregação e afastamento indiscriminado da capacidade da pessoa, chegando a provocar sua morte civil [...]", in SOUZA, Iara Antunes de. *Estatuto da pessoa com deficiência: curatela e saúde mental*. D'Plácido Editora, 2016, Belo Horizonte, p. 294.

[269] No mesmo sentido, pode-se citar a Ementa: INTERDIÇÃO. ALCOOLISMO. PROIBIÇÃO DE ALIENAÇÃO DE BENS. DECISÃO DE CARÁTER PROTETIVO DOS INTERESSES DO

O alcoolista, ao contrário do que possa parecer à primeira vista, precisa de proteção pessoal, que se dá mediante a plena e total atuação do curador, de modo a defender os interesses do incapaz das mais variadas formas. E o curador, para bem exercer seu *munus*, deverá ter poderes mais amplos do que apenas aqueles atinentes aos aspectos patrimoniais.

Tal princípio resta mais bem-compreendido adotando-se um olhar interdisciplinar. O alcoolista, mesmo sem patrimônio, necessita de uma administração de sua "pessoa", tendo em vista questões que envolvem a administração do seu trato social, já que, como sujeito de direito, contrata, tem deveres, etc.

Observe-se, por exemplo, a importância de administração dos seus contratos de plano de saúde, de eventual necessidade de internação, bem como de contratação de médicos. E decisões já começam a apontar para esse enfoque:

> APELAÇÃO CÍVEL. INTERDIÇÃO. ALCOOLISMO. INCAPACIDADE TOTAL. PRESTAÇÃO DE CONTAS. ESPOSA CASADA SOB REGIME DE COMUNHÃO UNIVERSAL DE BENS. DESNECESSIDADE. A desnecessidade de prestação de contas encontra esteio no artigo 1.783 do Código Civil ao afirmar a regra quando dispõe que "Quando o curador for o cônjuge e o regime de bens do casamento for de comunhão universal, não será obrigado à prestação de contas (...)". Tratando-se de pessoa cuja capacidade mental encontra-se comprometida em razão do alcoolismo que, conforme demonstra a prova dos autos, não encontra condições de reger não só o patrimônio, mas a própria pessoa, imperiosa a interdição total. Afinal, o instituto da interdição tem caráter protetivo da pessoa, não só do patrimônio. PRIMEIRO APELO NÃO PROVIDO E SEGUNDO APELO PROVIDO.[270]

O trecho do voto do relator espelha bem a adequação da fundamentação, em conformidade com o Direito de Família contemporâneo:

> No que tange ao pedido de reforma da sentença, contido no 2º apelo, onde a parte aduz que a presente demanda visa preservar mais que o "ter" de P., mas também o "ser", porquanto a limitação da interdição garantirá a preservação do patrimônio, mas impedirá a proteção do recorrido, tenho que merece provimento.
> A dependência ao álcool, os episódios de depressão, as constantes internações e a necessidade de a segunda apelante agir em nome do incapacitado para garantir tratamentos em hospitais e clínicas psiquiátricas, bem como aforar ações que protejam o próprio interditado revelam ser indicado para o caso em análise a interdição plena.

INTERDITANDO. Se o interditando apresenta quadro de alcoolismo capaz de lhe comprometer a capacidade mental, havendo risco de que venha a dilapidar o seu patrimônio, mostra-se adequada, pelo seu caráter protetivo, a medida deferida proibindo a alienação ou oneração de bens. Recurso desprovido. (Agravo de Instrumento nº 70.009.625.534, Sétima Câmara Cível, Tribunal de Justiça do RS, Relator: Sérgio Fernando de Vasconcellos Chaves, Julgado em 20/10/2004.)

[270] Apelação Cível nº 70033020793, Oitava Câmara Cível, Tribunal de Justiça do RS, Relator: Alzir Felippe Schmitz, Julgado em 11/03/2010.

Ou seja, quando se detém na pessoa do interditando, protegendo-a também através de seu patrimônio, fazendo do patrimônio um meio em vez de um fim, atenta-se à repersonalização do Direito Civil. Assim, a interdição do alcoolista, a partir de uma ótica interdisciplinar e sistemática, deve ser apreciada topicamente no plano da concepção hermenêutica contemporânea.

E o Estatuto da Pessoa com Deficiência poderá ser um excelente instrumento protetivo para a pessoa do alcoolista, ainda que, a partir de um primeiro olhar, a nova lei possa aparentar o oposto, no momento em que, em regra, a sua aplicação implicará uma minimização de "excessos protetivos", que antes ocorriam de forma injustificada, pois busca preservar a autonomia das pessoas, dentro do possível. Consoante se observa da doutrina, há uma atenção importante à questão da proteção das ditas questões existenciais das pessoas, nos seguintes termos:

> Se o pródigo não tem patrimônio, mas assume diversas dívidas, em que consiste a curatela? Afinal, não haveria proteção patrimonial propriamente dita. Entretanto, há necessidade de sobrevivência (ALMEIDA; RODRIGUES JÚNIOR, 2012, p. 504) que merece proteção. Até, por exemplo, para a administração da pensão previdenciária ou dos alimentos que venha a necessitar e receber. Ainda quanto ao pródigo, é necessário atentar para as suas questões existenciais que não devem ser afetadas em razão das limitações quanto à administração patrimonial. Por outro lado, se a prodigalidade decorrer de transtorno mental será tratado como ele, inclusive podendo ser interditado de forma absoluta. [...]
>
> Nos casos de alcoolismo e toxicomania – uso de entorpecentes em geral – quando atingirem o discernimento, quando o transtorno do comportamento for a causa do transtorno mental, ensejam a interdição.[271]

Ou seja, se o critério estabelecido pela principiologia que embasa e move a nova lei for respeitado,[272] mediante análise adequada – técnica – por parte do intérprete, no sentido de que, mesmo que desprovida de patrimônio, a pessoa do alcoolista se mostra vulnerável acerca de suas questões existenciais, merecendo, por isso, proteção, terá ele a curatela proporcional à vulnerabilidade existente, de modo que, assim, não haverá que se falar mais em negação protetiva ao alcoolista desprovido de patrimônio.

---

[271] SOUZA, Iara Antunes de. Estatuto da pessoa com deficiência: curatela e saúde mental. D'Plácido Editora, 2016, Belo Horizonte, p. 214.

[272] Nesse sentido, FARIAS, Cristiano Chaves de e ROSENVALD, Nelson (*Curso de direito civil: famílias*, 9ª edição, Editora JusPODIVM, 2017, Salvador, p. 962) assim referem: "Com isso, é preciso que a norma estatutária sirva de balizamento para um compromisso do jurista do novo tempo com o instituto da curatela, de modo a compreendê-lo como vocacionado à proteção da pessoa incapacitada, promocional de sua dignidade, e não reducionista de sua vontade." [...].

8.5. Conclusões

1. O instituto da curatela nasceu no Brasil devidamente influenciado pelos valores do Direito de Família clássico, com nítida postura patrimonialista.

2. Diante dessa postura patrimonialista, mais do que a proteção do interditando, o que se verifica era a proteção do seu patrimônio.

3. A nova postura do Direito de Família, em moldes contemporâneos, não pode conviver com as premissas da antiga postura, devendo ser procedida uma revisitação do instituto da curatela, sob pena de evidente violação ao princípio da dignidade da pessoa humana.

4. Essa revisitação impõe que, com base na repersonalização do Direito de Família, a proteção que outrora era concedida ao "ter" agora seja concedida ao "ser".

5. No plano da curatela do alcoolista, tema desta análise, tal questão ganha maior importância.

6. A partir de um exame formal, com base em valores vencidos pelos novos tempos e pelos novos rumos da sociedade, o alcoolista ainda vem sendo precariamente protegido pela jurisprudência pátria.

7. A maior prova da desproteção concedida ao alcoolista é o deferimento usual de interdição somente de índole parcial e patrimonial ao mesmo, o que denota que o alcoolista sem patrimônio, nesses termos, não seria protegido pelas decisões judiciais.

8. O Estatuto da Pessoa com Deficiência, mediante uma adequada interpretação, será um grande aliado contra as posições equivocadas que foram consagradas por parte da jurisprudência, diante da principiologia que embasa a nova lei, em especial pela necessária verificação tópica e multidisciplinar acerca da incapacidade a ser analisada e da contemplação protetiva acerca de questões existenciais.

9. A partir do que antes foi exposto, haver-se-á de mudar essa posição jurisprudencial, consagrando-se a proteção integral do alcoolista no contexto de sua vulnerabilidade pessoal, e não apenas patrimonial, cabendo ao Poder Judiciário, na análise do caso concreto, determinar a interdição total do alcoolista, mesmo quando ele não tiver patrimônio, sempre que a indicação psicológica for essa.

9. Alimentos gravídicos: limites e possibilidades

9.1. Introdução

O estudo acerca dos alimentos gravídicos e a própria experiência jurisprudencial são novos. Embora o fenômeno da gravidez não acolhida, negada pelo homem, seja uma realidade que não é própria da sociedade contemporânea, a verdade é que somente no ano de 2008 a legislação passou a concretizar regras específicas com o objetivo de tutelar essa situação.

Entretanto, não basta o surgimento de uma regra para que se tenha essa situação solucionada. Há de existir uma aplicação da regra em consonância com o que dispõe o sistema jurídico pátrio, de modo que se verifique um instrumento jurídico que atenda à finalidade maior motivadora da lei e que também reprima os excessos que são próprios das distorções tão comuns em matérias alimentárias.

O presente estudo propõe-se a proceder à análise da Lei dos Alimentos Gravídicos, de acordo com um contexto sistemático, a fim de delimitar seus limites e suas possibilidades.

9.2. Da Lei nº 11.804/2008: alimentos gravídicos para a gestante

A questão alimentar no sistema jurídico pátrio, no campo do Direito de Família, é um dos retratos mais claros da aplicação do princípio da dignidade da pessoa humana, princípio fundamental da ordem constitucional pátria e verdadeiro instrumento de repersonalização do Direito de Família.[273]

---

[273] "A repersonalização impera justamente em face da necessidade que se observa da realização material do princípio da dignidade da pessoa humana como princípio fundamental. Realização esta que ocorre em face da vinculação de todos os concretizadores, a partir da própria materialização dos direitos fundamentais", nesta obra, p. 30.

Não se pode imaginar a concretização de tal princípio suprimindo-se daquelas pessoas que necessitam de verbas alimentares a potencialização de sua postulação, no contexto do solidarismo que decorre, como valor, da Constituição Federal. Nesse sentido, já se manifestou a doutrina:

> Por isso, a fixação dos alimentos deve obediência a uma perspectiva solidária (CF, art. 3º), norteada pela cooperação, pela isonomia e pela justiça social – como modos de consubstanciar a imprescindível dignidade humana (CF, art. 1º, III). Nessa linha de intelecção, é fácil depreender que, comprometida em larga medida a concretização dos direitos econômicos e sociais afirmados pelo Pacto Social de 1988 de pessoas atingidas pelo desemprego ou pela diminuição da capacidade laborativa (*e.g.* em adolescentes, em jovens ainda estudantes, em idosos, em deficientes, etc.), os alimentos cumprem a relevante função de garantir a própria manutenção de pessoas ligadas por vínculo de parentesco.
>
> Ou seja, a obrigação alimentar é, sem dúvida, expressão da solidariedade social e familiar (enraizada em sentimentos humanitários), constitucionalmente impostas como diretriz da nossa ordem jurídica).[274]

Nessa perspectiva, faltava a consagração desse direito alimentar a fim de garantir a proteção dos direitos do nascituro desde a sua concepção, ainda que, notadamente, se observe na doutrina que não existe unanimidade acerca de qual teoria resta tutelada pelo sistema jurídico no que tange à sua personalidade jurídica, isto é, se a teoria concepcionista, a teoria da personalidade condicional ou a teoria natalista.[275]

A "Lei dos Alimentos Gravídicos",[276] como ficou conhecida, foi o instrumento legislativo editado para concretizar esse direito. Contudo, em realidade, acabou por criar um direito ao nascituro por uma via indireta, mediante a proteção e o apoio material à gestante. Isso fica evidente do disposto no art. 2º da referida lei, que assim expressa:

> Art. 2º Os alimentos de que trata esta Lei compreenderão os valores suficientes para cobrir as despesas adicionais do período de gravidez e que sejam dela decorrentes, da concepção ao parto, inclusive as referentes a alimentação especial, assistência médica e psicológica, exames complementares, internações, parto, medicamentos e demais prescrições preventivas e terapêuticas indispensáveis, a juízo do médico, além de outras que o juiz considere pertinentes.

Dito de outro modo, a legitimação ativa para a postulação dos alimentos gravídicos é da gestante, como forma de viabilizar o custeio

---

274 FARIAS, Cristiano Chaves de; ROSENVALD, Nelson. *Curso de direito civil: famílias.* Vol. 6. 7.ed. São Paulo: Atlas, 2015, p. 671.

275 Sobre o tema, ver RODRIGUES, Rafael Garcia. In: TEPEDINO, Gustavo. (coord.). *A parte geral do novo Código Civil: estudos na perspectiva civil-constitucional.* 2. ed. Rio de Janeiro: Renovar, 2003, p. 5.

276 Assim, resta expresso na lei: "Disciplina o direito a alimentos gravídicos e a forma como ele será exercido e dá outras providências".

das despesas inerentes à gravidez, com reflexos indiretos de proteção ao nascituro. A doutrina prevê:

> A garantia dos alimentos, desde a concepção, não significa a consagração da teoria concepcionista, eis que os alimentos não são assegurados ao nascituro, mas à gestante.[277]

Quando do nascimento com vida, o juízo converterá os alimentos gravídicos em pensão alimentícia à criança, nos termos previstos no parágrafo único, art. 6º, da lei em questão.

> Art. 6º Convencido da existência de indícios da paternidade, o juiz fixará alimentos gravídicos que perdurarão até o nascimento da criança, sopesando as necessidades da parte autora e as possibilidades da parte ré.
>
> Parágrafo único. Após o nascimento com vida, os alimentos gravídicos ficam convertidos em pensão alimentícia em favor do menor até que uma das partes solicite a sua revisão.

A partir dessa conversão, quando os alimentos deixam de ser gravídicos, poder-se-á afirmar que a verba alimentar pertence à criança, e não mais à sua genitora, o que denota uma transmissibilidade subjetiva decorrente da lei.

Assim, a natureza jurídica dos alimentos gravídicos para a gestante difere da natureza jurídica da pensão alimentícia à criança recém-nascida, impondo-se, a partir daí, que se observem as diferenças que decorrem no plano das consequências jurídicas acerca de requisitos para fixação, extensão, etc.

9.3. Da apreciação da liminar fixando alimentos gravídicos

Embora a Lei dos Alimentos Gravídicos disponha, em seu art. 11, que se aplica supletivamente a ela o disposto nas Leis nºs 5.478/1968 e 5.869/1973,[278] resta evidente que esse exame hermenêutico deve ocorrer com amplas e importantes ressalvas, a partir das premissas destacadas no item anterior do presente estudo. Consoante se verifica do disposto no art. 6º da lei em comento, existe requisito próprio de fixação de liminar:

> Art. 6º Convencido da existência de indícios da paternidade, o juiz fixará alimentos gravídicos que perdurarão até o nascimento da criança, sopesando as necessidades da parte autora e as possibilidades da parte ré.

---

[277] DIAS, Maria Berenice. *Manual de direito das famílias*. 8. ed. São Paulo: Revista dos Tribunais, 2001, p. 537.

[278] Art. 11. Aplicam-se supletivamente nos processos regulados por esta Lei as disposições das Leis nº 5.478, de 25 de julho de 1968, e nº 5.869, de 11 de janeiro de 1973 – Código de Processo Civil.

A regra, de forma expressa, consigna que a liminar deve decorrer da "existência de indícios de paternidade". A questão é saber decifrar o que são "indícios de paternidade" no plano das evoluções da ciência e das posturas sociais contemporâneas.

No plano da evolução da ciência, sabe-se que, hoje, é possível proceder-se a testes de paternidade intrauterinos, com elevado nível de probabilidades, bem como de exclusão absoluta. No entanto, também é um fato que esses testes intrauterinos normalmente não são realizados, seja por conta da negativa do homem, seja pelo risco que oferecem à gestante e ao feto, por se tratar de um método invasivo.

No plano da postura social, o que se evidencia é que, se no passado se poderia supor que a simples sinalização de que a gestante teve relacionamento sexual com determinada pessoa era um indício de paternidade, hoje isso não é necessariamente uma verdade, visto que os brasileiros, na atualidade, mantêm um número de parceiros sexuais maior do que mantinham no passado.[279]

Assim, nota-se que esse exame acerca da apreciação da liminar de alimentos gravídicos revela-se de difícil proceder. Seguramente, trata-se de uma liminar que tem autorização para ser concedida em termos bem menos densos de convicção de ordem probatória do que os demais casos alimentares. Inevitavelmente, o juízo acabará por conceder as liminares de alimentos gravídicos com menor rigor que concede às demais liminares alimentares.

> AGRAVO DE INSTRUMENTO. ALIMENTOS GRAVÍDICOS. FIXAÇÃO. Em ações dessa espécie, o juiz, de regra, vê-se diante de um paradoxo: de um lado, a prova geralmente é franciscana e, de outro, há necessidade premente de fixação da verba, sob pena de tornar-se inócua a pretensão, pois, até que se processe a instrução do feito, o bebê já terá nascido. Assinale-se, também, que, de acordo com o que ensinam as regras da experiência, são percentualmente insignificantes os casos em que uma ação investigatória de paternidade resulta improcedente, o que confere credibilidade, em geral, à palavra da mulher na indicação do pai de seu filho, mormente considerando que, em princípio, não se percebem indícios de interesses patrimoniais escusos, uma vez que o pedido é de fixação de alimentos em apenas meio salário mínimo. DERAM PARCIAL PROVIMENTO. UNÂNIME.[280]

Note-se que, no próprio julgado aqui descrito, há o reconhecimento da precariedade da prova acerca dos indícios de paternidade. Ainda assim, a decisão é de fixação liminar dos alimentos gravídicos.

---

[279] Sobre o tema, ver: <http://files.bvs.br/upload/S/1413-9979/2010/v15n3/a1545.pdf>. Acesso em: 24 out. 2015.

[280] Agravo de Instrumento nº 70.065.655.912, Oitava Câmara Cível, Tribunal de Justiça do RS, Relator: Luiz Felipe Brasil Santos, Julgado em 03/09/2015.

Desse modo, a aplicação subsidiária da Lei Especial de Alimentos e do Código de Processo Civil, quando se trata de alimentos gravídicos, seguramente não se dá em sede de apreciação da liminar, pois os requisitos são outros,[281] bem menos rígidos.[282]

9.4. Da interpretação do conteúdo do art. 2º da lei que disciplina os alimentos gravídicos: da abertura conceitual e da interpretação restritiva acerca da sua extensão

A legislação prevê que os alimentos gravídicos importam em um rol de possíveis despesas que venham a decorrer da gravidez, ou seja, despesas que são acrescidas à gestante única e exclusivamente por conta da gravidez. Isso resta bem evidenciado a partir de expressão constante do art. 2º que refere: "[...] despesas adicionais do período de gravidez e que sejam dela decorrentes, da concepção ao parto".

O rol refere despesas acerca de "[...] alimentação especial, assistência médica e psicológica, exames complementares, internações, parto, medicamentos e demais prescrições preventivas e terapêuticas indispensáveis, a juízo do médico, além de outras que o juiz considere pertinentes". Trata-se claramente de um rol aberto, de cunho exemplificativo.

No entanto, a constatação de que se trata de um rol aberto, como se sabe, ao remontar à ideia de um conceito aberto acerca da compreensão das "despesas gravídicas", de um lado revela a indeterminação conceitual, mas, de outro, limita a atuação do intérprete ao exame do caso concreto (tópica) e do contexto sistemático hermenêutico, com

---

[281] Convém salientar que essa não é a posição unânime na doutrina. Rolf Madaleno (*Curso de direito de família*, 5.ed. Rio de Janeiro: Forense, 2013, p. 922) assim refere: "Evidentemente, o juiz deve se ater a indícios fortes, capazes de levá-lo à presunção da paternidade, como ocorre com fotografias, escritos públicos e particulares, bilhetes, prova testemunhal, declarações e depoimentos, sendo presumida a paternidade no caso de a gestante ser casada com o réu e em todas as demais hipóteses ventiladas no artigo 1.597 do Código Civil [...]. É ônus da mulher grávida colacionar os indícios que apontem para a alegada paternidade, diante da impossibilidade de ser exigida prova negativa por parte do indigitado pai".

[282] Observe-se, no caso em tela, o maior rigor da apreciação de uma liminar de alimentos em caso de investigação de paternidade: AGRAVO DE INSTRUMENTO. INVESTIGAÇÃO DE PATERNIDADE. ALIMENTOS PROVISÓRIOS. PEDIDO DE ANTECIPAÇÃO DE TUTELA. DESCABIMENTO. 1. A antecipação de tutela consiste na concessão imediata da tutela reclamada na petição inicial, mas sua concessão pressupõe existência de prova inequívoca capaz de convencer da verossimilhança da alegação e, ainda, que haja fundado receio de dano irreparável ou de difícil reparação. Inteligência do art. 273 do CPC. 2. Descabe antecipação de tutela quando existem questões fáticas que ainda reclamam a cabal comprovação, necessitando que aportem aos autos elementos suficientes que agasalhem o pleito liminar. NEGADO SEGUIMENTO AO RECURSO. (Agravo de Instrumento nº 70.065.929.846, Oitava Câmara Cível, Tribunal de Justiça do RS, Relator: Liselena Schifino Robles Ribeiro, Julgado em 03/08/2015.)

a relevância do caráter teleológico. Nesse sentido, vale transcrever a posição da doutrina:

> Os conceitos normativos desta espécie chamam-se conceitos "carecidos de um preenchimento valorativo". Com esta horrorosa expressão quer-se dizer que o volume normativo destes conceitos tem de ser preenchido caso a caso, através de actos de valoração. [...][283]

Assim, observa-se que o intérprete, ao aplicar a norma do caso concreto, poderá dar abrangência extensiva ao conceito de "despesas gravídicas", mas sempre com o limite imposto pelo próprio sistema jurídico, que no caso se revela a partir da finalidade de garantir uma gestação com dignidade mínima.

E, naquelas despesas reconhecidas como "gravídicas", há de se ponderar acerca de sua extensão em sede de alimentos gravídicos. Nesse caso, um aspecto é reconhecer a despesa como devida, e outra é a análise de sua extensão. A análise da extensão, sem dúvida, deve ser restritiva. E é fácil compreender as razões para tal afirmação.

Conforme antes explicitado, a fixação dos alimentos gravídicos em favor da gestante, na imensa maioria das vezes,[284] se dá em uma cognição sumária, até mesmo sumaríssima, e o seu deferimento é baseado em conteúdo probatório precaríssimo, o qual seria incapaz de fundamentar outras medidas liminares no âmbito da tutela de urgência.[285]

Além disso, as novas posturas sociais e a não utilização da ciência precarizam a apreciação procedida pelo Poder Judiciário, de modo que as liminares são deferidas com um risco imensamente maior de que venham a ser cassadas no futuro.[286]

Por isso, impõe-se a restrição acerca da extensão dos alimentos, ou seja, fixa-se, no plano aberto do conceito de "despesas gravídicas", a obrigação que seja suficiente para cobrir o rol de despesas que se fizerem necessárias para a garantia da dignidade mínima, mas, ao mesmo tempo, restringe-se a sua extensão. E, nesse caso, vale destacar que, para a fixação dos alimentos gravídicos, não há de se levar em consideração, como parâmetro, as condições sociais do suposto pai. Segundo a doutrina:

---

[283] ENGISCH, Karl. *Introdução ao pensamento jurídico*. Tradução de João Baptista Machado. Lisboa: Fundação Calouste Gulbenkian, 1964, p. 213.

[284] As únicas hipóteses em que não se verifica tal situação são aquelas nas quais o exame de DNA é realizado durante a gestação, o que se revela uma exceção.

[285] O acórdão cuja ementa restou colacionada reconhece a precariedade probatória que é suficiente para o deferimento da liminar de alimentos gravídicos.

[286] Diante do caráter de exceção no sentido da repetibilidade das verbas alimentares, é evidente que há de se ter maior rigor quando do deferimento de alimentos que, adiante, se não confirmada a paternidade, serão irrepetíveis.

Após o nascimento com vida, os alimentos ficam convertidos em pensão alimentícia em favor do menor até que uma das partes solicite a sua revisão. Isso porque os alimentos gravídicos, de regra, não devem levar em consideração no período gestacional a condição social do alimentante. Contudo, nada obsta que estes alimentos possam ser revisados depois do nascimento, agora sim, também considerando o padrão social, econômico e financeiro do alimentante [...].[287]

Assim, os alimentos gravídicos não conduzem ao custeio de despesas que superem o mínimo que venha a garantir a dignidade dos envolvidos, garantindo uma gestação segura, pois, no âmbito precário de sua fixação, bem como de sua natureza e de sua finalidade, esse é o seu limite.

Disso decorre que, mesmo quando as decisões judiciais acolham a maximização do número de despesas gravídicas, no contexto antes referido, há de se ter razoabilidade. Um exemplo desse tipo refere-se ao enxoval do bebê. Existem decisões que incluem o enxoval como uma despesa gravídica.[288] Independentemente de não ser unânime tal posicionamento, partindo-se do conceito de enxoval,[289] resta evidente que essas "roupas" ou "adornos" que integram o enxoval, no caso de alimentos gravídicos, devem ser apenas aqueles que se prestarão para o período da gestação e de prazo mínimo necessário ao nascimento da criança e à apuração da paternidade, cabendo ao juízo proceder a esse exame com a máxima prudência.

---

[287] Madaleno, Rolf. *Curso de direito de família*. 5. ed. Rio de Janeiro: Forense, 2013, p. 922. No mesmo sentido, ver DIAS, Maria Berenice, obra citada, p. 538: "Porém, não é necessária a prova nem das possibilidades do réu e nem da necessidade da gestante, pois a obrigação decorre da responsabilidade parental, devendo o juiz atentar à proporção dos recursos de ambos. Do mesmo modo, o encargo não guarda proporcionalidade com os ganhos do alimentante, tal como ocorre com os alimentos devidos ao filho".

[288] AGRAVO DE INSTRUMENTO. UNIÃO ESTÁVEL. ALIMENTOS GRAVÍDICOS. BLOQUEIO DE VALORES EM CONTA BANCÁRIA E INVESTIMENTOS. RESTRIÇÃO À VENDA DE VEÍCULOS EM NOME DO VARÃO. 1. ALIMENTOS GRAVÍDICOS. A fixação de alimentos ao nascituro, em quantia correspondente a 60 salários mínimos, se mostra de todo exorbitante. Por mais ampla que seja a gama de despesas que o fato da gravidez acarrete (assistência médica, psicológica, exames, parto, medicamentos, enxoval, etc.) e que estão referidas na respectiva legislação especial, não há nada que justifique alimentos mensais de R$ 32.700,00 – isto tudo antes mesmo de a criança nascer! Não obstante a alegação de ser o demandado grande investidor, com elevadíssimos ganhos mensais, é também da mãe, gestante, o dever de custeio das despesas com o nascituro. 2. BLOQUEIO DE VALORES E RESTRIÇÃO À VENDA DE BENS. Deve ser mantida a decisão agravada, porquanto não há elementos seguros para, nesta fase processual em que é incipiente a instrução probatória, se concluir pelo período de duração da união estável alegada e que o patrimônio almejado é efetivamente comum. NEGARAM PROVIMENTO. UNÂNIME. (Agravo de Instrumento nº 70.046.268.702, Oitava Câmara Cível, Tribunal de Justiça do RS, Relator: Luiz Felipe Brasil Santos, Julgado em 26/01/2012.)

[289] "Conjunto de roupas e adornos de uma noiva, de um estudante que vai para internato ou de um recém-nascido". Disponível em: <http://michaelis.uol.com.br/moderno/portugues/index.php?lingua=portugues-portugues&palavra=enxoval>. Acesso em: 24 out. 2015.

Cumpre ainda destacar a responsabilidade da gestante pelo pagamento das despesas gravídicas, de modo que esse também é fator limitador da fixação a ser efetuada. O parágrafo único do art. 2º da Lei nº 11.804/2008 é claro ao determinar:

> Parágrafo único. Os alimentos de que trata este artigo referem-se à parte das despesas que deverá ser custeada pelo futuro pai, considerando-se a contribuição que também deverá ser dada pela mulher grávida, na proporção dos recursos de ambos.

Portanto, a cooperação da mulher grávida deverá existir. Trata-se de evidente responsabilidade compartida entre a grávida e o suposto pai. Na condição de gestante, ela já assume os deveres fundamentais que se propagarão após o nascimento da criança. Sobre o tema:

> Entre os vários aspectos em que se vislumbra a proteção da família como relevante para a comunidade, está a proteção da relação entre seus membros. Os deveres fundamentais estão presentes na preservação do respectivo direito fundamental. Trata-se da obrigação da sociedade de garantir proteção à família em conjunto com o Estado.
>
> Tal situação é vislumbrada com clareza em face dos deveres dos pais para com os filhos menores. Os destinatários desses deveres são os pais, devido ao direito fundamental de manutenção e educação. Os menores, como membros da família, recebem proteção, enquanto os pais devem proceder em conformidade com tais deveres, sob pena de uma minimização dos efeitos positivos da paternidade, consoante a doutrina explica no caso do abandono.[290]

Se após o nascimento esses deveres se efetivarão, torna-se evidente que esses deveres já existem no período da gravidez, inclusive no plano do custeio das despesas gravídicas.[291]

Dessa forma, na atual concepção do Direito de Família, ingressou o direito à gestante de postular os alimentos gravídicos, com base nas premissas já expostas, sempre no contexto dos limites e das possibilidades referidas.

---

[290] Nesta obra, p. 70.

[291] AGRAVO DE INSTRUMENTO. AFASTAMENTO DO DEMANDADO DO LAR CONJUGAL. MULHER GRÁVIDA. FIXAÇÃO DE ALIMENTOS. LEI Nº 11.804/08 (ALIMENTOS GRAVÍDICOS). CONTRIBUIÇÃO DO CASAL. VALOR REDUZIDO. 1. É temerário deixar o grupo familiar convivendo sob o mesmo teto, com exposição de crianças ao acirrado conflito do casal. A decisão tem natureza protetiva e acautelatória e foi proferida em prol da segurança pessoal da autora, gestante, e de filha de outro relacionamento, ainda criança, e não vincula seu exercício à definição prévia acerca de pertencer o imóvel a ambos ou ser de propriedade exclusiva do recorrente. 2. Cuida-se de alimentos gravídicos que visam custear despesas adicionais do período de gravidez e que sejam dela decorrentes, da concepção ao parto, cuja obrigação de pagamento é do casal. 3. Com os elementos dos autos, em sede de cognição sumária, recomendável a redução da quantia. DERAM PARCIAL PROVIMENTO AO AGRAVO DE INSTRUMENTO. UNÂNIME. (Agravo de Instrumento nº 70.039.692.322, Oitava Câmara Cível, Tribunal de Justiça do RS, Relator: Luiz Felipe Brasil Santos, Julgado em 13/01/2011.)

9.5. Conclusões

1. A Lei nº 11.804/2008 resta recebida no sistema jurídico pátrio como um importante instrumento de concretização do princípio da dignidade da pessoa humana ao reconhecer expressamente o direito aos alimentos gravídicos.

2. A lei garante a possibilidade de fixação dos alimentos gravídicos a partir da existência apenas de indícios de paternidade, e a análise desses indícios não é simples, diante da complexidade das relações afetivas contemporâneas, das novas posturas sociais e do fato de que esse exame é realizado mediante apreciação de liminar em sede de uma cognição sumária.

3. A fixação da liminar de alimentos gravídicos ganha uma permissibilidade especial, destoando de todas as demais liminares baseadas na tutela de urgência, inclusive em comparação com as liminares de cunho alimentar previstas na Lei Especial de Alimentos, ganhando requisitos próprios.

4. Na interpretação do art. 2º da Lei nº 11.804/2008, encontra-se uma indeterminação conceitual acerca do que integra os alimentos gravídicos, restando um rol aberto, de cunho meramente exemplificativo. Apesar disso, diante do caráter finalístico de tais verbas alimentares, bem como da precária cognição por meio da qual, em regra, são deferidos, há de se apontar para uma análise restritiva, em face da extensão das despesas tidas como devidas quando da fixação.

5. Esse caráter restritivo tem como limite, de ambos os lados, o princípio da dignidade da pessoa humana, ou seja, tanto para afirmar, em determinado caso concreto, que tal valor deve ser maior, quanto para, em outro, afirmar que deve ser menor.

6. Um fator a limitar os alimentos gravídicos é o dever da gestante de arcar com os custos, nos termos da previsão expressa no parágrafo único do art. 2º da Lei nº 11.804/2008, bem como dos deveres fundamentais.

7. Com isso, verifica-se que, em uma análise tópica e sistemática, proceder-se-á ao exame acerca da fixação dos alimentos gravídicos, utilizando-se as premissas antes lançadas, a fim de que se garanta a concretização da dignidade da pessoa humana, respeitando-se os limites e as possibilidades que o próprio princípio impõe.

10. A fixação de alimentos em favor de crianças e adolescentes: por um exame da presunção de necessidade, da extensão como um elemento autônomo a ser objeto de prova e a pensão evolutiva

10.1. Introdução

Dentre os vários aspectos de análise atinentes aos alimentos, como instituto jurídico de Direito de Família, destacam-se como de alta relevância, para fins de análise, os alimentos a serem fixados em favor de crianças e adolescentes. Tal relevância justifica-se pelo grande número de filhos que são concebidos em relações afetivas nas quais os pais sequer mantêm entre si uma relação estável – tornando inevitável, muitas vezes, a judicialização da fixação da verba alimentar quando os filhos são recém-nascidos –, bem como pelo número de dissoluções de relações afetivas antes que os filhos atinjam a maioridade civil.

E, no contexto da análise da fixação dos alimentos para crianças e adolescentes, observam-se na doutrina, e inclusive na jurisprudência, algumas inconsistências de ordem material, quiçá erros de premissa, que merecem um melhor exame. A análise dessas questões passa pelo critério de compreensão acerca da presunção de necessidades de crianças e adolescentes, mediante uma ótica processual civil, bem como da prova acerca da extensão dessas necessidades.

A falta de obediência a critérios claros e transparentes pode tornar a apreciação por parte dos julgadores um tanto formal e, dessa forma, deixar de atingir a finalidade maior da fixação da verba alimentar, garantindo a dignidade da pessoa humana de todos aqueles envolvidos, com prioridade, é claro, para a pessoa do alimentando, que se dá mediante a efetivação do trinômio necessidade-possibilidade-proporcionalidade.

O presente estudo pretende, ainda, dar conta da possibilidade de o sistema jurídico brasileiro oferecer à sociedade uma forma de fixação de pensionamento que não engesse o proceder do julgador, dando espaço para uma "pensão evolutiva", que, a partir do reconhecimento da dinâmica do crescimento e, até mesmo, das alterações das necessidades das crianças com o passar dos anos, em especial quando em tenra idade, diminua as chances de que o pensionamento se torne fonte de enriquecimento sem causa daquele que represente a criança, em razão de uma fixação de pensão alimentícia que supere as necessidades do alimentando, ainda que de maneira transitória.

No presente artigo, objetiva-se realizar esse exame, de modo que se compreenda como se deve proceder à quantificação de um pensionamento alimentar em favor de uma criança e de um adolescente, partindo-se da premissa da presunção de necessidades. Além disso, parte-se do pressuposto da extensão como elemento autônomo a ser analisado e, por consequência, da possibilidade do reconhecimento da "pensão evolutiva".

10.2. Dos alimentos em favor de crianças e adolescentes: do dever de sustento

Quando se trata da questão alimentar, no Direito de Família, observa-se que várias são as fontes a serem analisadas. Têm-se os alimentos devidos em decorrência do desenlace conjugal, da dissolução de uniões informais, do parentesco e em razão do poder familiar.[292]

O tema que é objeto do presente estudo está vinculado a essa última fonte de pensionamento alimentar, qual seja, em razão do poder familiar, pois trata dos alimentos devidos a crianças e adolescentes.[293] O pensionamento alimentar existente em favor desses indivíduos é nominado pela doutrina como decorrente do *dever de sustento*, diferenciando-se do pensionamento alimentar atinente às demais fontes, que é nominado no campo doutrinário majoritariamente como decorrente

[292] Deixam-se de arrolar os alimentos gravídicos, pois espécie *sui generis* de fonte alimentar, que nasce como um direito da gestante e, adiante, converte-se em um direito da criança, quando do seu nascimento.

[293] Evidente que aqui, por não ser foco do presente estudo, deixa-se de abordar a questão atinente aos emancipados.

de *obrigação alimentar*.[294] Esse *dever de sustento* resta concretizado nos artigos 1.566, IV,[295] 1.568[296] e 1.634, I,[297] todos do Código Civil.

Cabe salientar a amplitude que é concedida no plano doutrinário ao *dever de sustento*, a fim de que se tenha uma ideia clara acerca da importância da divisão antes destacada.

> No dever alimentar, a solidariedade familiar entre pais e filhos é ilimitada e pode ir ao extremo de exigir a venda de bens dos pais para atender a necessidades emergenciais dos filhos, como cirurgias ou tratamentos especiais de saúde, em atendimento integral ao princípio constitucional da dignidade humana e ao inato direito do filho sob o poder familiar de receber, com absoluta prioridade, todas as garantias de integridade à vida, à saúde, à educação, ao lazer, à profissionalização e à cultura (CF, art. 227).[298]

Seguramente, trata-se de uma adequada consequência ao reconhecimento do princípio da primazia de proteção das questões que envolvem crianças e adolescentes,[299] decorrente da Constituição Federal, que no campo doutrinário consagrou-se como a Doutrina da Proteção Integral.[300]

---

[294] Nesse sentido, ver MADALENO, Rolf. *Curso de Direito de Família*. 5. ed. Rio de Janeiro: Forense, 2013, p. 947-948. Muito embora se trate, a princípio, apenas de uma questão de ordem semântica, é importante destacar que outros autores utilizam expressões diversas. Para exemplificar, Farias e Rosenvald utilizam as expressões "obrigação alimentícia ou obrigação de sustento", quando se referem ao "dever de sustento", e "dever alimentar ou dever de prestar alimentos", quando se referem à "obrigação alimentar". Ver FARIAS, Cristiano Chaves de; ROSENVALD, Nelson. *Curso de Direito Civil*. Volume 6, Famílias. 7. ed. São Paulo: Atlas, 2015, p. 694.

[295] Art. 1.566. São deveres de ambos os cônjuges: [...] IV – sustento, guarda e educação dos filhos;

[296] Art. 1.568. Os cônjuges são obrigados a concorrer, na proporção de seus bens e dos rendimentos do trabalho, para o sustento da família e a educação dos filhos, qualquer que seja o regime patrimonial.

[297] Art. 1.634. Compete a ambos os pais, qualquer que seja a sua situação conjugal, o pleno exercício do poder familiar, que consiste em, quanto aos filhos: I – dirigir-lhes a criação e a educação; [...].

[298] MADALENO, Rolf. *Curso de Direito de Família*. 5. ed. Rio de Janeiro: Forense, 2013, p. 947.

[299] Ver FITERMAN, Mauro. *Direito de família contemporâneo: temas controversos*. Porto Alegre: Livraria do Advogado, 2016, p. 35: "a Constituição Federal de 1988, em seu art. 227, consagrou o princípio da primazia – ou da prioridade – nas questões da criança e do adolescente. Trata-se de um princípio que abarca em seu bojo a realização material de direitos fundamentais atinentes à preservação dos interesses das crianças e dos adolescentes, a fim de atender ao princípio fundamental da dignidade da pessoa humana. O mesmo art. 227, ao consignar o referido princípio, acena com a responsabilidade da família, da sociedade e do Estado para a sua efetiva concretização".

[300] AZAMBUJA, Maria Regina Fay. *Violência sexual intrafamiliar: é possível proteger a criança?* Porto Alegre: Livraria do Advogado, 2004, p. 53: "Cabe registrar que, mesmo antes de firmar a Convenção das Nações Unidas sobre os Direitos da Criança, o Brasil já havia inserido na Constituição de 1988, promulgada em 5 de outubro do mesmo ano, através do artigo 227, os princípios da Doutrina da Proteção Integral, assegurando, mais uma vez, à nação brasileira posição de destaque no cenário mundial. Pela primeira vez, um texto constitucional brasileiro apresenta disposições expressas e minuciosas sobre os direitos da criança e do adolescente: direito à vida, à saúde, à alimentação, à educação, ao esporte, ao lazer, à profissionalização, à cultura, à digni-

A partir dessas premissas de compreensão conceitual e normativa acerca do *dever de sustento*, muito se explica a respeito do tratamento que a doutrina e, por consequência, os tribunais concedem ao tema, com efeitos práticos bastante relevantes quando do reconhecimento do direito à pensão alimentar em favor de crianças e adolescentes, ou, por outra parte, quando da fixação dos valores do pensionamento.

10.3. Da presunção de necessidade de crianças e adolescentes: presunção judicial

Quando da apreciação do direito à pensão alimentícia em razão do *dever de sustento*, seguramente, o primeiro tema a ser observado é aquele aspecto que, como premissa, o diferencia das demais fontes obrigacionais, qual seja, a questão da prova da necessidade acerca do recebimento da pensão. Isso ocorre porque, em sede de "dever de sustento", tem-se como premissa uma presunção de necessidades da criança e do adolescente. Nesse sentido, assim refere a doutrina:

> Distinguem-se, pois, a obrigação de prestar alimentos decorrente do poder familiar e a obrigação de prestá-los entre cônjuges, companheiros, parceiros homoafetivos e demais parentes pela existência, ou não, de uma presunção de necessidade: naquela, há uma verdadeira presunção de necessidade alimentar, nesta, incumbe ao alimentário demonstrar a sua necessidade e a capacidade do devedor.[301-302]

Convém, entretanto, compreender a natureza dessa presunção, a fim de que seja possível bem avaliar a questão atinente ao ônus de prova incidente nos casos de disputas alimentícias no plano do *dever de sustento*. Nesse caso, a primeira análise a ser efetuada é no seguinte

---

dade, ao respeito, à liberdade e à convivência familiar e comunitária. À família, à sociedade e ao poder público, foi atribuída a responsabilidade de assegurar, com absoluta prioridade, a todas as crianças e os adolescentes, a efetivação dos direitos relacionados no artigo 227 da Constituição Federal".

[301] FARIAS, Cristiano Chaves de; ROSENVALD, Nelson. *Curso de Direito Civil*. Volume 6, Famílias. 7. ed. São Paulo: Atlas, 2015, p. 695.

[302] A jurisprudência também reconhece essa presunção de necessidades. AREsp 128.296, Rel. Ministro RICARDO VILLAS BÔAS CUEVA, Publicação em 29/08/2014: "Em relação aos filhos que ainda não alcançaram a maioridade, os pais têm dever de sustento, pois que a necessidade de alimentos presume-se em favor dos filhos menores, competindo ao obrigado a prestá-lo provar que deles os mesmos não 'carecem'. De outro lado, em linha de princípio, a maioridade faz extinguir o dever de sustento em relação aos filhos, porquanto a presunção de necessidade vigente na menoridade é desfeita por outra presunção, qual seja, a de que o indivíduo, maior de idade, se torna independente civil e financeiramente dos pais. A obrigação alimentar decorre do liame parental". No entanto, convém observar as situações que dizem respeito à maioridade recente, conforme explicado em FITERMAN, Mauro. *Direito de família contemporâneo: temas controversos*. Porto Alegre: Livraria do Advogado, 2016, p. 81-83.

sentido: se tal presunção é legal ou judicial. Segundo a doutrina,[303] assim conceitua-se a presunção legal:

> As presunções legais são aquelas que resultam do raciocínio do legislador, que as consagra em textos legais. São aquelas atribuídas, pela lei, à prova de certos atos ou fatos. Nas palavras de Pontes de Miranda, estas presunções sacrificam o que menos acontece ao que mais acontece, ou porque não se pode saber se ocorreu aquilo ou isso, ou porque se precisa adotar um critério único.
>
> Devem estar previstas expressamente: normalmente a lei se utiliza das expressões "presunção", "induz", "entende-se", "considera-se". As presunções legais estabelecem como verdade os fatos presumidos, tornando a sua prova irrelevante.

Portanto, a premissa para a existência de uma presunção legal é de que ela esteja consagrada por um texto expresso de lei. É aquela que decorre da tarefa do legislador, sendo determinada pela regra, ou seja, é típica.

Já a presunção judicial configura-se de forma diversa, pois decorre da tarefa interpretativa do juiz ao reconhecer que, em face de determinado fato provado, a partir de regras de experiência, alcança-se o reconhecimento de outro fato, consoante esclarece a doutrina:[304]

> [...] Chama-se de presunção judicial, ou comum, ou simples, o raciocínio do juiz que, sabendo que ocorreu o fato x (factum probans), e que tal fato implica, ordinariamente, o fato y (factum probandum), presume que este também aconteceu. Presunções simples ou de fato são assunções para além dos dados da prova, feitas, ao contato com os fatos (presunções facti), pelo juiz, como homem (presunções hominis). O art. 188 do regulamento 737/1850 rezava in verbis: "As presunções comuns são aquelas que a lei não estabelece, mas se fundam naquilo que ordinariamente acontece", ou seja, na regra de experiência (art. 375).

Assim, a presunção judicial é denominada de atípica[305] por não decorrer de texto expresso de lei. Ao intérprete é concedida, assim, a primazia da compreensão hermenêutica; em contraponto, porém, exige-se dele que exponha em sua motivação "os 'motivos que lhe formaram o convencimento' e, não sendo suficientes as razões expostas, o provimento conterá vício passível de invalidação".[306]

---

[303] DIDIER JR., Fredie; BRAGA, Paula Sarno; OLIVEIRA, Rafael. *Curso de Direito Processual Civil*. Volume 2, 4. ed. Salvador: Editora Juspodivm, 2009, p. 60-61. No mesmo sentido, ASSIS, Araken de. *Processo Civil Brasileiro*. Vol. II, Tomo II, Thomson Reuters. São Paulo: Revista dos Tribunais, 2015, p. 136: "Entende-se por presunção legal a ilação que a lei expressamente – princípio da reserva legal – estabelece entre certo fato básico e outro fato, de modo que o juiz presuma verídico este ocorrendo aquele na aplicação do direito à espécie". Ainda, no mesmo sentido, ver RIBEIRO, Darci Guimarães. *Provas atípicas*. Porto Alegre: Livraria do Advogado, 1998, p. 101.

[304] ASSIS, Araken de. *Processo Civil Brasileiro*. Volume II, Tomo II, Thomson Reuters. 1. ed. São Paulo: Revista dos Tribunais, 2015, p. 129.

[305] Idem, ibidem, p. 130.

[306] Idem, ibidem, p. 135.

No caso da presunção de necessidades de crianças e adolescentes, que, conforme destacado, vem sendo reconhecida na doutrina e na jurisprudência, na ausência de texto expresso de lei, notadamente se verifica como uma presunção judicial, pois, no exercício hermenêutico do intérprete, a partir do fato menoridade, reconhece o fato da necessidade por presunção.[307] Cabe, entretanto, compreender as consequências jurídicas decorrentes dessa presunção de necessidade. Parte da doutrina assim se manifesta acerca do tema:[308]

> No entanto, a maioridade civil não obsta que os filhos prossigam como credores de alimentos, agora não mais por vínculo do poder familiar, e da presunção absoluta de necessidade, mas gerando, doravante, uma obrigação condicional de alimentos decorrente da relação de parentesco e da permanência de sua necessidade alimentar, provavelmente, porque prosseguem seus estudos para o seu completo preparo profissional.

Desse modo, a presunção de necessidades que decorre do *dever de sustento* é absoluta. A mesma doutrina reitera esse posicionamento ao dar conta de que esse dever de sustento gera efeitos cabais, inquestionáveis, tendo em vista o seguinte pressuposto:

> [...] enquanto o filho for menor de idade, ou maior, mas incapaz, não há que se falado em uma obrigação de alimentos stricto sensu, de modo que os menores de idade têm direito a alimentos mesmo se dispõem de bens suficientes para atender suas necessidades e seu direito alimentar não depende da mostra deste estado de necessidade, como já está condicionado na relação de obrigação de alimentos.[309]

Entretanto, com a máxima *venia*, tal entendimento não pode prosperar. Em realidade, ainda que exista a presunção judicial de necessidades de crianças e adolescentes, como anteriormente destacado, essa presunção não pode ter caráter absoluto. Uma presunção judicial de necessidades sempre admite prova em sentido contrário, isto é, a contraprova. Ainda que sejam poucas as situações nas quais existam fundamentos substanciais para que essa prova em sentido contrário possa ser produzida, essa porta não pode ser fechada. Nesse sentido, a doutrina prevê o seguinte:[310-311]

---

307 Sobre o tema, ver RIBEIRO, Darci Guimarães. *Provas atípicas*. Porto Alegre: Livraria do Advogado, 1998, fl. 101-104.

308 Disponível em: <http://www.rolfmadaleno.com.br/novosite/conteudo.php?id=37>. Acesso em: 04/01/2017.

309 MADALENO, Rolf. *Curso de Direito de Família*. 5. ed. Rio de Janeiro: Forense, 2013, p. 947.

310 Disponível em: <http://direitodefamiliars.blogspot.com.br/2011/06/doutrina-obrigacao-alimentar-na.html>. Acesso em: 26/10/2018.

311 No mesmo sentido, ver TARTUCE, Flávio. *Tratado de Direito das Famílias*. Belo Horizonte: IBDFAM, 2015, p. 547, quando admite que a própria criança pode pensionar o seu ascendente, assim referindo: "Quanto aos filhos menores, não existem maiores dificuldades. Estando eles sob o poder familiar, a premissa que vale é que podem eles pleitear os alimentos em relação aos

O menor desfruta de presunção de necessidade, pois o que normalmente ocorre é que, por sua própria condição de dependência, e até mesmo impossibilidade legal de trabalhar antes dos 14 anos de idade (art. 227, par. 3º, inc. I, da CF), não dispõe de recursos próprios para manter-se. Em consequência, está dispensado de justificar sua necessidade, que decorre da condição de pessoa em formação. Não é, porém, absoluta esta presunção, admitindo prova em contrário, pois, embora incomum, poderá ocorrer que disponha de melhores recursos que os próprios genitores, o que se dará, por exemplo, se houver recebido um legado, ou desfrutar de renda como ator televisivo.

Logo, por evidente, não se pode atribuir caráter absoluto a uma presunção judicial de necessidades de crianças e adolescentes, pois o caráter absoluto tem como consequência a negação à prova em sentido contrário e, junto a isso, a impossibilidade de reconhecimento de que a criança ou o adolescente que não têm necessidades não devam ser pensionados, o que, por óbvio, resultaria em afronta à premissa que garante a existência da referida espécie de presunção.

Além disso, é importante destacar que o reconhecimento da presunção judicial tem caráter processual, e não de direito material, devendo, a partir daí, verificar-se de forma particular e nunca de forma abstrata ou geral.

10.4. Da extensão acerca dos alimentos a serem fixados e a questão da prova: ênfase na análise dos casos de crianças de tenra idade e da possibilidade de pensionamento evolutivo

Diante das questões aqui postas, quais sejam, o reconhecimento do *dever de sustento* existente em favor de crianças e adolescentes e da existência de uma presunção judicial de suas necessidades, o que se observa nos pretórios pátrios é uma postura de simplificação quando da fixação da pensão que compreende esse *dever de sustento*.

E o motivo para isso é simples. Há uma séria confusão entre presumir a existência de necessidades e presumir a extensão dessas necessidades, o que, à evidência, não pode ocorrer. Se é verdade que as necessidades de uma criança e de um adolescente são presumidas conforme antes mencionado, também é verdade que a extensão dessas necessidades e, por consequência, do pensionamento a ser fixado deve ser objeto de prova.

---

pais. Todavia, em casos excepcionais, até pode ocorrer o oposto. Imagine-se a situação concreta de um filho menor que é um artista bem-sucedido e que tem um dos pais em situação de penúria e sem condições para o trabalho. Em casos como o relatado, poderá o ascendente de primeiro grau pleitear alimentos do descendente".

O valor da pensão a ser fixada, quando *in pecunia*, deve ser compatível com as necessidades existentes, de modo que se evite, assim, romper-se com o trinômio necessidade-possibilidade-proporcionalidade,[312] gerando enriquecimento sem causa daquele que representa ou assiste o alimentando, bem como a fim de que seja respeitado o princípio da sustentabilidade, que incide nas relações dessa ordem.[313]

Ou seja, cabe ao juiz, quando da fixação da verba alimentar em favor de crianças e adolescentes partir da presunção de necessidades, atentar à contraprova que vier aos autos diante do caráter relativo. Porém, se for o caso de fixação de pensão, para efeito da quantificação da verba, deve-se atentar para a análise da prova acerca da sua extensão. Entretanto, é claro que a análise dessa extensão não pode partir de um exame rígido, pois, como se sabe, existem despesas mínimas que são reconhecidamente existentes, em se tratando de crianças e adolescentes, de acordo com os seus padrões sociais. Contudo, não partir de um exame rígido não significa que, em determinado momento, não se deva proceder a uma apuração minuciosa acerca dessa questão. E, naquilo que diz com a extensão, caberá ao autor da ação a produção da prova dos fatos constitutivos de seu direito.[314]

Essa apuração minuciosa remete à necessidade de uma postura do juiz que viabilize a produção de tais provas nos autos. E não é o que se observa na prática processual. Não raras vezes, além do desprezo ao disposto no art. 373, I, do CPC, liberando o alimentante da produção de provas, quando o alimentante que é acionado para pagamento de pensionamento alimentar ao filho postula seja a parte alimentanda intimada para ofertar uma relação concreta de seus custos e, até mesmo, exibir os comprovantes de suas despesas mensais, tais postulações são indeferidas. O indeferimento é resultado do equívoco acerca da premissa antes lançada, isto é, confundir presunção de necessidades com presunção de extensão das necessidades. Nesse caso,

312 Parte da doutrina defende a utilização da razoabilidade, e não da proporcionalidade. Ver TARTUCE, Flávio. *Direito Civil, Direito de Família*. 11. ed. Rio de Janeiro: Forense, 2016, p. 526: "De todo modo, acreditamos ser melhor falar em razoabilidade do que em proporcionalidade como componente da tríade alimentar. Isso porque a razoabilidade é mais guiada por elementos subjetivos; enquanto a proporcionalidade, por fatores objetivos. Em matéria alimentar, as questões pessoais são muito mais relevantes do que as pertinências objetivas. De toda sorte, a utilização de uma ou outra expressão não parece trazer maiores prejuízos".

313 Sobre o tema, ver, p. 116: "A incidência do princípio da sustentabilidade no plano da fixação da verba alimentar para crianças e adolescentes é imprescindível como fator regulador no plano educacional do direito desses indivíduos, de modo a lhes garantir, nos termos do disposto no próprio ECA, a garantia de pleno e total desenvolvimento, bem como, acima de tudo, o direito ao futuro para eles próprios e para as próximas gerações".

314 Aplicação do art. 373, I, do CPC.

o juiz nega a postulação probatória, mediante o fundamento de que as necessidades são presumidas.

Esse tipo de situação, que ocorre comumente, vem traduzindo, na prática, uma verdadeira distorção na fixação de pensões alimentícias em favor de crianças e de adolescentes. Evidente que essa postura aparentemente, e só aparentemente, correta é facilitadora do papel do julgador, pois é bem menos operosa do que ter de proceder à análise minuciosa que é devida. O juiz, não raras vezes, principalmente quando o alimentante é empregado (público ou privado), apega-se, formalmente, de maneira abstrata, a percentuais e fixa o pensionamento sem qualquer exame concreto acerca da extensão das necessidades. E pior, protege-se, no plano da fundamentação da decisão judicial, por meio de uma verdadeira falácia, isto é, a afirmação absoluta de que "a possibilidade faz a necessidade".[315]

Tais situações agravam-se quando da fixação de pensionamento alimentar em favor de crianças de pouca idade, aquelas que, na jurisprudência, são denominadas de crianças de "idade tenra". Não raras vezes, novamente partindo-se do equívoco de premissa antes destacado, fixa-se pensionamento alimentar em favor de crianças recém-nascidas ou com um ou dois anos de idade, em patamar que é evidentemente elevado, levando-se em consideração suas necessidades. O problema, então, se desenvolve por dois motivos. Primeiro, a abstração na análise das necessidades, devido ao equívoco da presunção da extensão das necessidades, desprezando-se a necessária instrução probatória acerca da real extensão das necessidades. Segundo, a ideia de fixação de uma pensão com algum grau de longevidade, ou seja, uma pensão que não é fixada com base na necessidade presente, mas com olhares direcionados também para uma necessidade futura.

Essa pensão que é fixada com vistas a necessidades futuras, criando um ônus ao alimentando, que resulta em pagamento de valor que supera as reais necessidades de uma criança, pelo menos por determinado período, por evidente, é mais um equívoco de proceder. Não se pode considerar correto que o juiz fixe um pensionamento que, notadamente, naquele momento, supera as reais necessidades de um alimentando. Não é essa a melhor e a mais adequada solução no contexto do que determina o sistema jurídico brasileiro. Nos casos de crianças de tenra idade, deverá o juiz fixar um *pensionamento evolutivo*, prevendo, por exemplo, que em um ou dois anos o alimentando terá um acréscimo de determinado valor, por conta de ingresso em

[315] Sobre essa questão, ver p. 112.

uma escola; portanto, deve fixar um pensionamento que, a partir de tal data, passe a vigorar em valor superior, mas jamais fixar, desde já, esse pensionamento em valor superior. O *pensionamento evolutivo* consiste na fixação do pensionamento com adequação às necessidades que o alimentando já possui no momento da fixação, mas atentando, também, para outras necessidades que se pode concluir, com facilidade, que existirão em um futuro próximo. Note-se que, na doutrina[316] espanhola, essa solução já é debatida:

> Al margen de esa acomodación "automática", cabría considerar la posibilidad de que el juez, tomando en consideración la edad de los hijos, cuyo crecer con el transcurso del tiempo determina normalmente un paralelo incremento de los gastos de su mantenimiento (en alimentación, vestir, estudios, diversiones y ocio...), pudiera prever un incremento estimativo de la pensión por esse concepto del orden de un 10 ó 15 ó 20 por ciento anual, según los datos y cálculos pertinentes. [...] Este incremento, lógicamente, sería susceptible de ser revisable, si se produjera una alteración sustancial de las circunstancias. Su adopción, inspirada en el criterio de economía procesal, evitaría parte de las reclamaciones de actualización o modificación de la prestación.

É só assim que haverá a equivalência que deve existir entre as reais necessidades do alimentando e o valor da pensão fixada. Como bem exposto na doutrina aqui transcrita, restará referendada uma mobilidade importante para a adequação da necessidade e do valor do pensionamento, bem como será respeitado o princípio da economia processual. E note-se que esse *pensionamento evolutivo* se implementa como medida necessária, inclusive pela grande dificuldade que existe de proceder-se a revisões de pensionamentos nos primeiros dois anos após a sua fixação, por conta de posição extremamente restritiva que vem sendo adotada pelo Poder Judiciário nesse sentido, não admitindo a revisão nos dois primeiros anos posteriores à fixação,[317] salvo em situações excepcionais.

---

316 PALAU, Carmen María Lázaro. *La pensión alimenticia de los hijos, supuestos de separación y divorcio*. 1. ed. Cizur Menor: Thomson/Aranzadi, 2008, p. 52.

317 AGRAVO DE INSTRUMENTO. REVISIONAL DE ALIMENTOS. MAJORAÇÃO LIMINAR. DESCABIMENTO. Descabe majorar liminarmente e "inaudita altera parte" os alimentos fixados por acordo há cerca de 01 ano atrás, sem nenhuma prova, e aliás sem nem sequer alguma alegação de fato novo ou posterior que tenha provocado alteração em possibilidades e/ou necessidades. NEGARAM PROVIMENTO. (Agravo de Instrumento nº 70071129944, Oitava Câmara Cível, Tribunal de Justiça do RS, Relator: Rui Portanova. Julgado em 15/12/2016)

APELAÇÃO CÍVEL. AÇÃO REVISIONAL DE ALIMENTOS. PEDIDO DE MAJORAÇÃO. FILHOS MENORES. DESCABIMENTO. Tratando-se de revisão de alimentos, deve-se observar o binômio alimentar de forma que atenda às necessidades dos alimentados e à possibilidade do alimentante, consoante art. 1.694, § 1º, CC. Na hipótese, descabe a majoração do quantum alimentar, porquanto não demonstrada alteração das possibilidades do alimentante, e nem mesmo nas necessidades dos alimentandos no curto lapso temporal de dois anos, época em que foram acordados os alimentos. RECURSO DESPROVIDO. (Apelação Cível nº 70069322345, Sétima Câmara Cível, Tribunal de Justiça do RS, Relator: Liselena Schifino Robles Ribeiro. Julgado em 29/06/2016)

E não se pode deixar de observar que, quando da fixação do pensionamento alimentar, o julgador está concretizando o princípio da dignidade da pessoa humana, e que essa concretização se dá em uma via de duas mãos, seja pelo olhar da posição de quem pensionado, seja pela posição de quem é pensionante. Nesse sentido, a doutrina esclarece:[318]

> Aplicando o princípio vetor constitucional no âmbito alimentício, resulta que os alimentos tendem a proporcionar uma vida de acordo com a dignidade de quem recebe (alimentando) e de quem os presta (alimentante), pois nenhuma delas é superior, nem inferior. Nessa linha de ideias, resulta que fixar o quantum alimentar em percentual aquém do mínimo imprescindível à sobrevivência do alimentando ou além das possibilidades econômico-financeiras do devedor ofende, de maneira direta, o princípio da dignidade da pessoa humana.

Acrescenta-se que essa análise atinente à concretização do princípio da dignidade da pessoa humana merece uma visão mais ampla, integral, pois a fixação de *quantum* alimentar superior à extensão das necessidades – ressalte-se das "boas necessidades" – do alimentando tem como consequência a desproteção da criança, por fomentar a cultura da insaciabilidade, consoante já se explicitou em estudo específico acerca do tema.[319]

> Assim, quando a codificação, ao determinar como se deve fixar a verba alimentar, exige a ponderação da variável "condição social", "inclusive para atender às necessidades de sua educação", a melhor interpretação, à luz do princípio da sustentabilidade, recomenda, de outra parte, elevar a educação ao patamar de limite às possibilidades. Quer dizer: se, prima facie, é verdade que os alimentos devem ser proporcionais à condição social dos destinatários, não é menos verdadeiro, ao menos conforme uma adequada interpretação tópico-sistemática do fim último e geral do artigo 227 da CF/88, que o cálculo dos alimentos também deve resguardar crianças e adolescentes de descomedimentos que poderiam comprometer a sua melhor formação, muito embora o alimentante tenha capacidade financeira de custear.

O modo de garantir essa real proteção às crianças e aos adolescentes é reconhecer que na sentença ele tem a condição de proceder a uma fixação que atenda a tais premissas. Não é de hoje que se observam, na doutrina e na jurisprudência, posicionamentos no sentido de conceder ao magistrado um amplo espaço de atuação quando da sentença, em se tratando que questões alimentares. Eis uma manifestação da doutrina[320] nesse tocante:

---

[318] PEREIRA, Rodrigo da Cunha. In: CAHALI, Francisco José; PEREIRA, Rodrigo da Cunha (coords.). *Alimentos no Código Civil: aspecto civil, constitucional, processual e penal*. São Paulo: Saraiva, 2005, p. 25.

[319] Ver, p. 113-114.

[320] COVELLO, Sergio Carlos. *Ação de alimentos*. 4. ed. revista e atualizada. São Paulo: LEUD Edição Universitária de Direito, 1994, p. 38.

Como exceção à regra geral, e por força de sua natureza dispositiva, a sentença de alimentos por ser "ultra petita".

O juiz, na verdade, deve levar em conta não simplesmente o que o autor pede, mas o de que este efetivamente necessite. O alimentando pode pedir "X" e o magistrado pode dar "X" + "Y", porque a ação de alimentos tem a finalidade especificamente assistencial e, portanto, deve atender às reais necessidades do alimentando, e não deferir simplesmente o pedido.

Assim, o espaço dado ao julgador, quando da sentença em ações de alimentos, difere da regra geral, sendo evidente sua maior possibilidade de atuação, dada a natureza diferenciada da questão alimentar, em especial em sede de dever de sustento. A jurisprudência, como antes destacado, também reconhece isso.

AGRAVO DE INSTRUMENTO. AÇÃO DE RECONHECIMENTO E DISSOLUÇÃO DE UNIÃO ESTÁVEL, CUMULADA COM PEDIDO DE ALIMENTOS. DECISÃO ULTRA PETITA. INOCORRÊNCIA. VERBA ALIMENTAR PROVISÓRIA À FILHA MENOR. REDUÇÃO. DESCABIMENTO. NECESSIDADE DE DILAÇÃO PROBATÓRIA. 1. Não é ultra petita a decisão que fixa alimentos em valor diverso do ofertado na petição inicial, já que a pretensão alimentar pode ter caráter estimativo. Conclusão nº 39 do Centro de Estudos desta Corte de Justiça. 2. O conjunto probatório sinaliza que o alimentante desfruta de cômoda situação financeira, integrando o quadro societário de uma empresa e titulando conta bancária com expressiva movimentação financeira, inexistindo dados a indicar que não tenha condições de alcançar em favor da filha menor a verba alimentar estabelecida na origem. Necessidade de dilação probatória. AGRAVO DE INSTRUMENTO DESPROVIDO.[321]

O reconhecimento de que pode ser fixado pensionamento diverso do que foi postulado, por consequência, é o reconhecimento de que, mesmo que não haja postulação específica de um "pensionamento evolutivo", o juízo terá condições de fixá-lo, sem romper com as regras de direito processual vigentes. Note-se que outro fator que há de ser observado, para efeito do reconhecimento do "pensionamento evolutivo", é a necessidade de aplicação do princípio da economia processual.[322] Ao fixar um "pensionamento evolutivo", por evidente, estar-se-á produzindo um resultado muito mais longevo à decisão judicial, minimizando-se a necessidade de ajuizamento de novas demandas e, acima de tudo, estabilizando-se a relação jurídica familiar.

---

[321] Agravo de Instrumento nº 70068035310, Oitava Câmara Cível, Tribunal de Justiça do RS (Relator: Ricardo Moreira Lins Pastl, Julgado em 31/03/2016).

[322] BUENO, Cassio Scarpinella. Curso sistematizado de Direito Processual Civil: teoria geral do Direito Processual Civil. Volume 1, 2. ed. revista, atualizada e ampliada. São Paulo: Saraiva, 2008, p. 143, assim refere sobre o princípio da economia processual: "Para o número presente, o que releva evidenciar é que o princípio da economia processual deve ser entendido como aquele segundo o qual a atividade jurisdicional deve ser prestada sempre com vistas a produzir o máximo de resultados com o mínimo de esforços. O 'princípio da economia processual', nos contornos que lhe deu o art. 5º, LXXVIII, da Constituição Federal, já encontrava eco seguro no art. 125, II, do Código de Processo Civil".

Assim, observa-se que, não obstante a existência de uma presunção judicial de necessidades de crianças e adolescentes, há um equívoco conceitual que se tem operado pela doutrina e, por consequência, pelos pretórios, que se verifica na falta de exame concreto da extensão da obrigação alimentar que decorre dessa presunção, resultando, muitas vezes, em uma fixação de valores superiores aos devidos, problema esse que pode ser sanado a partir de uma postura mais operosa por parte dos julgadores no sentido de (1) admitir a possibilidade da efetiva instrução processual, com produção de provas, acerca da extensão das necessidades existentes, e (2) independentemente de existência de postulação expressa, fixar o *pensionamento evolutivo*, que garante a efetiva relação de equivalência entre as necessidades do alimentando e a pensão a ser paga pelo alimentante, bem como o respeito ao princípio da sustentabilidade, que se efetiva também nas relações de família.

10.5. Conclusões

Do presente ensaio, podem-se alcançar algumas conclusões:

1. Os alimentos devidos a crianças e adolescentes decorrem do *dever de sustento*, diferenciando-se das demais fontes alimentares do Direito de Família.

2. Uma das diferenças mais relevantes entre o *dever de sustento* e as demais fontes obrigacionais é o reconhecimento de que, quando do *dever de sustento*, nasce uma presunção de necessidade em favor do alimentando.

3. A presunção de necessidade que decorre do *dever de sustento* é uma presunção judicial – atípica – e não legal, já que se verifica a partir da prova de um fato – menoridade – e não de regra legal específica.

4. A presunção judicial de necessidade alimentar a crianças e adolescentes é relativa, admitindo prova em sentido contrário, ainda que se deva reconhecer que as hipóteses de que a presunção seja derrubada são raras.

5. Não se pode confundir, porém, a presunção de necessidade com a presunção acerca da extensão das necessidades, sendo que a última é fundamental para a fixação do *quantum* do pensionamento alimentar, sendo coisas distintas.

6. A extensão das necessidades tem de ser provada, como forma de garantir-se que não haverá a consagração de enriquecimento sem causa daquele que representa ou assiste o alimentando. A apreciação

de tal prova, contudo, não poderá partir de um exame rígido, diante do reconhecimento natural acerca de determinadas necessidades, despesas mínimas, que uma criança e um adolescente têm.

7. O julgador deve, por consequência, viabilizar que o alimentando possa produzir as provas acerca da extensão de suas necessidades, a fim de garantir a aplicação do art. 373, I, do Código de Processo Civil, sob pena de manifesto rompimento com o Princípio do Devido Processo Legal.

8. Quando da fixação de pensionamento em benefício de crianças de "tenra idade", a questão do reconhecimento da extensão das necessidades e, por consequência, da fixação do pensionamento torna-se mais dificultosa, havendo, atualmente, por conta de uma análise formal equivocada por conta dos pretórios, equívocos evidentes, como, por exemplo, a fixação de valor superior às necessidades atuais da criança, partindo-se do princípio de que a extensão das necessidades irá aumentar em um futuro próximo. Nessas situações, deverá o juízo fixar um *pensionamento evolutivo*, que garantirá ao alimentando o recebimento de pensão condizente com as suas necessidades no presente e no futuro, ao mesmo tempo evitando que o alimentante efetue pagamento superior ao devido, independentemente da existência de postulação expressa nesse sentido. Por um lado, essa "pensão evolutiva" garantirá a dignidade das partes envolvidas – alimentante e alimentando – nos limites do período delimitado pela decisão, mas, além disso, protegerá o alimentando, quando do seu desenvolvimento futuro, da cultura da insaciabilidade.

Referências

ALMEIDA, Maria Christina de. *DNA e estado de filiação à luz da dignidade humana.* Porto Alegre: Livraria do Advogado, 2003.

——; FERRAZ, Eliane Marise. A união estável entre o direito e a psicologia. *Revista Brasileira de Direito de Família,*Porto Alegre, v. 1, n. 4, p. 47-55, 2000.

AMARAL, Francisco. Racionalidade e sistema no direito civil brasileiro. Separata de: *Revista O Direito,* Rio de Janeiro, ano 126, v. 1-2, p. 63-81, 1994.

ARNAUD, André-Jean. *Dicionário enciclopédico de teoria e de sociologia do direito.* Tradução de Vicente de Paulo Barretto. Rio de Janeiro: Renovar, 1999.

ARONNE, Ricardo. *Propriedade e domínio: reexame sistemático das noções nucleares de direitos reais.* Rio de Janeiro: Renovar, 1999.

——. *Por uma nova hermenêutica dos direitos reais limitados.* Rio de Janeiro: Renovar, 2001.

AZAMBUJA, Maria Regina Fay de. *Violência sexual intrafamiliar: é possível proteger a criança?* Porto Alegre: Livraria do Advogado, 2004.

AZEVEDO, Antônio Junqueira de. O direito civil tende a desaparecer? *Revista dos Tribunais,* São Paulo, n. 472, p. 15-21, 1975.

BASTOS, Aurélio Wander. *A constituinte burguesa.* Rio de Janeiro: Liber Juris, 1986.

BITTENCOURT, Edgard de Moura. *A revisão do direito de família.* Rio de Janeiro: GZ Editora, 2009.

BRASIL. *Constituição da República Federativa do Brasil,* de 5 de outubro de 1988.

——. *Lei nº 8.069/90.* Dispõe sobre o Estatuto da Criança e do Adolescente e dá outras providências. Senado Federal, Brasília, 1990.

——. *Lei nº 8.642/93.* Regulamentada pelo Decreto nº 1.056/94. Dispõe sobre o Programa Nacional de Atenção à Criança e ao Adolescente e dá outras providências. Senado Federal, Brasília, 1993.

BUECHELE, Paulo Arminio Tavares. *O princípio da proporcionalidade e a interpretação da Constituição.* Rio de Janeiro: Renovar, 1999.

CAHALI, Francisco José. *Contrato de convivência na união estável.* São Paulo: Saraiva, 2002.

CAMBI, Eduardo. Premissas teóricas das uniões extramatrimoniais no contexto da tendência da personificação do direito de família. In: WAMBIER, Teresa Arruda Alvim; LEITE, Eduardo de Oliveira (coords.). *Repertório de doutrina sobre direito de família: aspectos constitucionais, civis e processuais.* Vol. 4. São Paulo: Revista dos Tribunais, 1999.

CANARIS, Claus-Wilhelm. *Pensamento sistemático e conceito de sistema na ciência do direito.* Tradução de A. Menezes Cordeiro. Lisboa: Fundação Calouste Gulbenkian, 1989.

CANOTILHO, J. J. Gomes; MOREIRA, Vital. *Fundamentos da constituição.* Coimbra: Coimbra Editora, 1991.

CARBONERA, Silvana Maria. O papel jurídico do afeto nas relações de família. In: FACHIN, Luiz Edson (org.). *Repensando fundamentos do direito civil brasileiro contemporâneo*. Rio de Janeiro: Renovar, 1998.

——. *Guarda de filhos na família constitucionalizada*. Porto Alegre: Safe-Fabris, 2000.

CARVALHO, João Andrades. *Tutela, curatela, guarda, visita e pátrio poder*. Rio de Janeiro: Aide, 1996.

CARVALHO, Orlando de. *A teoria geral da relação jurídica*. 2.ed. actualizada. Coimbra: Centelha, 1981.

CASTRO, Hebe M. Mattos de. Laços de família e direitos no final da escravidão. In: ALENCASTRO, Luiz Felipe de; NOVAIS, Fernando A. (orgs.). *História da vida privada no Brasil*. Vol. 2, Império: a corte e a modernidade nacional. São Paulo: Companhia das Letras, 1997.

COELHO, F. M. Pereira. Casamento e família no direito português. In: *Temas de direito de família*. Coimbra: Livraria Almedina, 1986.

DIAS, Maria Berenice. *Manual de direito das famílias*. 8.ed. São Paulo: Revista dos Tribunais, 2012.

ENGISCH, Karl. *Introdução ao pensamento jurídico*. Tradução João Baptista Machado. Lisboa: Fundação Calouste Gulbenkian, 1964.

FACHIN, Luiz Edson. *Estabelecimento da filiação e paternidade presumida*. Porto Alegre: Fabris, 1992.

——. Limites e possibilidades da nova teoria geral do direito civil. *Revista de Estudos Jurídicos*, Curitiba, v. II, n. 1, p. 99-107, ago. 1995.

——. *Elementos críticos de direito de família: curso de direito civil*. Rio de Janeiro: Renovar, 1999.

——. O impacto das mudanças sociais no direito de família singrando entre dois *Brasis*: do casamento codificado às famílias não "matrimonializadas" na experiência brasileira. *Boletim da Faculdade de Direito, StvdiaIvridica 48, Colloquia – 6*, Coimbra Editora, p. 175-196, 1999/2000.

——. *Teoria crítica do direito civil*. Rio de Janeiro: Renovar, 2000.

——. *Estatuto jurídico do patrimônio mínimo*. Rio de Janeiro: Renovar, 2001.

——. El jurista de mañana y el derecho privado. In: RUBIO, David Sánchez; FLORES, Joaquín Herrera; CARVALHO, Salo de (coords.). *Anuário Ibero-Americano de Direitos Humanos (2001/2002)*. Rio de Janeiro: Lumen Juris, 2002.

FACHIN, Rosana Amaro G. *Em busca da família do novo milênio*. Rio de Janeiro: Renovar, 2001.

——. Alimentos decorrentes do parentesco. In: CAHALI, José Francisco; PEREIRA, Rodrigo da Cunha (coords.). *Alimentos no Código Civil*. São Paulo: Saraiva, 2005.

FARIAS, Cristiano Chaves de. *Escritos de direito de família*. Rio de Janeiro: Lumen Juris, 2007.

——; ROSENVALD, Nelson. *Curso de direito civil:* famílias. 9.ed. Salvador: Editora *Jus*PODIVM, 2017.

FERRANDO, Gilda. Prove genetiche, verità biologica e principio di responsabilità nell'accertamento della filiazone. *Rivista Trimestrale di Diritto e Procedura Civile*. Milano: Dott. A. Giuffrè Editore, 1996.

FITERMAN, Mauro. *Contornos axiológicos da família contemporânea*. Dissertação (Mestrado em Direito). Porto Alegre, 2002. Pontifícia Universidade Católica do Rio Grande do Sul.

——. *Direito de família contemporâneo*: temas controversos. Porto Alegre: Livraria do Advogado, 2016.

FREITAS, Juarez. *A interpretação sistemática do direito*. São Paulo: Malheiros, 1998.

——. *Sustentabilidade, direito ao futuro*. 2.ed. Belo Horizonte: Fórum, 2012.

GHERSI, Carlos Alberto. *Alimentos*: quantificación económica. 2ª edición actualizada y ampliada. Buenos Aires: Astrea, 2005.

GIDDENS, Anthony. *A transformação da intimidade*. São Paulo: Editora Unesp, 1993.

GRISARD FILHO, Waldyr. *Guarda compartilhada: um novo modelo de responsabilidade parental.* São Paulo: Revista dos Tribunais, 2000.

HESSE, Konrad. *Escritos de derecho constitucional.* Madrid: Centro de Estudios Constitucionales, 1983.

HOBSBAWN, Eric J. *A era dos impérios.* 5. ed. Rio de Janeiro: Paz e Terra: 1998.

HOLANDA, Sérgio Buarque de. *Raízes do Brasil.* São Paulo: Companhia das Letras, 1999.

IMBASCIATI, Antonio. *Afeto e representação.* São Paulo: Editora 34, 1998.

KALOUSTIAN, Manoug Silvio (org.). *Família brasileira: a base de tudo.* Brasília: UNICEF, 1994.

LARENZ, Karl. *Metodologia da ciência do direito.* Tradução José Lamego. 4.ed. Lisboa: Fundação Calouste Gulbenkian, 2005.

LEITE, Eduardo de Oliveira. Direito civil aplicado. In: *Direito de família.* Vol. 5. São Paulo: Revista dos Tribunais, 2005.

——. *Famílias monoparentais.* São Paulo: Revista dos Tribunais, 1997.

——. *Tratado de direito de família*: origem e evolução do casamento. Curitiba: Juruá Editora, 1991.

LÔBO, Paulo Luiz Netto. Constitucionalização do direito civil. *Revista de Informação Legislativa,* Brasília/DF, ano 36, n. 141, p. 99-109, jan./mar. 1999.

——. *Princípio jurídico da afetividade na filiação.* Jus Navegandi. Disponível em: <http://www.jus.com.br/doutrina/afetfili.html>. Acesso em: 23 maio 2002.

——. *Direito civil: famílias.* 2.ed. São Paulo: Saraiva, 2009.

LUÑO, Antonio-Enrique Perez. *Los derechos fundamentales.* 3.ed. Madrid: Tecnos, 1988.

MADALENO, Rolf. *Curso de direito de família.* 5.ed. Rio de Janeiro: Forense, 2013.

MATOS, Ana Carla Harmatiuk. *As famílias não fundadas no casamento e a condição feminina.* Rio de Janeiro: Renovar, 2000.

MEIRELLES, Jussara. O ser e o ter na codificação civil brasileira: do sujeito virtual à clausura patrimonial. In: FACHIN, Luiz Edson (org.). *Repensando fundamentos do direito civil brasileiro contemporâneo.* Rio de Janeiro: Renovar, 1998.

MELLO, Evaldo Cabral de. O fim das casas-grandes. In: ALENCASTRO, Luiz Felipe de; NOVAIS, Fernando A. (orgs.). *História da vida privada no Brasil.* Vol. 2. Império: a corte e a modernidade nacional. São Paulo: Companhia das Letras, 1997.

MIRANDA, Jorge. Direitos fundamentais e interpretação constitucional. *Revista do Tribunal Regional Federal da 4ª Região,* Porto Alegre, ano 9, n. 30, p. 23-34, 1998.

——. *Manual de direito constitucional.* 2.ed. Tomo IV. Coimbra: Coimbra Editora, 1998.

MORAIS, Jose Luis Bolzan de. *Do direito social aos interesses transindividuais.* Porto Alegre: Livraria do Advogado, 1996.

MORIN, Edgar. *Introdução ao pensamento complexo.* Porto Alegre: Sulina, 2005.

NABAIS, José Casalta. *O dever fundamental de pagar impostos.* Coimbra: Almedina, 1998.

NOGUEIRA, Paulo Lúcio. 4. ed. ampliada. *Lei de alimentos comentada: doutrina e jurisprudência.* São Paulo: Saraiva, 1994.

OLIVEIRA, Marta Regina Furlan de. O brincar na sociedade de consumo: em busca da superação da lógica de padronização e propriedade do brinquedo. *Revista Eletrônica de Educação,* ano I, n. 01, p. 1-14, ago./dez. 2007. Disponível em: <http://web.unifil.br/docs/revista_eletronica/educacao/Artigo_03.pdf>. Acesso em: 20 set. 2012.

ORDÓÑEZ, Solange Fernández. *O olhar de Borges: uma bibliografia sentimental.* Belo Horizonte: Autêntica, 2008.

PARIZATTO, João Roberto. *Execução de prestação alimentícia.* Rio de Janeiro: Aide, 1995.

PASQUALINI, Alexandre. Sobre a interpretação sistemática do direito. *Revista do Tribunal Regional Federal da 1ª Região,* Brasília, v. 7, n. 4, p. 95-109, 1995.

——. *Hermenêutica e sistema jurídico: uma introdução à interpretação sistemática do direito*. Porto Alegre: Livraria do Advogado, 1999.

——. O público e o privado. In: SARLET, Ingo Wolfgang (org.). *O direito público em tempos de crise*. Porto Alegre: Livraria do Advogado, 1999.

——. *A família no mundo contemporâneo e a transferência de riqueza*. Belo Horizonte: Fórum, 2011.

PEIXOTO, Clarice Ehlers; SINGLY, François de; CICCHELLI, Vicenzo. *Família e individualização*. Rio de Janeiro: FGV Editora, 2000.

PEREIRA, Rodrigo da Cunha. *Direito de família: uma abordagem psicanalítica*. Belo Horizonte: Del Rey, 1997.

PEREIRA, Rodrigues Lafayette. *Direito de família*. Anotações e adaptações ao Código Civil por José Bonifácio de Andrada e Silva. Rio de Janeiro: Virgilio Maia & Comp., 1918.

PEREIRA, Sérgio Gischow. *Ação de alimentos*. 3. ed. São Paulo: Sergio Antonio Fabris Editor, 1983.

PEREIRA, Tânia Maria da Silva. *Direito da criança e do adolescente: uma proposta interdisciplinar*. Rio de Janeiro: Renovar, 1996.

PERLINGIERI, Pietro. *Perfis do direito civil*. Tradução Maria Cristina De Cicco. Rio de Janeiro: Renovar, 1997.

PERROT, Michelle. O nó e o ninho. *Veja* 25 anos. São Paulo, 1993, edição especial, p. 77.

——. Figuras e papéis. In: PERROT, Michelle (org.). *História da vida privada: da Revolução Francesa à Primeira Guerra*. Vol. 4. São Paulo: Companhia das Letras, 1997.

PETRAGLIA, Izabel. *Edgar Morin, a educação e a complexidade do ser e do saber*. 10.ed. Petrópolis, RJ: Vozes, 2008.

PINHEIRO, Rosalice Fidalgo. Ensino jurídico na graduação: ainda como nossos pais? Modelo, conformismo e repetição na metodologia do ensino jurídico. In: FACHIN, Luiz Edson (org.). *Repensando fundamentos do direito civil contemporâneo*. Rio de Janeiro: Renovar, 2000.

PORTO, Sérgio Gilberto. *Doutrina e prática dos alimentos*. 2.ed. Rio de Janeiro: Aide, 1993.

RAMOS, Carmem Lucia Silveira. A constitucionalização do direito privado e a sociedade sem fronteiras. In: FACHIN, Luiz Edson (org.). *Repensando fundamentos do direito civil brasileiro contemporâneo*. Rio de Janeiro: Renovar, 1998.

RIBEIRO, Joaquim de Sousa. Constitucionalização do direito civil. Separata de: *Boletim da Faculdade de Direito*, Coimbra, v. LXXIV, p. 729-755, 1998.

RODRIGUES, Rafael Garcia. In: TEPEDINO, Gustavo. (coord.). *A parte geral do novo Código Civil: estudos na perspectiva civil-constitucional*. 2.ed. Rio de Janeiro: Renovar, 2003.

SANCHIS, Luis Pietro. *Estudios sobre derechos fundamentales*. Madri: Debate, 1990.

SANTOS, Fernando Ferreira dos. *Princípio constitucional da dignidade da pessoa humana*. Fortaleza: Celso Bastos Editor, 1999.

SARAMAGO, José. *Ensaio sobre a cegueira*. São Paulo: Companhia das Letras, 1995.

SARLET, Ingo Wolfang. *A eficácia dos direitos fundamentais*. Porto Alegre: Livraria do Advogado, 1998.

——. *Dignidade da pessoa humana e direitos fundamentais na Constituição Federal de 1988*. Porto Alegre: Livraria do Advogado, 2004.

——. Direitos fundamentais e direito privado: algumas considerações em torno da vinculação dos particulares aos direitos fundamentais. In: SARLET, Ingo Wolfgang (org.). *A Constituição concretizada: construindo pontes com o público e o privado*. Porto Alegre: Livraria do Advogado, 2000.

SCHOR, Juliet. *Born to buy*. New York: Simon & Schuster, 2004.

SENNETT, Richard. *Juntos*. Rio de Janeiro/São Paulo: Record, 2012.

SILVA, Américo Luis Martins da. *A evolução do direito e a realidade das uniões sexuais*. Rio de Janeiro: Lumen Juris, 1996.

SILVA, Jorge Cesa Ferreira da. *Adimplemento e extinção das obrigações*. Vol. 6. São Paulo: Revista dos Tribunais, 2006.

SILVA, Marcos Alves da. *Do pátrio poder à autoridade parental*. Rio de Janeiro: Renovar, 2002.

SOUZA, Iara Antunes de. *Estatuto da pessoa com deficiência*: curatela e saúde mental. Belo Horizonte: D'Plácido Editora, 2016.

STEINMETZ, Wilson Antônio. *Colisão de direitos fundamentais e o princípio da proporcionalidade*. Porto Alegre: Livraria do Advogado, 2001.

SZANIAWSKI, Elimar. Apontamentos sobre o princípio da proporcionalidade-igualdade. *Revista Trimestral de Direito Civil*, Rio de Janeiro, v. 2, n. 5, p. 51-72, jan./mar. 2001.

TEPEDINO, Gustavo. *Temas de direito civil*. Rio de Janeiro: Renovar, 1999.

——. Premissas metodológicas para a constitucionalização do direito civil. In: *Temas de direito civil*. Rio de Janeiro: Renovar, 1999.

TEPEDINO, Maria Celina B M. A caminho de um direito civil constitucional. *Revista de Direito Civil*, São Paulo, n. 65, p. 21-32, jul./set. 1993.

VILLELA, João Batista. Liberdade e família. *Revista da Faculdade de Direito da Universidade Federal de Minas Gerais*, Belo Horizonte, v. 3, n. 2, p. 40, 1980.

WUNDERLICH, Alexandre. Sociedade de consumo e globalização: abordando a teoria garantista na barbárie. (Re)Afirmação dos direitos humanos. In: RUBIO, David Sánchez; FLORES, Joaquín Herrera; CARVALHO, Salo de (coords.). *Anuário Ibero-Americano de Direitos Humanos (2001/2002)*. Rio de Janeiro: Lumen Juris, 2002.